职业教育课程改革规划创新教材

小企业会计实务

主　编　刘洪斌　胡永强

副主编　唐　力　楼　君　李　毅　高　扬

中国石化出版社
HTTP://WWW.SINOPEC-PRESS.COM
中国经济出版社
CHINA ECONOMIC PUBLISHING HOUSE

内 容 提 要

本书结合仿真实践操作，以小企业会计准则为蓝本，为读者介绍了小企业从建账到呈现财务报表及报税的工作流程，主要分三部分：会计基础知识、小企业的业务核算和纳税申报。列举了企业1个月的业务，并在业务中详细讲述凭证的填制和明细账簿的登记，对会计的确认、计量和记录作为重点环节描述，让读者可以对实务操作有更直观的认识。

本书可作为各类职业院校教材和辅导材料，也可作为会计初学者、希望全面学习会计知识的人员和公司财务人员的学习和参考用书。

图书在版编目(CIP)数据

小企业会计实务 / 刘洪斌，胡永强主编. — 北京 ：中国石化出版社，2020.12
ISBN 978-7-5114-6069-1

Ⅰ. ①小… Ⅱ. ①刘… ②胡… Ⅲ. ①中小企业－会计实务 Ⅳ. ①F276.3

中国版本图书馆 CIP 数据核字(2020)第 244141 号

中国石化出版社出版发行

地址:北京市东城区安定门外大街 58 号
邮编:100011　电话:(010)57512500
发行部电话:(010)57512575
http://www.sinopec-press.com
E-mail:press@sinopec.com
北京富泰印刷有限责任公司印刷
全国各地新华书店经销

*

787×1092 毫米 16 开本 17.75 印张 393 千字
2021 年 1 月第 1 版　2021 年 1 月第 1 次印刷
定价:62.00 元

编 委 会

主　编　刘洪斌　胡永强

副主编　唐　力　楼　君　李　毅　高　扬

编　委　何亚妮　陈贵明　徐秋霞　万　敬

赵纯之　谭　兰　姚杰峻

前　言

PREFACE

企业管理者都希望能够清楚掌握企业的会计信息，清楚企业的每笔资金都花到哪里去，而这些财务信息从财务报表中不能完全体现，只有在做账的过程中，企业的财务状况和经营成果才能完全呈现在管理者的眼中。

会计知识越来越融入我们的工作生活中，同时，也涌现了大量年轻的创业者，掌握一定的会计知识对于他们经营管理水平的提高以及创业成功益处甚多。

在编写本书的时候，作者尽量将会计学的知识概念简化，并辅以生活中的示例进行解释，力求由浅入深地让读者走进会计的殿堂，领会会计的精髓。在介绍具体会计实务时，本书列举了企业1个月的业务，并在业务中详细讲述凭证的填制和明细账簿的登记，将会计的确认、计量和记录作为重点环节描述让读者可以对实务操作有更直观的认识。

本书的主要特点有：

1. 内容全面。本书详细介绍了会计的基本知识、会计凭证的会计、账簿的登记、具体科目的账务处理及会计报表的编制等，并结合了实际业务的账务处理流程。

2. 业务真实。本书在讲解知识点时贯穿了大量的真实业务，运用仿真软件，使大量业务票据接近实际，更接地气。

3. 法规新颖。各项业务都是2016年全面营改增和2018年、2019年增值税税率的下降与合并后最新的，并增加了2020年新冠疫情期间小规模优惠税率1%。

4. 图文并茂。做账涉及很多单据、发票的填写，本书在讲解的过程中配合了很多图片，方便读者学习。

5. 操作性强。对企业经济业务从凭证、账簿到报表均以真实业务呈现，可操作性强。

本书由刘洪斌、胡永强担任主编，刘洪斌、胡永强负责统稿和审稿，唐力、楼君、李毅、高扬为副主编，参与编写的还有何亚妮、陈贵明、徐秋霞、万敬、赵纯之、谭兰和姚杰峻等。

限于编者所掌握的资料和水平有限，本书难免存在不足之处，恳请读者和同行批评指正。

编　者

目 录

CONTENTS

第一章 财务会计到底做什么？ …… 1

1.1 会计的工作是干什么 …… 1

1.1.1 会计核算工作 …… 1

1.1.2 编制账务报表 …… 1

1.1.3 纳税申报 …… 1

1.1.4 财务分析 …… 2

1.1.5 会计档案管理 …… 2

1.2 会计工作的对象 …… 2

1.2.1 会计对象的概念 …… 2

1.2.2 企业的会计对象 …… 2

1.3 财务部岗位设置有哪些 …… 3

1.3.1 出纳 …… 3

1.3.2 库管 …… 3

1.3.3 明细账会计 …… 3

1.3.4 总账会计 …… 3

1.3.5 税务会计 …… 3

1.3.6 财务经理 …… 4

1.3.7 首席财务官(CFO) …… 4

1.4 会计的职能 …… 4

1.4.1 基本职能 …… 4

1.4.2 拓展职能 …… 4

第二章 会计人员专业知识储备 …… 5

2.1 会计也需六要素 …… 5

2.1.1 会计要素的含义与分类 …… 5

2.1.2 会计要素的确认 …… 6
2.1.3 会计要素的计量 …… 8
2.2 会计界能量守恒定律——会计恒等式 …… 9
2.2.1 会计等式的表现形式 …… 9
2.2.2 经济业务对会计等式的影响 …… 10
2.3 千姿百态的会计科目 …… 12
2.3.1 会计科目的概念与分类 …… 12
2.3.2 会计科目的设置 …… 13
2.4 会计账户设置 …… 14
2.4.1 账户的概念与分类 …… 14
2.4.2 账户的功能与结构 …… 14
2.4.3 账户与会计科目的关系 …… 15
2.5 借贷记账法的神奇 …… 15
2.5.1 会计记账方法的种类 …… 15
2.5.2 借贷记账法 …… 16
2.5.3 借贷记账法的记账规则 …… 17
2.5.4 借贷记账法运用 …… 17
第三章 会计是一部编年体的公司“史官” …… 23
3.1 会计用什么记录公司发展? …… 23
3.2 原始凭证是经济业务的真实写照 …… 23
3.2.1 原始凭证的种类 …… 23
3.2.2 原始凭证的填制要求 …… 27
3.2.3 原始凭证的审核与更正 …… 29
3.3 记账凭证是会计人的“修史”形式 …… 29
3.3.1 记账凭证的种类 …… 29
3.3.2 记账凭证的基本内容 …… 30
3.3.3 记账凭证的填制要求 …… 31
3.3.4 记账凭证的审核 …… 32
3.3.5 记账凭证的更正 …… 33
3.4 日常业务繁多，票据堆叠如山——会计凭证的传递与保管 …… 33
3.4.1 会计凭证的传递 …… 33
3.4.2 会计凭证的保管 …… 34

第四章 会计做账的重要流程——从记账凭证到账簿 ……………… 35

4.1 为什么要建立会计账簿 …………………………………………… 35

4.1.1 会计账簿 ……………………………………………………… 35

4.1.2 为什么要建立会计账簿 ……………………………………… 35

4.2 会计账簿的种类 …………………………………………………… 36

4.2.1 按账簿用途分类 ……………………………………………… 36

4.2.2 按账页格式不同分类 ………………………………………… 37

4.2.3 按外表形式不同分类 ………………………………………… 37

4.3 启用会计账簿不可或缺 …………………………………………… 38

4.4 记录语言也有原则——登记账簿的规则 ………………………… 38

4.5 各种账簿的具体格式和登记方法 ………………………………… 39

4.5.1 现金日记账的格式和登记方法 ……………………………… 39

4.5.2 银行存款日记账的格式和登记方法 ………………………… 40

4.5.3 总分类账的格式和登记方法 ………………………………… 41

4.5.4 明细分类账的格式和登记方法 ……………………………… 41

4.5.5 会计账簿的更换和保管 ……………………………………… 44

第五章 编制报表前的重要步骤——对账与结账 ………………… 45

5.1 对账 ………………………………………………………………… 45

5.1.1 对账的概念 …………………………………………………… 45

5.1.2 对账的内容 …………………………………………………… 45

5.2 结账 ………………………………………………………………… 46

5.2.1 结账的概念 …………………………………………………… 46

5.2.2 结账的程序 …………………………………………………… 47

5.2.3 结账的方法 …………………………………………………… 47

第六章 亡羊补牢的方法——错账查找及更正 ……………… 49

6.1 错账查找方法 ……………………………………………………… 49

6.2 错账更正方法 ……………………………………………………… 50

第七章 从“钱”开始——货币资金 ………………………………… 54

7.1 货币资金概念与内容 ……………………………………………… 54

7.2 库存现金的概念及使用方法 …… 54
7.2.1 现金概念 …… 54
7.2.2 库存现金管理 …… 54
7.2.3 库存现金核算 …… 56
7.3 银行存款的概念及使用方法 …… 57
7.3.1 银行存款的概念 …… 57
7.3.2 银行存款管理的规定 …… 57
7.3.3 银行存款核算 …… 59
7.4 其他货币资金 …… 60
7.5 真账实训 …… 61
第八章 应收及预付款项 …… 95
8.1 应收票据的核算 …… 95
8.2 应收款项的核算 …… 96
8.3 预付账款的核算 …… 97
8.4 其他应收款的核算 …… 97
8.5 真账实训 …… 98
第九章 流动资产中的短跑运动员“存货” …… 108
9.1 存货的概念和范围 …… 108
9.1.1 存货的概念 …… 108
9.1.2 存货的范围 …… 108
9.2 存货的计量方法 …… 109
9.2.1 收入存货的计价方法 …… 109
9.2.2 发出存货的计价方法 …… 111
9.2.3 产品成本的计算方法 …… 113
9.3 存货的核算 …… 114
9.3.1 取得存货的核算 …… 114
9.3.2 发出存货的核算 …… 120
9.4 原材料按实际成本计价的核算 …… 121
9.5 存货清查的核算 …… 125
9.5 生产成本的核算 …… 125
9.5.1 生产成本概述 …… 125

9.5.2 生产成本核算 …… 126
9.6 真账实训 …… 130
第十章 固定资产 …… 143
10.1 固定资产概述 …… 143
10.2 固定资产的取得 …… 144
10.3 固定资产增加的核算 …… 146
10.3.1 外购固定资产 …… 146
10.3.2 自建固定资产 …… 147
10.4 固定资产折旧 …… 149
10.4.1 固定资产折旧概述 …… 149
10.4.2 固定资产折旧的计算 …… 150
10.4.3 固定资产折旧的核算 …… 152
10.5 固定资产后续支出 …… 153
10.5.1 固定资产后续支出核算的处理原则 …… 153
10.5.2 固定资产后续支出资本化业务的账务处理——固定资产改良 …… 153
10.5.3 固定资产后续支出费用化业务的账务处理 …… 154
10.6 固定资产处置 …… 155
10.6.1 固定资产处置的概述 …… 155
10.6.2 固定资产处置的核算 …… 155
10.7 固定资产清查 …… 158
10.8 真账实训 …… 159
第十一章 无形资产和其他长期资产 …… 165
11.1 无形资产 …… 165
11.2 无形资产的核算 …… 166
11.3 无形资产的后续计量 …… 167
11.3.1 无形资产摊销 …… 167
11.3.2 无形资产出租 …… 168
11.4 无形资产处置 …… 168
11.5 长期待摊费用及待处理财产损溢 …… 169
11.5.1 长期待摊费用 …… 169

11.5.2 待处理财产损溢 …… 169
11.6 真账实训 …… 170

第十二章 负债的核算 …… 172

12.1 负债的概述 …… 172
12.2 短期借款 …… 172
12.3 应付及预收款项 …… 173
12.3.1 应付票据的核算 …… 173
12.3.2 应付账款的核算 …… 174
12.3.3 预收账款的核算 …… 175
12.3.4 其他应付款 …… 175
12.4 应付职工薪酬 …… 176
12.5 应交税费 …… 178
12.6 长期借款 …… 180
12.7 长期应付款 …… 180
12.8 真账实训 …… 181

第十三章 所有者权益的核算 …… 203

13.1 所有者权益的概念及内容 …… 203
13.2 实收资本的核算 …… 203
13.3 资本公积 …… 204
13.4 盈余公积 …… 204
13.5 未分配利润 …… 206
13.6 利润分配 …… 208
13.7 真账实训 …… 209

第十四章 收入、费用和利润的核算 …… 213

14.1 收入的核算 …… 213
14.1.1 销售商品收入的核算 …… 213
14.1.2 提供劳务收入的核算 …… 215
14.2 费用的核算 …… 218
14.2.1 费用的概念和内容 …… 218

14.2.2 费用的核算 …… 218
14.3 利润的核算 …… 221
14.3.1 利润概述 …… 221
14.3.2 营业外收入的核算 …… 222
14.3.3 营业外支出 …… 223
14.3.4 企业所得税的核算 …… 223
14.3.5 未分配利润的核算 …… 224
14.4 真账实训 …… 224
第十五章 业务的总账的登记 …… 245
15.1 总账的登记方法 …… 245
15.2 真账实训 登记总账 …… 245
第十六章 企业纳税申报 …… 257
16.1 试算平衡表的编制 …… 257
16.2 财务报表的编制 …… 259
16.2.1 资产负债表的编制 …… 259
16.2.2 利润表的编制 …… 260
16.2.3 试算平衡表编制资产负债表和利润 …… 261
16.3 纳税申报表的填写 …… 263
参考文献 …… 270

第一章 财务会计到底做什么？

1.1 会计的工作是干什么

会计是以货币为主要计量单位，运用专门的方法，核算和监督一个单位经济活动的一种经济管理工作。

会计的主要工作是会计核算工作、编制财务报表、纳税申报、财务分析和会计档案管理五个方面。

1.1.1 会计核算工作

① 审核有关的原始凭证，并依据会计准则和会计制度编制记账凭证。

② 汇总会计凭证，及时发现问题及时解决，定期编制总账科目汇总表并进行试算平衡。

③ 根据原始凭证、记账凭证及科目汇总表登记明细账和总分类账。

④ 定期配合有关部门进行盘点，认真核对原始凭证、记账凭证、各级明细账、日记账及总分类账，做到账实、账证和账账相符。

1.1.2 编制账务报表

① 配合会计主管编制“资产负债表”和“利润表”等财务会计报表。

② 填报如“经济效益月报表”“统计报表”等内部报表，经财务部门负责人审核后，上报相关领导。

1.1.3 纳税申报

① 根据国家税收法规和企业的相关规定，负责按月进行纳税申报。

② 计算、统计税收，编制相关报表。

③ 办理相关税务手续。

1.1.4 财务分析

① 随时掌握企业在各个银行的存款及现金余额的情况，及时报告会计主管。

② 做好企业的财务分析，配合会计主管和财务部门负责人编写财务状况说明书，为企业制订经营政策提供依据。

③ 配合会计主管进行各种财务预测、市场容量预测、市场占有率预测和市场价格预测等，为企业投资决策和生产经营活动提供可靠的依据。

1.1.5 会计档案管理

① 对相关会计凭证、会计账簿、会计报表和其他会计资料进行科学分类，造册登记，统一管理。

② 按照会计档案管理的规定进行会计档案的移交工作，在移交档案部门时，认真编制移交清册，确保移交手续完整。

1.2 会计工作的对象

1.2.1 会计对象的概念

会计对象是会计核算和监督的内容，即社会再生产过程中的资金运动。会计核算和监督的对象并不是所有经济活动，只针对能够以货币表现的经济活动。

1.2.2 企业的会计对象

企业的资金运动表现为资金投入、资金运用和资金退出三个过程。不同企业稍有区别，本书以制造业企业为例来讲。

(1) 资金投入

创办企业首先要解决本钱从哪儿来的问题，所以得投入资金。一般来说获取资金有两种：一种是“投资者”投钱，后面叫股东投资(资本)，形成所有者权益；另一种是“向债权人”借钱，叫债权人权益，形成负债。

(2) 资金运用

资金进入企业后，形成企业的资产。企业耗用资产一般按照供应、生产和销售三个阶段依次进行循环和周转。

① 供应阶段：企业根据生产需要，利用货币资金购入原材料和机器设备在内的物料，资金转化为原材料、固定资产的实物形态。

② 生产阶段：将供应阶段的原材料等进行加工，并产生生产耗费，形成生产成本、库存商品等。

③ 销售阶段：企业将产品销售出去，计算收入与费用，收回资金。

(3) 资金退出

在资金的循环周转中伴随部分资金的退出，如偿还债务、纳税和分配利润等。

1.3 财务部岗位设置有哪些

一般企业财务部门设有出纳、会计(有的细分有明细账会计、总账会计、成本会计、税务会计)、库管(存货)、会计主管和财务经理等。会计岗位可以一人多岗，一岗多人，但出纳要求不得兼管稽核、会计档案保管和收入、费用、债权债务账目的登记工作。

1.3.1 出纳

出纳可以说是财务部门最底层的员工，拿着最低的工资，却掌控企业最敏感的资产——现金，所以对出纳的职业道德要求极高。

① 出纳工作内容。做出纳，经常跑银行是免不了的，本分工作就是管好保险柜里的现金、保管银行的有关票据，记录好库存现金和银行存款日记账，保管整理好日常收付的单据以备会计做账等。

② 对出纳的要求。主要是坚守财经纪律，踏实肯干。

1.3.2 库管

库管主要负责存货的收发登记和存货的财产安全，可以兼职，有的企业不把他作为会计岗位。

1.3.3 明细账会计

明细账会计分管一些明细账。一般大企业才会分出来，小企业一个会计可以担当明细账会计、总账会计、财务经理的全部工作。

① 工作内容。分管采购的会计(应付及预付)、销售的会计(应收、预收及收入等)和成本会计(材料和商品的计价)，定期与不定期的内部报表、对账及盘点等。

② 要求。职位专业性较强，工作比较简单，分内工作有固定模式，但工作量大，特别是月末年末对账复核比较头痛。学历要求高，升职空间大。

1.3.4 总账会计

有了明细账会计的支持，总账会计主要是监督复核明细账会计和出纳的账目、特殊业务的记账、会计报表的编制。分内工作没有固定的模式。一方面要管理好手下的明细账会计和出纳，另一方面直接面对财务经理负责，工作量大，月末年末免不了加班。

这个职位需要有工作经验的人担当。

1.3.5 税务会计

税务会计主要是填制增值税发票、计算各种税额、按月报税及合理进行税收策划。

1.3.6 财务经理

财务经理这个职位一般不直接与具体的账务打交道。主要是管理下属、负责财务报表、预算及其管理、内部报表的审核、为企业其他部门提供报表等。

1.3.7 首席财务官(CFO)

这个职位要大型企业才设有，主要工作是融资决策、投资决策及负责内外报表的审核。

1.4 会计的职能

会计的职能是指会计在经济管理过程中所具有的功能，会计具有会计核算和会计监督两项基本职能和预测经济前景、参与经济决策、评价经营业绩等拓展职能。

1.4.1 基本职能

1. 核算职能

会计核算职能，又称会计反映职能，是指会计以货币为主要计量单位，对特定主体的经济活动进行确认、计量和报告。

2. 监督职能

会计监督职能，又称会计控制职能，是指对特定主体经济活动和相关会计核算的真实性、合法性和合理性进行监督检查。会计监督是一个过程，它分为事前监督、事中监督和事后监督。

1.4.2 拓展职能

会计的拓展职能主要有：预测经济前景、参与经济决策、评价经营业绩。

第二章 会计人员专业知识储备

2.1 会计也需六要素

2.1.1 会计要素的含义与分类

1. 会计要素的含义

会计要素是指根据交易或者事项的经济特征对财务会计对象所做的基本分类。

2. 会计要素的分类

我国《企业会计准则——基本准则》将会计要素划分为资产、负债、所有者权益、收入、费用和利润六类，前三类反映财务状况的会计要素，在资产负债表中列示；后三类反映经营成果的会计要素，在利润表中列示，如图 2-1 所示。

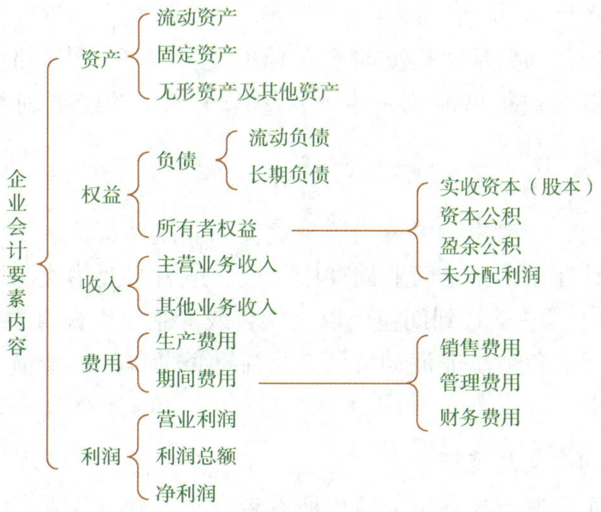

图 2-1

2.1.2 会计要素的确认

1. 资产

（1）资产的含义与特征

资产是指企业过去的交易或者事项形成的、由企业拥有或控制的、预期会给企业带来经济利益的资源。资产具有以下特征：①资产是由企业过去的交易或者事项形成的；②资产是企业拥有或者控制的资源；③资产预期会给企业带来经济利益。

（2）资产的确认条件

将一项资源确认为资产，需要符合资产的定义，还应同时满足以下两个条件：①与该资源有关的经济利益很可能流入企业；②该资源的成本或者价值能够可靠地计量。

（3）资产的分类

- 资产
  - 流动资产
    - 货币资金：库存现金、银行存款和其他货币资金
    - 应收及预付款项：应收账款、应收票据、预付账款和其他应收款
    - 存货：原材料、库存商品和周转材料等
  - 非流动资产
    - 固定资产
    - 无形资产等

2. 负债

（1）负债的含义与特征

负债是指企业过去的交易或者事项形成的，预期会导致经济利益流出企业的现时义务。

负债具有以下特征：①负债是由企业过去的交易或者事项形成的；②负债是企业承担的现时义务；③负债预期会导致经济利益流出企业。

（2）负债的确认条件

将一项现时义务确认为负债，需要符合负债的定义，还应当同时满足以下两个条件：①与该义务有关的经济利益很可能流出企业；②未来流出的经济利益的金额能够可靠地计量。

（3）负债的分类

按偿还期限的长短，一般将负债分为流动负债和非流动负债。

流动负债是指预计在一个正常营业周期中偿还，或者主要为交易目的而持有，或者自资产负债表日起一年内（含一年）到期应予以清偿，或者企业无权自主地将清偿推迟至资产负债表日以后一年以上的负债。非流动负债是指流动负债以外的负债。

3. 所有者权益

（1）所有者权益的含义及特征

所有者权益是指企业资产扣除负债后由所有者享有的剩余权益。公司的所有者权益又称为股东权益。

所有者权益具有以下特征：①除非发生减资、清算或分派现金股利，企业不需要偿还

所有者权益；②企业清算时，只有在清偿所有的负债后，所有者权益才返还给所有者；③所有者凭借所有者权益能够参与企业利润的分配。

（2）所有者权益的确认条件

所有者权益的确认、计量主要取决于资产、负债、收入、费用等其他会计要素的确认和计量。所有者权益在数量上等于企业资产总额扣除债权人权益后的净额，即为企业的净资产，反映所有者（股东）在企业资产中享有的经济利益。

（3）所有者权益的分类

所有者权益的来源包括所有者投入的资本、直接计入所有者权益的利得和损失、留存收益等，具体表现为实收资本（或股本）、资本公积（含资本溢价或股本溢价、其他资本公积）、盈余公积和未分配利润。

所有者投入的资本是指所有者投入企业的资本部分，它既包括构成企业注册资本（实收资本）或者股本部分的金额，也包括投入资本超过注册资本或者股本部分的金额，即资本溢价或者股本溢价，这部分投入资本在我国企业会计准则体系中被计入了资本公积，并在资产负债表中的资本公积项目反映。

直接计入所有者权益的利得和损失，是指不应计入当期损益、会导致所有者权益发生增减变动的、与所有者投入资本或者向所有者分配利润无关的利得或者损失。留存收益是盈余公积和未分配利润的统称。

4. 收入

（1）收入的含义与特征

收入是指企业在日常活动中形成的、会导致所有者权益增加的、与所有者投入资本无关的经济利益的总流入。日常活动是指企业为完成其经营目标所从事的经常性活动以及与之相关的活动。

收入具有以下特征：①收入是企业在日常活动中形成的；②收入会导致所有者权益的增加；③收入是与所有者投入资本无关的经济利益的总流入。

（2）收入的确认条件

收入的确认除了应当符合定义外，至少应当符合以下条件：①与收入相关的经济利益应当很可能流入企业；②经济利益流入企业的结果会导致资产的增加或者负债的减少；③经济利益的流入额能够可靠计量。

（3）收入的分类

收入包括主营业务收入和其他业务收入。主营业务收入是由企业的主营业务所带来的收入；其他业务收入是除主营业务活动以外的其他经营活动实现的收入。收入按性质不同，可分为销售商品收入、提供劳务收入、让渡资产使用权收入等。

5. 费用

（1）费用的含义与特征

费用是指企业在日常活动中发生的、会导致所有者权益减少的、与向所有者分配利润无关的经济利益的总流出。

费用具有以下特征：①费用是企业在日常活动中发生的；②费用会导致所有者权益的减少；③费用是与向所有者分配利润无关的经济利益的总流出。

（2）费用的确认条件

费用的确认除了应当符合定义外，至少应当符合以下条件：①与费用相关的经济利益应当很可能流出企业；②经济利益流出企业的结果会导致资产的减少或者负债的增加；③经济利益的流出额能够可靠计量。

（3）费用的分类

- 费用
  - 生产费用
    - 直接材料
    - 直接人工
    - 制造费用
  - 期间费用
    - 销售费用
    - 管理费用
    - 财务费用

6. 利润

利润是指企业在一定会计期间的经营成果。利润反映收入减去费用、直接计入当期损益的利得减去损失后的净额。通常情况下，最有价值的三个利润指标分别是营业利润、利润总额和净利润，其计算如图 2–2 所示。

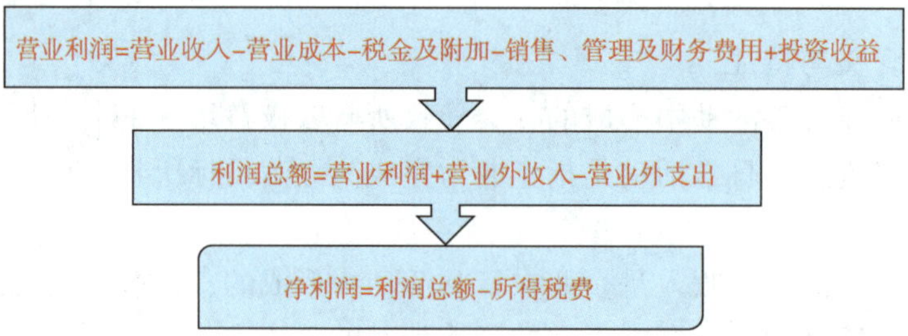

图 2–2

其中，营业外收入和营业外支出，是指企业发生的与日常没有直接关系的各项收入和损失。

2.1.3 会计要素的计量

会计要素的计量是为了将符合确认条件的会计要素登记入账并列报于财务报表而确定其金额的过程。企业应当按照规定的会计计量属性进行计量，确定相关金额。

1. 会计计量属性及其构成

会计计量属性是指会计要素的数量特征或外在表现形式，反映了会计要素金额的确定基础，主要包括历史成本、重置成本、可变现净值、现值和公允价值等。

（1）历史成本

历史成本，又称为实际成本，是指为取得或制造某项财产物资实际支付的现金或其他等价物。

（2）重置成本

重置成本，又称现行成本，是指按照当前市场条件，重新取得同样一项资产所需要支付的现金或者现金等价物金额。

（3）可变现净值

可变现净值是指在正常的生产经营过程中，以预计售价减去进一步加工成本和预计销售费用以及相关税费后的净值。

（4）现值

现值是指对未来现金流量以恰当的折现率进行折现后的价值，是考虑货币时间价值的一种计量属性。

（5）公允价值

公允价值是指市场参与者在计量日发生的有序交易中，出售一项资产所能收到或者转移一项负债所需支付的价格。

2. 计量属性的运用原则

历史成本是最重要的会计计量属性，企业在对会计要素进行计量时，一般应当采用历史成本。至于重置成本、可变现净值、现值、公允价值计量的，应当保证所确定的会计要素金额能够持续取得并可靠计量。

2.2 会计界能量守恒定律——会计恒等式

会计等式，又称会计恒等式、会计方程式或会计平衡公式，它是表明各会计要素之间基本关系的等式。

2.2.1 会计等式的表现形式

1. 财务状况等式

财务状况等式，亦称基本会计等式和静态会计等式，是用以反映企业某一特定时点资产、负债和所有者权益三者之间平衡关系的会计等式。如图 2–3 所示。

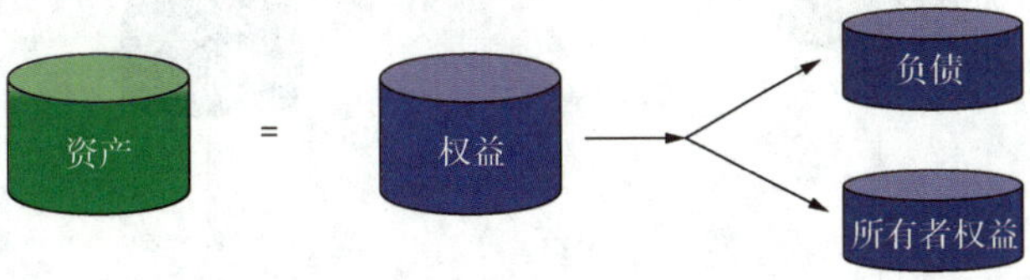

图 2–3

这一等式是复式记账法的理论基础，也是编制资产负债表的依据。

2. 经营成果等式

经营成果等式，亦称动态会计等式，是用以反映企业一定时期收入、费用和利润之间恒等关系的会计等式。如图 2–4 所示。

图 2-4

这一等式反映了利润的实现过程，是编制利润表的依据。

综合反映如图 2-5 所示。

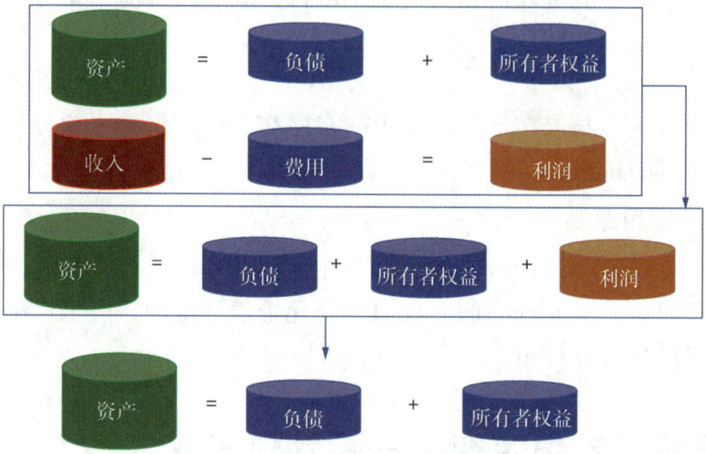

图 2-5

2.2.2 经济业务对会计等式的影响

1. 经济业务的主要类型

经济业务，又称会计事项，是指在经济活动中使会计要素发生增减变动的交易或者事项。一般分为四种类型(如图 2-6 所示)：

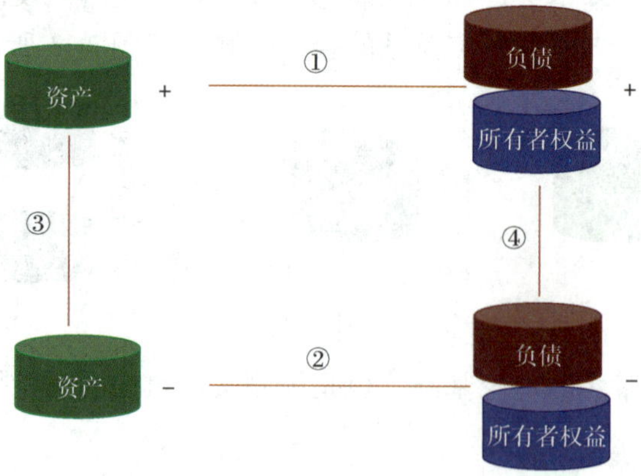

图 2-6　经济业务的发生对会计等式的影响类型图

① 资产增加，权益增加，总量增加；
② 资产此增彼减，总量不变；
③ 资产减少，权益减少，总量减少；
④ 权益此增彼减，总量不变。

会计实务中可以进一步分解为九种类型，如图 2-7 所示。

资产	= 权益	资产	= 负债	+ 所有者权益
①增加	增加	①增加	增加	
		②增加		增加
②减少	减少	③减少	减少	
		④减少		减少
③增加 减少		⑤减少 减少		
④	增加 减少	⑥	增加 减少	
		⑦		增加 减少
		⑧	增加	减少
		⑨	减少	增加

图 2-7　经济业务的发生对会计等式的影响

2. 案例解析经济业务类型

重庆市万达家具厂 2020 年 6 月发生以下业务：

① 资产增加，权益增加，总量增加，如图 2-8 所示。

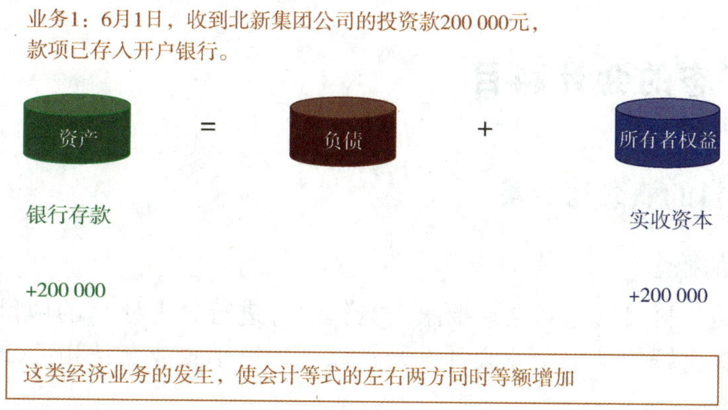

图 2-8

② 资产内部此增彼减，总量不变，如图 2-9 所示。
③ 资产减少，权益减少，总量减少，如图 2-10 所示。
④ 权益内部此增彼减，总量不变。

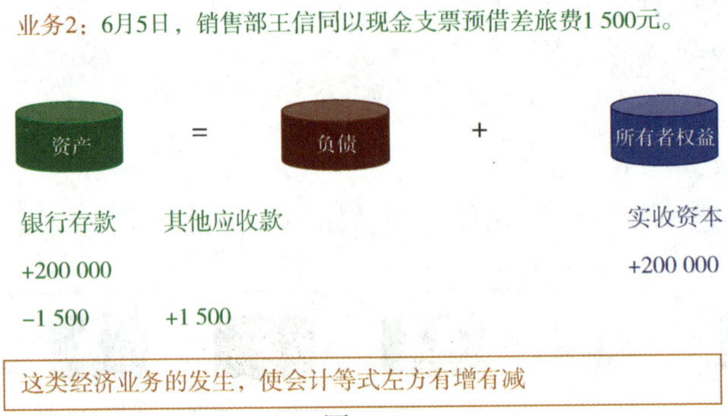

图 2-9

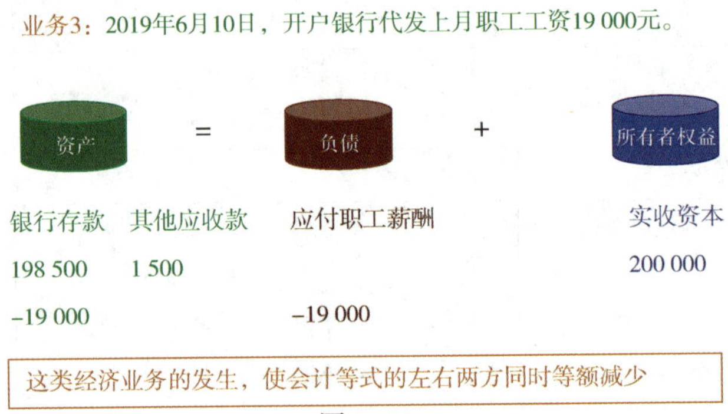

图 2-10

业务 4. 2020 年 6 月 10 日，开出一张为期 3 个月的商业承兑汇票，抵前欠重庆万元钢材厂材料款 50000 元。

分析：前三笔业务后，资产总额 = 198 500+1 500−19 000 = 179 500(元)，权益总额 = 200 000−19 000 = 179 500(元)，本笔业务后，权益总额 = 179 500+50 000−50 000 = 179 500(元)。资产总额仍然与权益总额相等，为 179 500 元。

2.3 千姿百态的会计科目

2.3.1 会计科目的概念与分类

1. 会计科目的概念

会计科目，简称科目，是对会计要素的具体内容进行分类核算的项目，是会计要素的具体化。本书主要讲解的是小企业会计准则，以下均以小企业会计相关知识为准。

2. 会计科目的分类

会计科目可按其反映的经济内容(即所属会计要素)、所提供信息的详细程度及其统驭关系分类。

(1) 按反映的经济内容分类

会计科目按其反映的经济内容不同，可分为资产类科目、负债类科目、共同类科目、所有者权益类科目、成本类科目和损益类科目。

（2）按提供信息的详细程度及其统驭关系分类

会计科目按其提供信息的详细程度及其统驭关系，可以分为总分类科目和明细分类科目。

① 总分类科目，又称总账科目或一级科目，是对会计要素的具体内容进行总括分类，提供总括信息的会计科目。

② 明细分类科目，又称明细科目，是对总分类科目做进一步分类，提供更为详细和具体会计信息的科目。如果某一总分类科目所辖的明细分类科目较多，可在总分类科目下设置二级明细科目，在二级明细科目下设置三级明细科目。

2.3.2 会计科目的设置

1. 会计科目设置的原则

各单位由于经济业务活动的具体内容、规模大小与业务繁简程度等情况不尽相同，在具体设置会计科目时，应考虑其自身特点和具体情况，但设置会计科目时都应遵循以下原则：①合法性原则；②相关性原则；③实用性原则。

2. 常用会计科目

小企业常用的会计科目如表 2-1 所示。

表 2-1 小企业会计常用会计科目参照表

编　号	名　　称	编　号	名　　称
	一、资产类		二、负债类
1001	库存现金	2001	短期借款
1002	银行存款	2101	应付账款
1012	其他货币资金	2102	预收账款
1101	短期投资	2201	应付职工薪酬
1201	应收票据	2301	应交税费
1202	应收账款	2401	应付利息
1203	预付账款	2501	应付利润
1211	应收股利	2601	其他应付款
1221	应收利息	2701	长期借款
1231	其他应收款	2801	递延收益
1301	在途物资		三、所有者权益
1302	原材料	3001	实收资本（或股本）
1303	库存商品	3002	资本公积
1304	包装物	3101	盈余公积
1305	低值易耗品	3102	本年利润
1311	消耗性生物资产	3103	利润分配
1401	长期债券投产		四、成本类
1411	长期股权投资	4001	生产成本（或劳务成本）
1501	固定资产	4101	制造费用
1502	累计折旧	4401	工程施工
1503	在建工程	4402	工程结算

续表

编　号	名　　称	编　号	名　　称
1504	固定资产清理	4403	机械作业
1511	生产性生物资产		五、损益类
1512	生产性生物资产累计折旧	5001	主营业务收入
1601	无形资产	5002	其他业务收入
1701	长期待摊费用	5101	投资收益
1801	长期应收款	5201	营业外收入
1601	固定资产	5301	主营业务成本
1602	累计折旧	5302	税金及附加
1603	固定资产减值准备	5303	其他业务支出
1604	在建工程	5401	销售费用
1605	工程物资	5402	管理费用
1606	固定资产清理	5403	财务费用
1701	无形资产	5501	营业处支出
1801	待处理财产损溢	5601	所得税费用

2.4　会计账户设置

2.4.1　账户的概念与分类

1. 账户的概念

账户是根据会计科目设置的，具有一定格式和结构，用于分类反映会计要素增减变动情况及其结果的载体。

2. 账户的分类

账户可根据其核算的经济内容、提供信息的详细程度及其统驭关系进行分类。

① 根据核算的经济内容，账户分为资产类账户、负债类账户、所有者权益类账户、成本类账户和损益类账户五类。其中，有些资产类账户、负债类账户和所有者权益类账户存在备抵账户。备抵账户，又称抵减账户，是指用来抵减被调整账户余额，以确定被调整账户实有数额而设置的独立账户。

② 根据提供信息的详细程度及其统驭关系，账户分为总分类账户和明细分类账户。

总分类账户和所属明细分类账户核算的内容相同，只是反映内容的详细程度有所不同，两者相互补充，相互制约，相互核对。总分类账户统驭和控制所辖明细分类账户，明细分类账户从属于总分类账户。

2.4.2　账户的功能与结构

1. 账户的功能

账户的功能在于连续、系统、完整地提供企业经济活动中各会计要素增减变动及其结果的具体信息。其中，账户所提供的会计要素在特定会计期间增加和减少的金额，分别称为账户的“本期增加发生额”和“本期减少发生额”，两者统称为账户的“本期发生额”；会计要素在会计期末的增减变动结果，称为账户的“余额”，具体表现为期初余额和期末余额，账户上期的期末余额转入本期，即为本期的期初余额；账户本期的期末余额转入下期，即为下期的期初余额。

账户的期初余额、期末余额、本期增加发生额和本期减少发生额统称为账户的四个金额要素。对于同一账户而言，它们之间的基本关系为：

期末余额=期初余额+增加发生额-减少发本期生额

2. 账户的结构

账户的结构是指账户的组成部分及其相互关系。账户通常由以下内容组成：①账户名称，即会计科目；②日期，即所依据记账凭证中注明的日期；③凭证字号，即所依据记账凭证的编号；④摘要，即经济业务的简要说明；⑤金额，即增加额、减少额和余额。

从账户名称、记录增加额和减少额的左右两方来看，账户结构在整体上类似于汉字“丁”和大写的英文字母“T”，因此，账户的基本结构在实务中被形象地称为“丁”字账户或者“T”型账户。

左边　　　　账户名称(科目)	右边
增加(或减少)	减少(或增加)

2.4.3 账户与会计科目的关系

从理论上讲，会计科目与账户是两个不同的概念，两者既有联系，又有区别。会计科目与账户都是对会计对象具体内容的分类，两者核算内容一致，性质相同。会计科目是账户的名称，也是设置账户的依据；账户是会计科目的具体运用，具有一定的结构和格式，并通过其结构反映某项经济业务的增减变动及其余额。

2.5 借贷记账法的神奇

2.5.1 会计记账方法的种类

1. 单式记账法

单式记账法是指对发生的每一项经济业务，只在一个账户中加以登记的记账方法。

2. 复式记账法

（1）复式记账法的概念

复式记账法是指对于每一笔经济业务，都必须用相等的金额在两个或两个以上相互联系的账户中进行登记，全面系统地反映会计要素增减变化的一种记账方法。现代会计运用复式记账法。

（2）复式记账法的优点

与单式记账法相比，复式记账法的优点主要有：①能够全面反映经济业务内容和资金运动的来龙去脉；②能够进行试算平衡，便于查账和对账。

（3）复式记账法的种类

复式记账法可分为借贷记账法、增减记账法和收付记账法等。借贷记账法是目前国际上通用的记账方法，我国《企业会计准则—基本准则》规定企业应当采用借贷记账法记账。

2.5.2 借贷记账法

1. 借贷记账法的概念

借贷记账法是以“借”和“贷”作为记账符号的一种复式记账法。

2. 借贷记账法下账户的结构

（1）借贷记账法下账户的基本结构

借贷记账法下，账户的左方称为借方，右方称为贷方。所有账户的借方和贷方按相反方向记录增加数和减少数，即一方登记增加额，另一方就登记减少额。至于“借”表示增加，还是“贷”表示增加，则取决于账户的性质与所记录经济内容的性质。

通常而言，资产、成本和费用类账户的增加用“借”表示，减少用“贷”表示；负债、所有者权益和收入类账户的增加用“贷”表示，减少用“借”表示。备抵账户的结构与所调整账户的结构正好相反。

（2）资产和成本类账户的结构

在借贷记账法下，资产类、成本类账户的借方登记增加额；贷方登记减少额；期末余额一般在借方，有时可能无余额。如下图所示：

资产及成本类账户

借方增加	贷方减少
+	−

其余额计算公式为：

期末借方余额=期初借方余额+本期借方发生额-本期贷方发生额

（3）负债和所有者权益类账户的结构

在借贷记账法下，负债类、所有者权益类账户的借方登记减少额；贷方登记增加额；期末余额一般在贷方，有时可能无余额。

负债及所有者权益账户

借方减少	贷方增加
−	+

其余额计算公式为：

期末贷方余额=期初贷方余额+本期贷方发生额-本期借方发生额

（4）损益类账户的结构

损益类账户主要包括收入类账户和费用类账户。

1. 收入类账户的结构

在借贷记账法下，收入类账户的借方登记减少额；贷方登记增加额。本期收入净额在期末转入"本年利润"账户，用以计算当期损益，结转后无余额。

2. 费用类账户的结构

在借贷记账法下，费用类账户的借方登记增加额；贷方登记减少额。本期费用净额在期末转入"本年利润"账户，用以计算当期损益，结转后无余额。

2.5.3 借贷记账法的记账规则

"有借必有贷，借贷必相等"

2.5.4 借贷记账法运用

1. 编制会计分录

（1）会计分录的含义

会计分录，简称分录，是对每项经济业务列示出应借、应贷的账户名称及其金额的一种记录。会计分录由应借应贷方向、相互对应的科目及其金额三个要素构成。在我国，会计分录记载于记账凭证中。

会计分录编制的步骤：第一步，根据经济业务确定涉及的账户；第二步，确定账户的性质，是增加或是减少；第三步，根据账户的性质与增减，确定记入该账户的借方或是贷方；第四步，确定应记的金额；第五步用"有借必有贷，借贷必相等"检查分录的正确性。

分录运用举例：

【例 2-1】 万事达家具厂 6 月 10 日，开出商业汇票抵前欠万元钢材的材料款 50 000 元

分析：

第一步，根据经济业务确定涉及应付账款和应付票据；

第二步，应付账款和应付票据都是负债类账户，应付票据增加，应付账款减少；

第三步，根据第二步骤分析，"负债减少记借方，增加记贷方"确定本业务记入应付账款的借方，应付票据的贷方；

第四步，确定借贷的金额都是 50 000 元。

分录如下：

借：应付账款　　　　50 000

贷：应付票据　　50 000

3. 根据编制的会计分录进行登账

实务中一般先登记日记账、明细账，再登记总账，下面例子只登记理论上的T型账。

4. 编制试算平衡表

（1）试算平衡的含义

试算平衡是根据“资产=负债+所有者权益”的恒等关系和借贷记账法的记账规则，检查所有账户记录是否正确的一种方法。

（2）试算平衡分类

① 发生额试算平衡

所有账户本期借方发生额合计数=所有账户本期贷方发生额合计数

② 余额试算平衡

所有账户期初借方余额合计数=所有账户期初贷方余额合计数

所有账户期末借方余额合计数=所有账户期末贷方余额合计数

（3）试算平衡表的编制

试算平衡是通过编制试算平衡表进行的。试算平衡表通常是在期末结出各账户的本期发生额合计和期末余额后编制的，试算平衡表中一般应设置“期初余额”“本期发生额”和“期末余额”三大栏目，其下分设“借方”和“贷方”两个小栏。各大栏中的借方合计与贷方合计应该平衡相等，否则，便存在记账错误。详表见表2-3。

为了简化表格，试算平衡表也可只根据各个账户的本期发生额编制，不填列各账户的期初余额和期末余额。见表2-2。

表2-2　发生额试算平衡表　　单位：元

账户名称	本期发生额	
	借方	贷方

1. 例解借贷记账法的应用

【例2-2】 以重庆市万事达家具厂2020年6月的6笔业务为例讲解（期初余额作了调整，视为期初平衡的余额）。

（1）编制会计分录

① 6月1日，收到联营企业重庆北新集团公司的投资款200 000元，款已存入开户行。

借：银行存款　　200 000

　　贷：实收资本-北新公司　　200 000

② 6月1日，向浦发银行渝北支行借入三年期的借款100 000元，已划入企业银行

账户。

借：银行存款　　100 000

　　贷：长期借款　　100 000

③ 6 月 2 日，将华友家具城 52 日前签发的三个月的无息商业承兑汇票 20000 元向银行贴现，月贴现利率为 0.5%，贴现期为 2 个月。

财务费用＝20 000×0.5%×2＝200(元)

借：银行存款　　19 800

　　财务费用　　200

　　贷：应收票据——华友家具　　20 000

④ 6 月 3 日，生产部从重庆市光明设备有限公司购进设备一台，单价 30000 元，进项增值税额 3900 元，通过转账支票支付余款共计 23900 元，设备当日运达并交付使用。

借：固定资产——生产用　　30 000

　　应交税费——应交增值税(进项税额)　　3 900

　　贷：预付账款——光明公司　　10 000

　　　　银行存款　　23 900

⑤ 6 月 4 日，从重庆市东风钢材厂购进钢管进项增值税 5 200 元，共计 45 200 元，款项已通过银行转账支票支付，现金支付材料运费 2 180 元，钢材已运到且验收入库，均取得增值税专用发票。

借：原材料——钢管　　42 000

　　应交税费——应交增值税(进项税额)　　5 380

　　贷：银行存款　　45 200

　　　　库存现金　　2 180

⑥ 6 月 5 日，销售部王信同，以现金支票预借差旅费 1 500 元。

借：其他应收款——王信同　　1 500

　　贷：银行存款　　1 500

(2) 根据编制的会计分录进行登账

借方	库存现金		贷方
期初余额	8 600	⑤	2 180
本期发生额	0	本期发生额	2 180
期末余额	6 420		

借方	银行存款		贷方
期初余额	110 000		
①	200 000	④	23 900
②	100 000	⑤	45 200
③	19 800	⑥	1 500
本期发生额	319 800	本期发生额	70 600
期末余额	359 200		

应收票据

借方	贷方
期初余额 46 300	③ 20 000
本期发生额 0	本期发生额 20 000
期末余额 26 300	

其他应收款

借方	贷方
期初余额 5 000	
⑥ 1 500	
本期发生额 1 500	
期末余额 6 500	

预付账款

借方	贷方
期初余额 10 000	④ 10 000
本期发生额 10 000	本期发生额 10 000
期末余额 0	

原材料

借方	贷方
期初余额 150 000	
⑤ 42 000	
本期发生额 42 000	本期发生额 0
期末余额 192 000	

固定资产

借方	贷方
期初余额 720 000	④ 3 900
④ 30 000	
本期发生额 30 000	本期发生额 0
期末余额 750 000	

应交税费

借方	贷方
期初余额 9 900	
⑤ 5 380	
本期发生额 9 280	本期发生额 0
	期末余额 620

长期借款

借方	贷方
	期初余额 100 000
	② 100 000
本期发生额 0	本期发生额 100 000
	期末余额 200 000

实收资本

借方	贷方
	期初余额 960 000
① 200 000	
本期发生额 0	本期发生额 200 000
	期末余额 1 160 000

财务费用

借方	贷方
③ 200	
本期发生额 200	
期末余额 200	

（财务费用期末要转入本年利润，期末余额为0，此处没到月末还没有结转）

（3）编制试算平衡表（见表2-3）

表 2-3　重庆市万事达家具厂试算平衡表　　　　单位：元

账户名称	期初余额		本期发生额		期末余额	
	借方	贷方	借方	贷方	借方	贷方
库存现金	8 600			2 180	6 420	
银行存款	110 000		319 800	70 600	359 200	
应收票据	46 300			20 000	26 300	
预付账款	10 000			10 000		
其他应收款	5 000		1 500		6 500	
原材料	150 000		42 000		192 000	
固定资产	720 000		30 000		750 000	
应交税费		9 900	9 280			620
长期借款		100 000		100 000		200 000
实收资本		940 000		200 000		1 140 000
财务费用			200		200	
合计	1049 900	1049 900	402 780	402 780	1 340 620	1 340 620

2. 明细账与总账平行登记

（1）总分类账与明细分类账平行登记的要点

总分类账户与其所属的明细分类账户的平行登记是指对每项经济业务事项都要以会计凭证为依据，一方面记入有关总分类账户，另一方面又要记入其所属明细分类账户。

（2）平行登记的要点

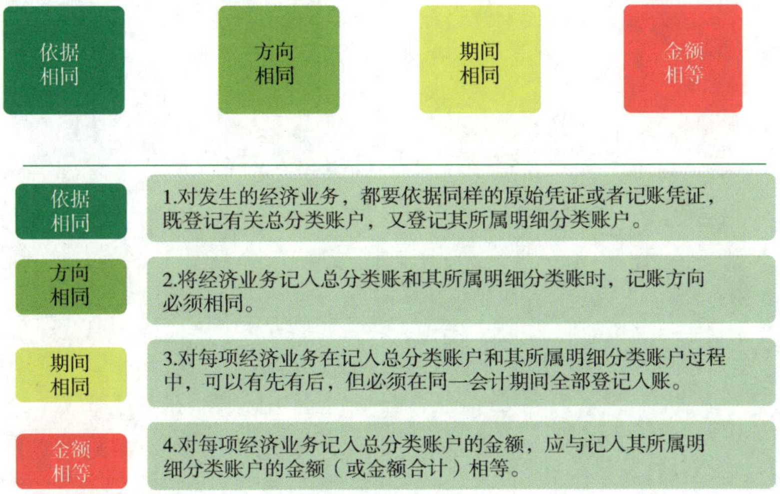

（3）检查平行登记的公式

总账期初借（或贷）方余额＝所属明细账户期初借（或贷）方余额之和

总账本期借（或贷）方发生额＝所属明细账户本期借（或贷）方发生额之和

总账期末借（或贷）方余额＝所属明细账户期末借（或贷）方余额之和

（4）总分类账与明细分类账的核对

为了保证总分类账户与其所属明细分类账户的登记准确无误，必须定期核对总分类账与其所属明细分类账的有关记录，及时发现可能存在的记账错误。核对的方法可以根据明细分类账的记录，编制“总分类账所属明细分类账发生额及余额表”。如表 2-4 所示。

表 2-4　应付账款总账所属明细分类账户发生额及余额表

摘　　要	应付账款总分类账	应付账款明细分类账户			
		合计	甲公司	乙公司	丙公司
期初余额	9 500	9 500	5 500	4 000	
本期借方发生额	3 000	3 000	3 000		
本期贷方发生额	14 000	14 000		1 000	13 000
期末余额	20 500	20 500	2 500	5 000	13 000

第三章 会计是一部编年体的公司“史官”

3.1 会计用什么记录公司发展？

1. 会计凭证的概念与作用

（1）会计凭证的概念

会计凭证是指记录经济业务发生或者完成情况的书面证明，是登记账簿的依据。

（2）会计凭证的作用

会计凭证的作用主要有：①记录经济业务，提供记账依据；②明确经济责任，强化内部控制；③监督经济活动，控制经济运行。

2. 会计凭证的种类

会计凭证按照填制程序和用途可分为原始凭证和记账凭证。

（1）原始凭证

原始凭证，又称单据，是指在经济业务发生或完成时取得或填制的，用以记录或证明经济业务的发生或完成情况的原始凭据。

（2）记账凭证

记账凭证，又称记账凭单，是指会计人员根据审核无误的原始凭证，按照经济业务的内容加以归类，并据以确定会计分录后所填制的会计凭证，作为登记账簿的直接依据。

3.2 原始凭证是经济业务的真实写照

3.2.1 原始凭证的种类

1. 原始凭证的基本内容

原始凭证的格式和内容因经济业务和经营管理的不同而有所差异，但应当具备以下基本内容(也称为原始凭证七要素)(如图 3-1 所示)：

① 凭证的名称；
② 填制凭证的日期；
③ 填制凭证单位名称或者填制人姓名；
④ 经办人员的签名或者盖章；
⑤ 接受凭证单位名称；
⑥ 经济业务内容；
⑦ 数量、单价和金额。

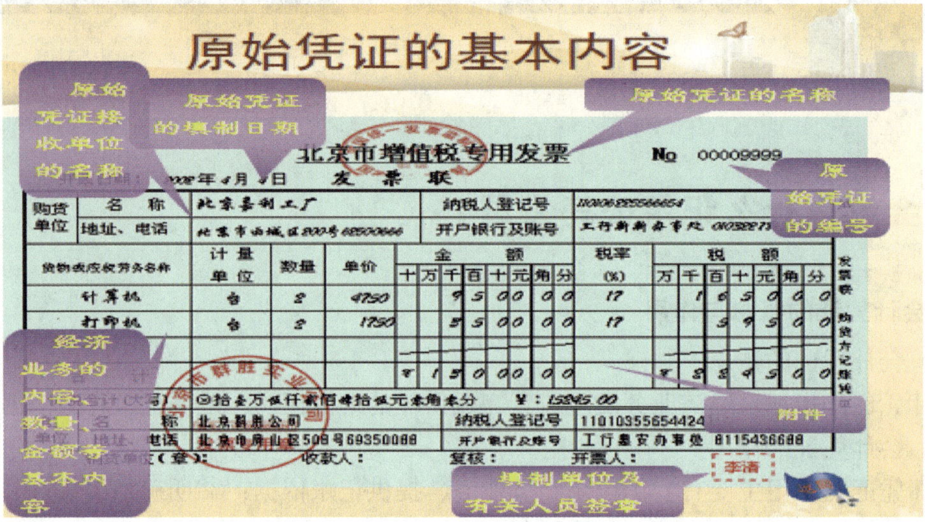

图 3-1

2. 原始凭证的种类

原始凭证可以按照取得来源、格式、填制的手续和内容进行分类。

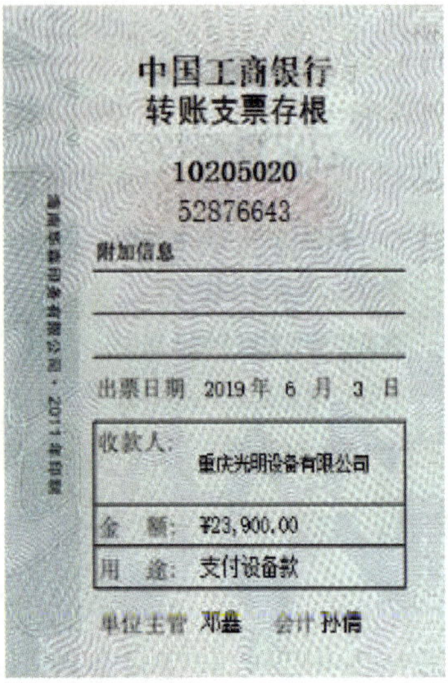

中国工商银行
转账支票存根
10205020
52876643
附加信息
出票日期 2019年 6 月 3 日
收款人：重庆光明设备有限公司
金 额：¥23,900.00
用 途：支付设备款
单位主管　　会计

图 3-2

(1) 按取得的来源分类

原始凭证按照取得的来源可分为自制原始凭证和外来原始凭证。

① 自制原始凭证。自制原始凭证是指由本单位有关部门和人员，在执行或完成某项经济业务时填制的，仅供本单位内部使用的原始凭证。如图 3-2、图 3-3 所示。

② 外来原始凭证。外来原始凭证是指在经济业务发生或完成时，从其他单位或个人直接取得的原始凭证。如图 3-4 所示。

(2) 按照格式分类

原始凭证按照格式的不同可分为通用凭证和专用凭证。

① 通用凭证。通用凭证是指由有关部门统一印制、在一定范围内使用的具有统一格式和使用方法的原始凭

证。如图 3-5 所示。

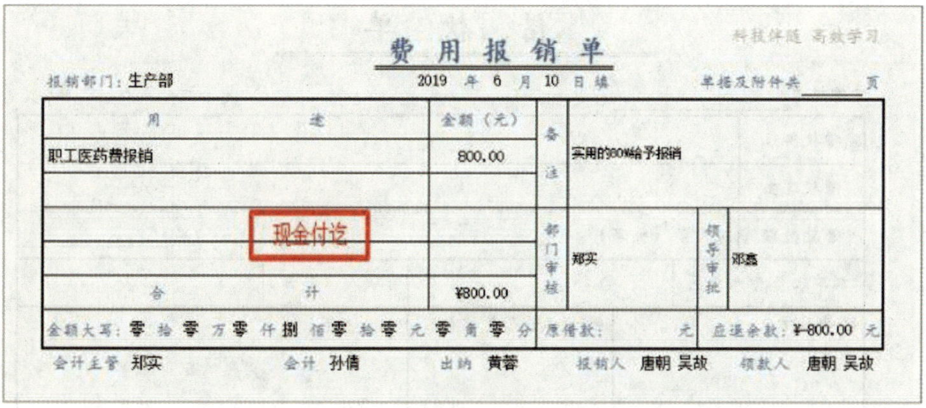

科技伴随 高效学习

费用报销单

报销部门：生产部　2019 年 6 月 10 日填　单据及附件共____页

用途	金额（元）	备注	实用的80%给予报销		
职工医药费报销	800.00				
现金付讫		部门审核	郑实	领导审批	邓磊
合计	¥800.00				

金额大写：零 拾 零 万 零 仟 捌 佰 零 拾 零 元 零 角 零 分　原借款：　元　应退余款：¥-800.00 元

会计主管 郑实　会计 孙倩　出纳 黄蓉　报销人 唐朝 吴敌　领款人 唐朝 吴敌

图 3-3

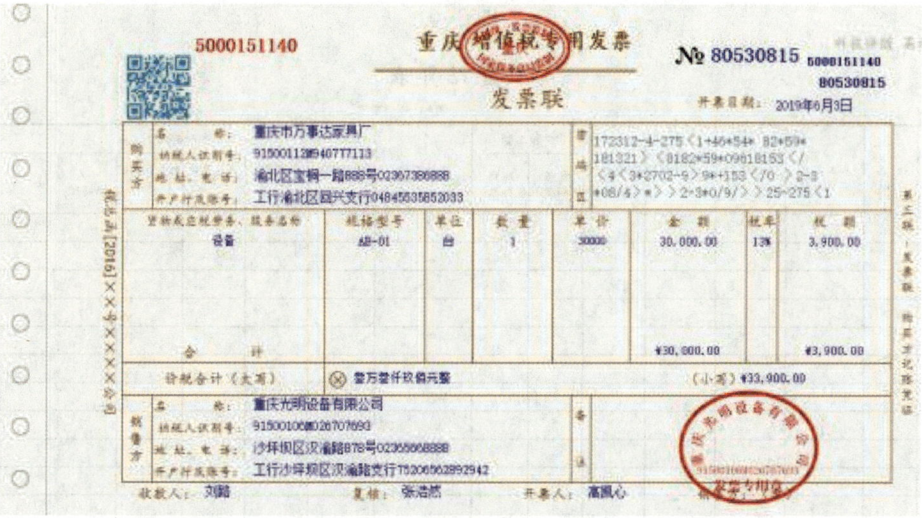

5000151140　重庆增值税专用发票　№ 80530815　5000151140　80530815

发票联　开票日期：2019年6月3日

购买方　名称：重庆市万事达家具厂　纳税人识别号：91500112M940777113　地址、电话：渝北区宝桐一路888号02367386888　开户行及账号：工行渝北区回兴支行04845535852033

密码区　172312-4-275＜1+46*54* 82*59* 181321＞＜8182*59*09618153＜/ ＜4＜3*2702-9＞9*+153＜/0 ＞2-8 *08/4＞*＞＞2-3*0/9/＞＞25-275＜1

货物或应税劳务、服务名称	规格型号	单位	数量	单价	金额	税率	税额
设备	AB-01	台	1	30000	30,000.00	13%	3,900.00
合计					¥30,000.00		¥3,900.00
价税合计（大写）	⊗叁万叁仟玖佰元整				（小写）¥33,900.00		

销售方　名称：重庆光明设备有限公司　纳税人识别号：91500106M026707693　地址、电话：沙坪坝区汉渝路878号02365668888　开户行及账号：工行沙坪坝区汉渝路支行75206562892942

收款人：刘璐　复核：张浩然　开票人：高凤心

第三联：发票联　购买方记账凭证

图 3-4

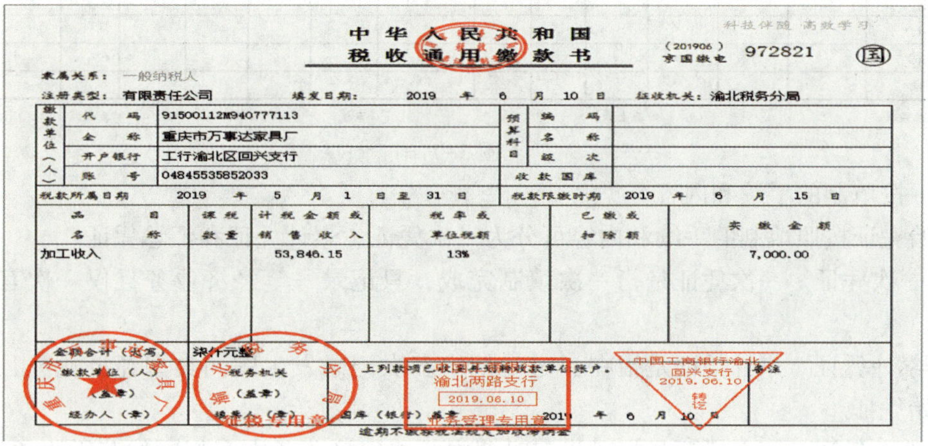

中华人民共和国
税收通用缴款书

科技伴随 高效学习

（201906）京国缴电 972821 ㊐国

隶属关系：一般纳税人

注册类型：有限责任公司　填发日期：2019 年 6 月 10 日　征收机关：渝北税务分局

缴款单位（人）			预算科目		
代码	91500112M940777113			编码	
全称	重庆市万事达家具厂			名称	
开户银行	工行渝北区回兴支行			级次	
账号	04845535852033			收款国库	

税款所属日期 2019 年 5 月 1 日至 31 日　税款限缴时期 2019 年 6 月 15 日

品目名称	课税数量	计税金额或销售收入	税率或单位税额	已缴或扣除额	实缴金额
加工收入		53,846.15	13%		7,000.00

金额合计（大写）柒仟元整

缴款单位（人）（盖章）经办人（章）　税务机关（盖章）填票人（章）　上列款项已收妥并划转收款单位账户。国库（银行）盖章 2019 年 6 月 10 日　备注

逾期不缴按税法规定加收滞纳金

图 3-5

② 专用凭证。专用凭证是指由单位自行印制、仅在本单位内部使用的原始凭证。如

图 3-6、图 3-7 所示。

借　款　单

资金性质＿＿＿＿＿＿＿＿　　　　　　　　　　年　　月　　日

借款单位			
借款理由			
借款数额	人民币（大写）		¥＿＿＿＿＿＿
本单位负责人意见		借款人（签章）	
领导指示：	会计主管人员核批：	付款记录： 年　月　日　以第　　号 支票或现金支出凭单付给	

图 3-6

工资结算表

年　　月　　日　　　　　　　　　　　　　单位：元

部门	姓名	基本工资	岗位津贴	奖金	交通补助	应扣工资		应付工资	代扣款项						实发工资
						请假扣款	缺勤扣款		养老保险（　）	医疗保险（　）	失业保险（　）	住房公积金（　）	个人所得税	合计	
合计															

总经理：　　　　　　财务主管：　　　　　　审核：　　　　　　制表：

图 3-7

（3）按填制的手续和内容分类

原始凭证按照填制的手续和内容可分为一次凭证、累计凭证和汇总凭证。

① 一次凭证。一次凭证是指一次填制完成，只记录一笔经济业务且仅一次有效的原始凭证。

② 累计凭证。累计凭证是指在一定时期内多次记录发生的同类型经济业务且多次有效的原始凭证。

③ 汇总凭证。汇总凭证是指对一定时期内反映经济业务内容相同的若干张原始凭证，按照一定标准综合填制的原始凭证。如图 3-8 所示。

限额领料单

领料部门：

用途： 年 月 编号： 06858192

材料类别	材料名称	规格	计量单位	单价	领用限额	全月实领	
						数量	金额

日期	请领			实发		限额结余
	数量	领料单位负责人签章	领料人签章	数量	发料人签章	
合计						

生产计划部门负责人： 供应部门负责人： 仓库管理员：

图 3-8

3.2.2 原始凭证的填制要求

1. 原始凭证填制总的要求（如图 3-9 所示）

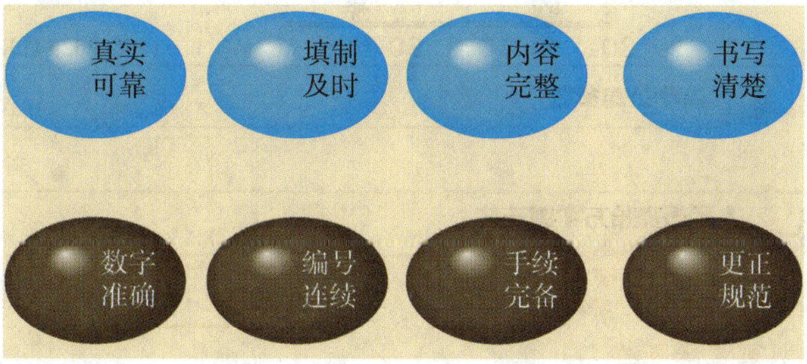

图 3-9

（1）真实可靠

原始凭证上填制的表示经济业务发生或完成的日期、内容必须与实际情况完全相符合。

（2）填制及时

各种原始凭证一定要及时填写，并按规定的程序及时送交会计机构、会计人员进行审核。

（3）内容完整

原始凭证要求填列项目必须逐项填列齐全，不得遗漏和省略。

（4）填写清楚

① 原始凭证要求使用蓝、黑墨水笔或者蓝、黑签字笔或者特殊书写笔书写。

② 原始凭证要按规定填写，文字要简要，字迹要清楚、工整，易于辨认，不得使用未经国务院公布的简化汉字，不得臆造文字。繁体字、pop 形体、草书。

（5）金额要正确

大小写金额要正确、规范，大小写金额要相符。

① 大写金额要正确规范：

要用用汉字壹、贰、叁、肆、伍、陆、柒、捌、玖、拾、佰、仟、万、亿、元、角、分、零、整书写；要一律用正楷或行书字书写；大写金额前未印有“人民币”字样的，应加写“人民币”三个字，“人民币”字样和大写金额之间不得留有空白；大写金额到元或角为止的，后面要写“整”或“正”字，有分的，不写“整”或“正”字；金额连续几个0，只写一个零，万位和元位分别有0，可写可不写；万位和元位同时为0，至少要写一个。如表 3-1 所示。

表 3-1

20008.00	贰万零捌元整
102000.00	壹拾万零贰仟元整
202200.30	贰拾万元零贰仟贰佰元三角整
	贰拾万元贰仟贰佰元零三角整

再如：泉州吉祥有限公司收到康华公司前欠货款 100 008.00 元。

正确的收据填写如图 3-10 所示。

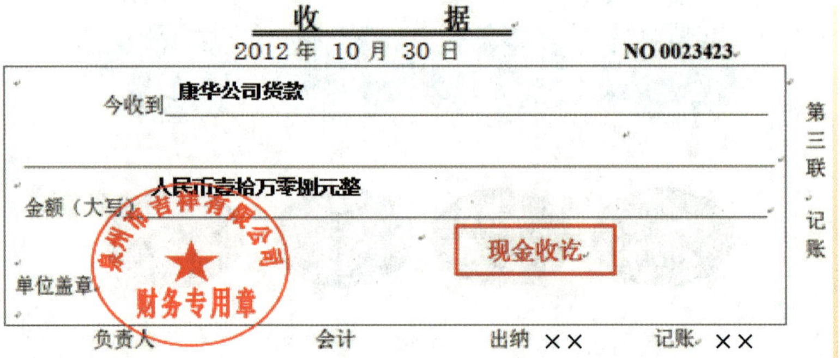

图 3-10

② 小写金额书写规范要求：

小写金额不得连写；小写金额前面要加货币符号，而且不能留空。

人民币符号：¥，美元：$；一律写到角、分位，无角、分位，写“00”或者符号“—”；有角无分位的，分位写“0”，不得写符号“-”。

（6）编号要连续

要连续编号，如果原始凭证已预先印定编号，在写坏作废时，应加盖“作废”戳记，并连同存根和其他各联全部保存，不得随意撕毁。联数齐全才能作废，不得跳号、隔号。

（7）手续完备

单位自制的原始凭证必须有经办单位领导人或者其他指定的人员签名盖章；对外开出的原始凭证必须加盖本单位公章；从外部取得的原始凭证，必须盖有填制单位的公章；从个人取得的原始凭证，必须有填制人员的签名盖章。

3.2.3 原始凭证的审核与更正

1. 原始凭证的审核

为了如实反映经济业务的发生和完成情况，充分发挥会计的监督职能，保证会计信息的真实、合法、完整和准确，会计人员必须对原始凭证进行严格审核。

2. 审核的内容

审核的内容主要包括：

① 审核原始凭证的真实性；

② 审核原始凭证的合法性、合理性；

③ 审核原始凭证的完整性；

④ 审核原始凭证的正确性；

⑤ 审核原始凭证的及时性。

3. 审核结果的处理

原始凭证在审核过程中，对于不同情况，要分别予以处理：

① 对于符合要求的原始凭证，应及时据以编制记账凭证；

② 对于不真实、不合法的原始凭证，会计人员有权不予受理，并向单位负责人报告；

③ 对于内容不全面、手续不完备、数字不准确或填写有错误的凭证，应退给有关单位或个人，并令其补办手续或更正。

4. 原始凭证的更正

根据会计工作基础规范，原始凭证发生错误不得涂改、刮擦、挖补，正确的更正有两种做法：第一种是不涉及金额的错误，由原出据单位更正，并盖章；第二种凡是涉及金额及金额大小写不符合的，必须由原出据单位重开。

3.3 记账凭证是会计人的“修史”形式

3.3.1 记账凭证的种类

记账凭证是由企业财会部门根据已审核的原始凭证填制的，载由会计分录并作为记账依据的书面证明。如图 3-11 所示。

实务中一般按用途分为专用和通用记账凭证，专用记账凭证又分为收款、付款和转账凭证，如图 3-12 所示。

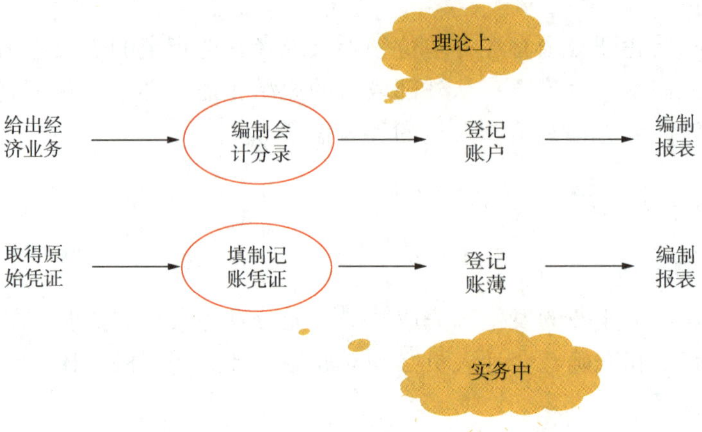

图 3-11

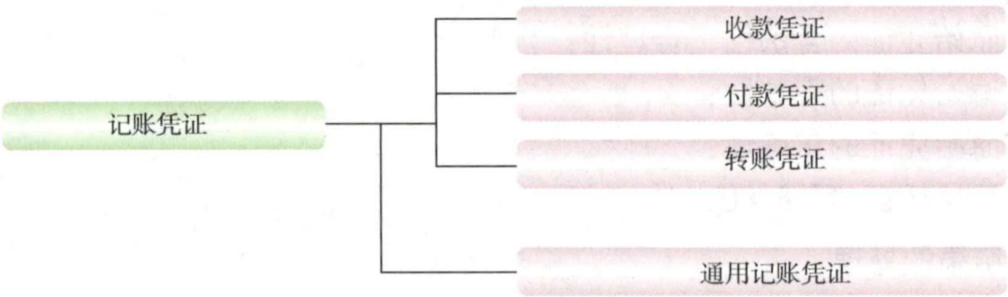

图 3-12

3.3.2 记账凭证的基本内容

记账凭证的基本内容如图 3-13 所示。

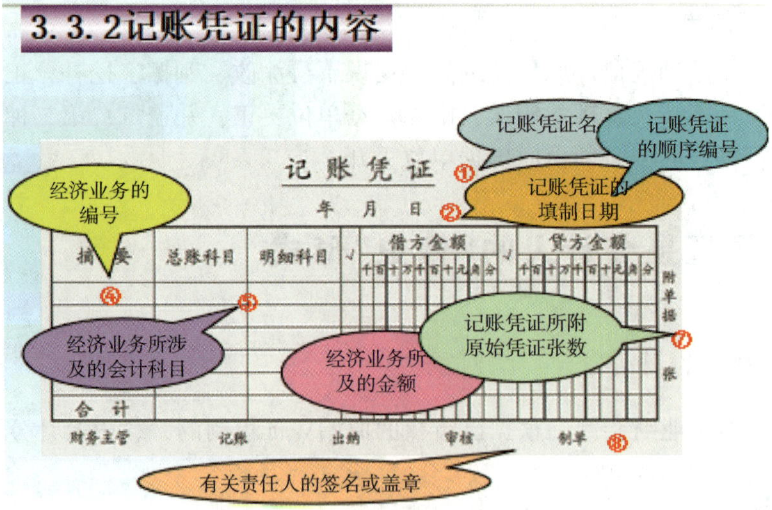

图 3-13

记账凭证其所反映经济业务的内容不同、各单位规模大小及其对会计核算繁简程度的要求不同，其内容有所差异，但应当具备以下基本内容：①填制凭证的日期；②凭证编号；③经济业务摘要；④会计科目；⑤金额；⑥所附原始凭证张数；⑦填制凭证人员、稽核人员、记账人员、会计机构负责人、会计主管人员签名或者盖章。收款和付款记账凭证还应当由出纳人员签名或者盖章。以自制的原始凭证或者原始凭证汇总表代替记账凭证的，也必须具备记账凭证应有的项目。

3.3.3 记账凭证的填制要求

记账凭证根据审核无误的原始凭证或原始凭证汇总表填制。记账凭证填制正确与否，直接影响整个会计系统最终提供信息的质量。与原始凭证的填制相同，记账凭证也有记录真实，内容完整，手续齐全，填制及时等要求。

1. 记账凭证填制的基本要求

① 记账凭证各项内容必须完整。

② 记账凭证的书写应当清楚、规范。

③ 除结账和更正错账可以不附原始凭证外，其他记账凭证必须附原始凭证。

④ 记账凭证可以根据每一张原始凭证填制，或根据若干张同类原始凭证汇总填制，也可以根据原始凭证汇总表填制；但不得将不同内容和类别的原始凭证汇总填制在一张记账凭证上。

⑤ 记账凭证应连续编号。凭证应由主管该项业务的会计人员，按业务发生的顺序并按不同种类的记账凭证采用“字号编号法”连续编号。如果一笔经济业务需要填制两张以上(含两张)记账凭证的，可以采用“分数编号法”编号。

⑥ 记账凭证填制完成后，如有空行，应当自金额栏最后一笔金额数字下的空行处至合计数上的空行处划线注销。

如图 3-14、图 3-15 所示。

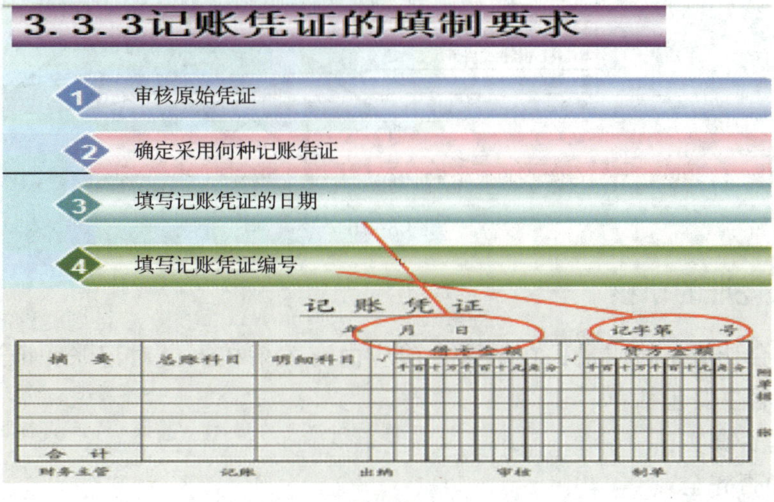

图 3-14

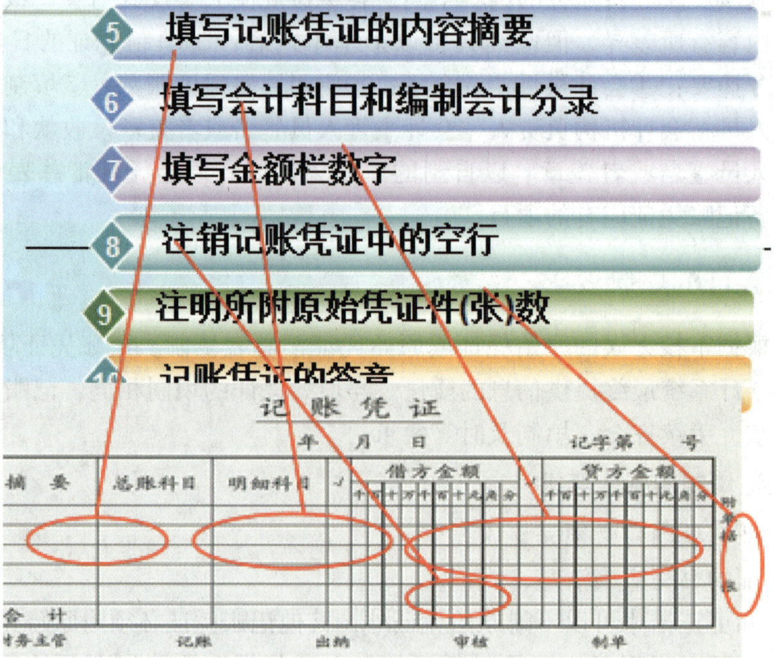

图 3-15

2. 例解通用记账凭证的填制方法

如图 3-16、图 3-17 所示

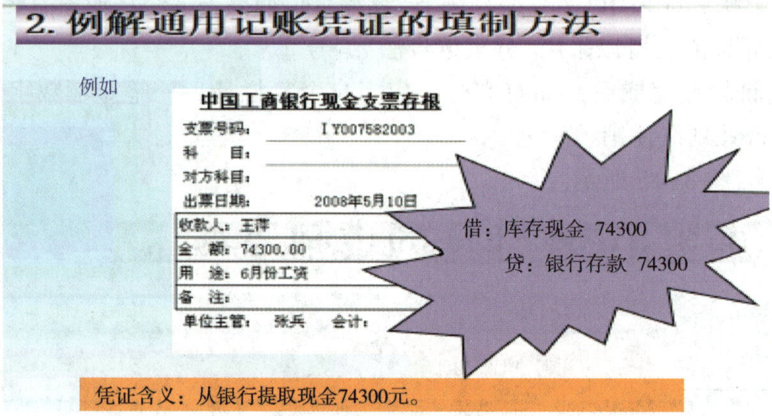

图 3-16

3.3.4 记账凭证的审核

为了保证会计信息的质量，在记账之前应由有关稽核人员对记账凭证进行严格的审核，审核的内容主要包括：

① 内容是否真实；

② 项目是否齐全；

记 账 凭 证

2008 年 05 月 10 日　　　　记 字第 01 号

摘要	会计科目	明细科目	借方金额	贷方金额	记账
提现	库存现金		7430000		✓
	银行存款			7430000	✓
附件 2 张	合计		¥20000000	¥20000000	

会计主管：　记账：孙倩　出纳：黄蓉　复核：郑实　制证：孙倩

图 3-17

③ 科目是否正确；

④ 金额是否正确；

⑤ 写是否规范；

⑥ 手续是否完备。

3.3.5 记账凭证的更正

记账凭证填制时若发生错误，应当重新填制；但如果已经记账后，发现记账凭证错误，不能重新填制，要用后面讲的错账更正的方法进行处理，即用红字冲销或补充登记的方法处理。

3.4 日常业务繁多，票据堆叠如山——会计凭证的传递与保管

3.4.1 会计凭证的传递

会计凭证的传递，是指会计凭证从填制或取得起，经过审核、记账、装订到归档时止，在有关部门和人员之间按规定的时间、路线办理业务手续和进行处理的过程。如图 3-18 所示。

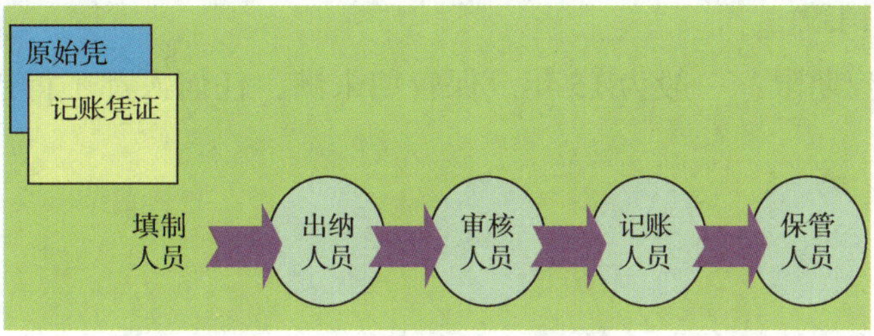

图 3-18

会计凭证的传递主要包括凭证的传递路线、传递时间和传递手续三个方面的内容，会计凭证的传递具体包括传递程序和传递时间。

3.4.2 会计凭证的保管

1. 会计凭证的整理归类

会计部门在记账以后，应定期(一般为每月)将会计凭证加以归类整理，在确保记账凭证及其所附原始凭证完整无缺后，将其折叠整齐，加上封面、封底，装订成册，并在装订线上加贴封签，以防散失和任意拆装。在封面上要注明单位名称、凭证种类、所属年月和起讫日期、起讫号码、凭证张数等。会计主管或指定装订人员要在装订线封签处签名或盖章，然后入档保管。

会计凭证封面格式如图 3-19 所示。

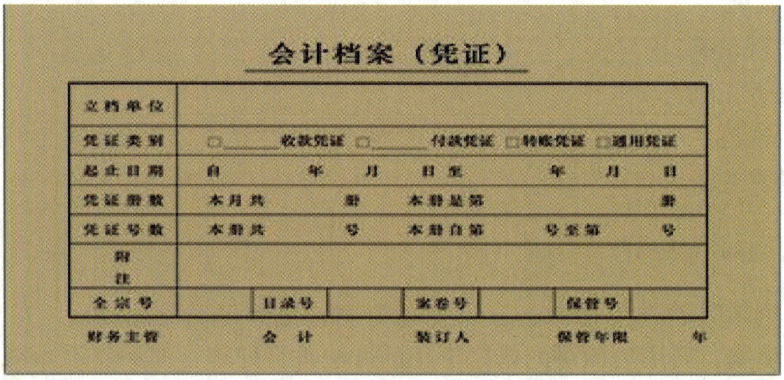

会计档案（凭证）

立档单位							
凭证类别	□______收款凭证 □______付款凭证 □转账凭证 □通用凭证						
起止日期	自　　年　月　日至　　年　月　日						
凭证册数	本月共　　册　本册是第　　册						
凭证号数	本册共　　号　本册自第　　号至第　　号						
附注							
全宗号		目录号		案卷号		保管号	

财务主管　　会　计　　装订人　　保管年限　　年

图 3-19

2. 会计凭证的造册归档

每年的会计凭证都应由会计部门按照归档的要求，负责整理立卷或装订成册。当年的会计凭证，在会计年度终了后，可暂由会计部门保管 1 年，期满后，移交给本单位档案部门保管。

3. 会计凭证的借阅

会计凭证原则上不得借出，如有特殊情况，须报请批准，但不得拆散原卷册，并应限期归还。

4. 会计凭证的销毁

会计凭证的保管期限，一般为 15 年。保管期未满，任何人都不得销毁会计凭证。

第四章 会计做账的重要流程——从记账凭证到账簿

4.1 为什么要建立会计账簿

4.1.1 会计账簿

会计账簿是指由一定格式的账页组成的，以经过审核的会计凭证为依据，全面、系统、连续地记录各项经济业务的簿籍。设置和登记账簿，既是填制和审核会计凭证的延伸，也是编制财务报表的基础，是连接会计凭证和财务报表的中间环节。如图 4-1 所示。

图 4-1

4.1.2 为什么要建立会计账簿

会计账簿其作用和目的是记录公司经济业务。如果在整个会计工作流程中，其体现着承前启后枢纽性的重要价值。如图 4-2 所示，账簿如同架在会计报表与会计凭证之间的桥梁。

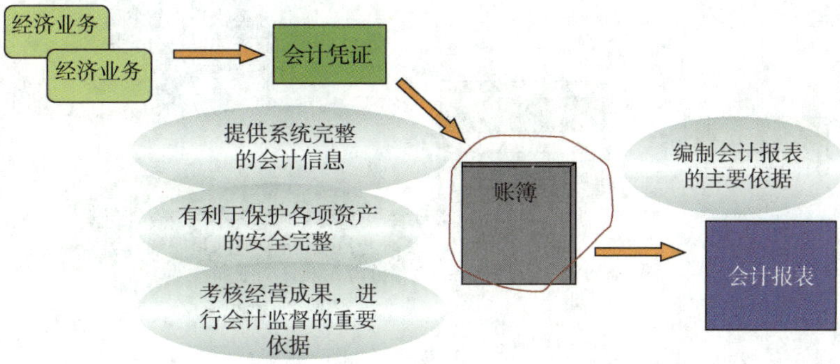

图 4-2

4.2 会计账簿的种类

4.2.1 按账簿用途分类

账簿按用途不同分为序时账簿、分类账簿和备查账簿，如图 4-3 所示。

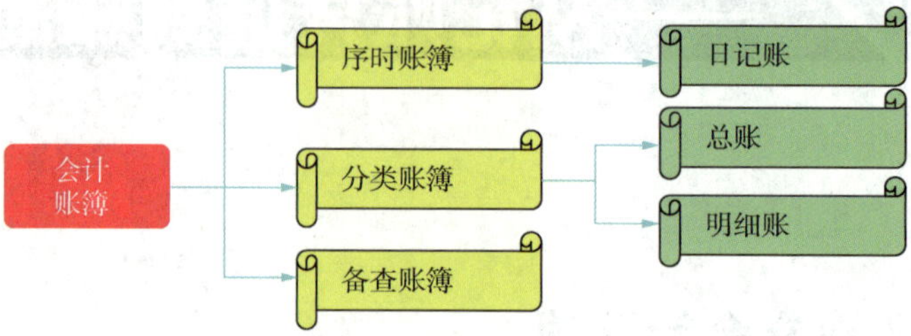

图 4-3

（1）序时账簿

又称日记账，指按照经济业务完成时间的先后顺序逐日逐笔进行登记的账簿。

① 普通日记账：把全部经济业务的会计分录都按照时间顺序记录的账簿，又称为"分录簿"。

② 特种日记账：把性质相同的经济业务分别登记下来的账簿。如现金日记账、银行存款日记账和转账日记账等。在我国大多数单位，序时账一般只设置现金日记账和银行存款日记账。如图 4-4 所示。

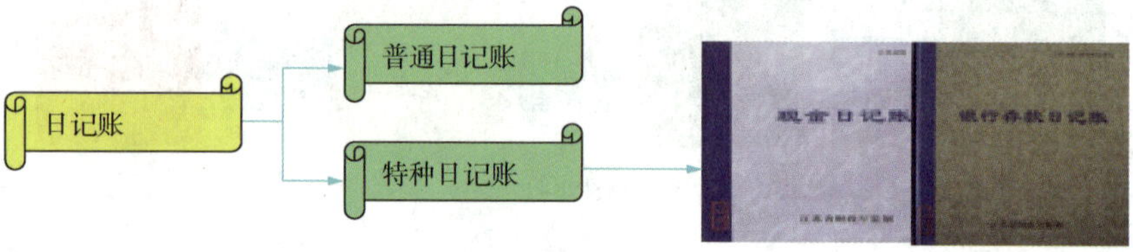

图 4-4

（2）分类账簿

指对全部经济业务按照会计要素的具体类别而设置的分类账户进行登记的账簿。如图 4-5 所示。

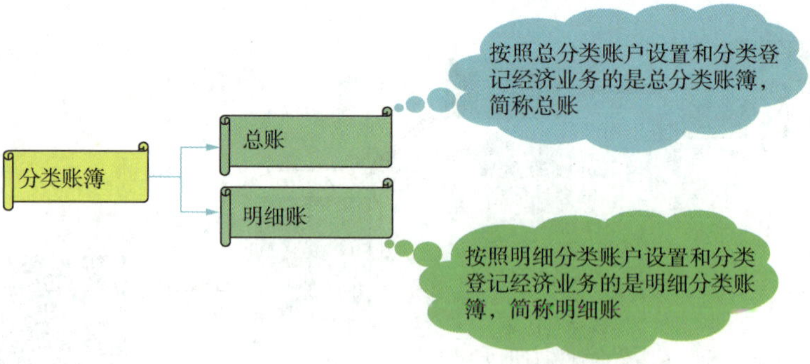

图 4-5

（3）备查账簿

又称辅助账簿，指对某些在序时账簿和分类账簿等主要账簿中都不予登记或登记不够详细的经济业务进行补充登记时使用的账簿。备查账簿可以对某些经济业务的内容提供必要的详细参考资料，如租入固定资产登记簿，应收、应付票据登记簿等。备查账簿属于备查性质的辅助登记，没有固定的格式，可根据实际需要来加以设计。

4.2.2 按账页格式不同分类

分为两栏式、三栏式、多栏式和数量金额式账簿，如图 4-6 所示。

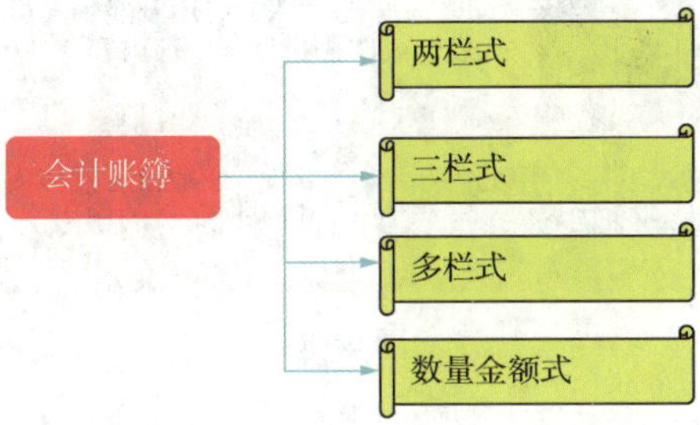

图 4-6

① 两栏式。指只有借方和贷方两个基本金额栏目的账簿。

普通日记账和转账日记账一般采用两栏式。

② 三栏式。指设有借方、贷方和余额三个基本栏目的账簿。

它适用于各种日记账、总分类账以及资本、债权、债务明细账等。

③ 多栏式。指在账簿的两个基本栏目借方和贷方按需要分设若干专栏的账簿。它适用于收入、费用等明细账。

④ 数量金额式。指账簿的借方、贷方和余额三个栏目内，在每个栏目下增设数量、单价和金额三小栏，用以反映财产物资的实物数量和价值量的账簿。适用于原材料、库存商品等存货明细账。

4.2.3 按外表形式不同分类

分为订本账、活页账和卡片账，如图 4-7 所示。

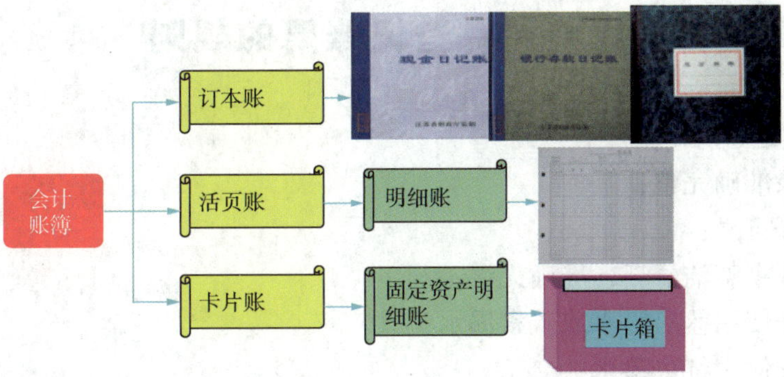

图 4-7

4.3 启用会计账簿不可或缺

1. 会计账簿的基本内容

如图 4-8 所示。

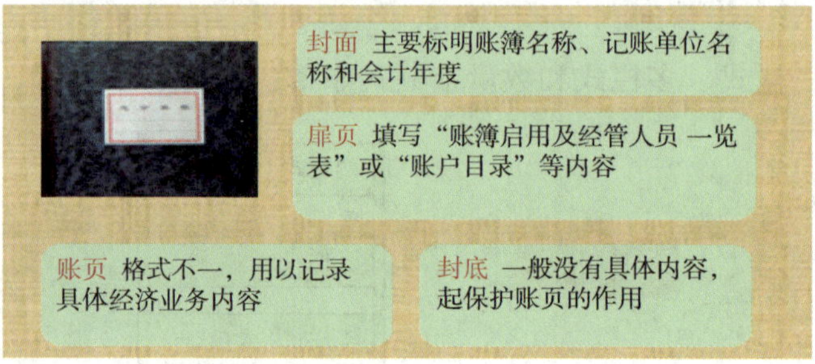

图 4-8

2. 会计账簿的启用规则

如图 4-9 所示。

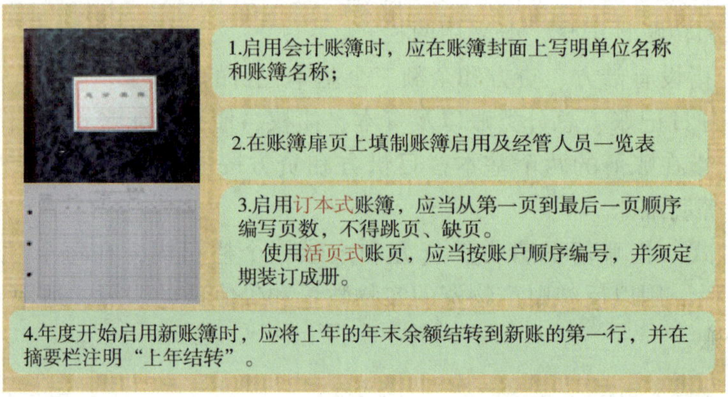

图 4-9

4.4 记录语言也有原则——登记账簿的规则

会计账簿的记账规则主要有：

① 账簿记录准确完整；

② 注明记账符号；

③ 文字和数字整洁清晰，准确无误；

④ 正常记账使用蓝黑墨水或碳素墨水；

⑤ 特殊记账使用红色墨水；

⑥ 顺序连续登记；

⑦ 结出余额；

⑧ 过次页和承前页；

⑨ 不得刮擦涂改。

4.5 各种账簿的具体格式和登记方法

4.5.1 现金日记账的格式和登记方法

1. 现金日记账的格式

现金日记账是指用来核算和监督库存现金每日的收入、支出和结余情况的账簿。格式：三栏式如图 4-10 所示，多栏式，如表 4-1 所示。

库存现金日记账

二级　科目

2015年		记账凭证号数	摘要	对方科目	借方	贷方	借或贷	余额
月	日				千百十万千百十元角分	千百十万千百十元角分		千百十万千百十元角分
12	1		期初余额				借	800000
	10	10	提现备发工资	库存现金	1917000		借	2717000
	10	11	发放上月工资	应付职工薪		1917000	借	800000
	11	12	报销医药费	应付职工薪		56000	借	744000
	16	15	报销差旅费	管理费用		10000	借	734000
	17	16	收到罚款	营业外收入	40000		借	774000
	18	17	购买办公用品	管理费用		40000	借	734000
12	31		本月合计		1957000	2023000	借	734000
12	31		本年累计		1957000	2023000	借	734000
12	31		结转下年					

图 4-10

表 4-1 现金日记账(多栏式)

年		凭证号数	摘要	对方科目	收入				支出				余额
月	日				应贷科目			合计	应借科目			合计	

2. 现金日记账的登记方法

① 登记人员：出纳人员。

② 登记依据：现金收款凭证、现金付款凭证和银行存款付款凭证(记录从银行提取现金的业务)。

③ 登记方法：按经济业务发生时间先后顺序逐日逐笔进行登记，如图 4-11 所示。

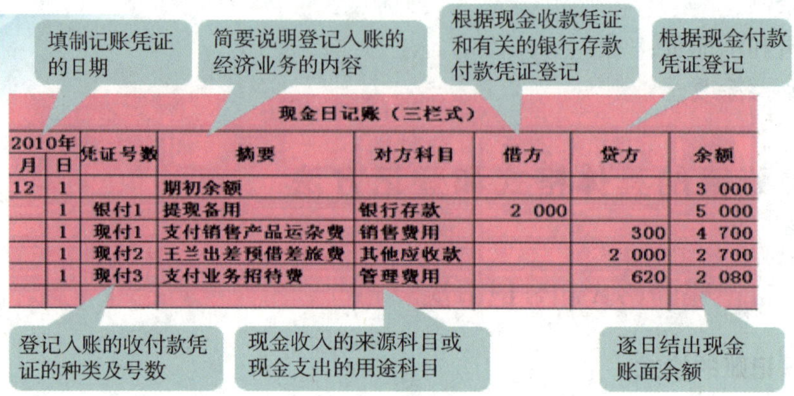

现金日记账（三栏式）

2010年 月	日	凭证号数	摘要	对方科目	借方	贷方	余额
12	1		期初余额				3 000
	1	银付1	提现备用	银行存款	2 000		5 000
	1	现付1	支付销售产品运杂费	销售费用		300	4 700
	1	现付2	王兰出差预借差旅费	其他应收款		2 000	2 700
	1	现付3	支付业务招待费	管理费用		620	2 080

图 4-11

4.5.2 银行存款日记账的格式和登记方法

1. 银行存款日记账的格式

银行存款日记账是指用来核算和监督银行存款每日的收入、支出和结余情况的账簿。格式为三栏式，如图 4-12 所示。

银行存款日记账

2015年 月	日	凭证 种类	号数	摘要	对方科目	借方（千百十万千百十元角分）	贷方（千百十万千百十元角分）	借或贷	余额（千百十万千百十元角分）
12	1			期初余额				借	10500000
	1	记	1	收到投资	实收资本	20000000		借	30500000
	1	记	2	取得借款	长期借款	10000000		借	40500000
	2	记	3	票据贴现	应收票据	1980000		借	42480000
	2	记	4	购入设备	固定资产		3510000	借	38970000
	5	记	5	购入材料	银行存款		4902000	借	34068000
	9	记	7	预付材料款	银行存款		1500000	借	32568000
	10	记	9	交上月增值税	应交税费		850000	借	31718000
	10	记	10	提现备发工资	库存现金		1917000	借	29801000
	12	记	13	预借差旅费	其他应收款		150000	借	29651000
	19	记	18	购入材料	原材料		2010000	借	27641000
	21	记	19	支付上月电费	应付账款		700000	借	26941000
	22	记	20	支付广告费	销售费用		150000	借	26791000
	24	记	22	销售货车	固定资产清理	10062000			36853000
	24	记	24	销售产品	主营业务收入	17550000		借	54403000
	28	记	26	向希望工程捐款	营业外支出		340000	借	54063000
	31	记	28	支付本季利息	应付利息		150000	借	53913000
12	31			本月合计		59592000	161790000	借	53913000
12	31			本年累计		59592000	161790000	借	53913000
12	31			结转下年					

图 4-12

2. 银行存款日记账的登记方法

① 登记人员：出纳人员。

② 登记依据：银行存款收款凭证、银行存款付款凭证、现金付款凭证（记录将现金存入银行的业务）。

③ 登记方法：按经济业务发生的时间先后顺序逐日逐笔进行登记，如图 4-13 所示。

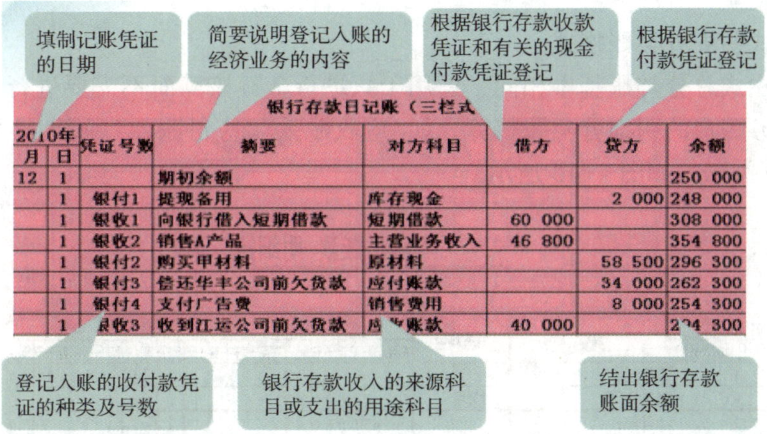

银行存款日记账（三栏式）

2010年 月	日	凭证号数	摘要	对方科目	借方	贷方	余额
12	1		期初余额				250 000
	1	银付1	提现备用	库存现金		2 000	248 000
	1	银收1	向银行借入短期借款	短期借款	60 000		308 000
	1	银收2	销售A产品	主营业务收入	46 800		354 800
	1	银付2	购买甲材料	原材料		58 500	296 300
	1	银付3	偿还华丰公司前欠货款	应付账款		34 000	262 300
	1	银付4	支付广告费	销售费用		8 000	254 300
	1	银收3	收到江运公司前欠货款	应收账款	40 000		2[illegible]4 300

图 4-13

4.5.3 总分类账的格式和登记方法

1. 总分类账的格式

总分类账是指按照总分类账户分类登记以提供总括核算资料的账簿，格式一般采用三栏式，如图 4-14 所示。

总分类账

一级 科目 原材料

2015年 月	日	记账凭证号数	摘要	对方科目	借方（千百十万千百十元角分）	贷方（千百十万千百十元角分）	借或贷	余额（千百十万千百十元角分）
12	1		期初余额				借	15000000
	10	汇01			5200000		借	20200000
	20	汇02				6200000	借	14000000
	31	汇03			3000000		借	17000000
12	31		本月合计		8200000	6200000	借	17000000

图 4-14

2. 总分类账的登记方法

① 可以直接根据记账凭证逐笔登记。

② 也可以根据科目汇总表或汇总记账凭证等登记。

总分类账的登记取决于账务处理程序，本书后面的实务是根据科目汇总表来登记总账。

4.5.4 明细分类账的格式和登记方法

1. 明细分类账的格式

明细分类账是指根据二级账户或明细账户开设账页，分类、连续登记经济业务事项以提供明细核算资料的账簿。格式有三栏式、多栏式、数量金额式和横线登记式等多种账页格式。

（1）三栏式明细分类账格式

格式与三栏式总分类账基本相同，适用于只进行金额核算而不需要进行数量核算的资本、债权、债务账户的明细分类账核算。如“应收账款”“应付账款”“短期借款”“应付职工薪酬”等明细分类账。如图 4–15 所示。

应付账款 明细账

二级科目 万元钢材

2015年		凭证		摘要	对方科目	借方	贷方	借或贷	余额
月	日	种类	号数			千百十万千百十元角分	千百十万千百十元角分		千百十万千百十元角分
12	1			期初余额				贷	5000000
	9	记	10	转商业汇票	应付票据	5000000		平	0
12	31			本月合计		5000000		平	0

图 4–15

（2）多栏式明细分类账格式

根据经济业务的特点和管理的需要，在同一账页内将属于同一总账科目的所有相关明细科目或项目集中起来，分设若干专栏予以登记和反映。按照明细分类账登记的经济业务的不同，多栏式明细分类账的账页又分为借方多栏式、贷方多栏式和借贷多栏式三种格式。

① 借方多栏式明细分类账。借方多栏式明细分类账是指按照借方科目设置若干个专栏，用蓝字登记，贷方发生额则用红字在有关专栏内登记的明细分类账。适用于借方需要设置多个明细科目或明细项目的账户，如“生产成本”“管理费用”“制造费用”“财务费用”“其他业务成本”“营业外支出”等账户明细分类核算。如图 4–16 所示。

管理费用 明细分类账

科目：

2015年		凭证		摘　要	借方	贷方	余额	差旅费	办公费	工资及福利费	折旧费	水电费		
月	日	字	号											
12	16	记	19	报销差旅费	1 600			1 600						
	18	记	21	购买办公用品	400				400					
	30	记	31	结算本月工资	10000					10 000				
	30	记	32	计提福利费	1 400					1 400				
	31	记	33	计提折旧费	800						800			
	31	记	35	结算电费	720							720		
	31	记	39	结转至本年利润		14 920								
12	31			本月合计	14 920	14 920	0	1 600	400	11 400	800	720		
12	31			全年合计	14 920	14 920	0	1 600	400	11 400	800	720		

图 4–16

② 贷方多栏式明细分类账。贷方多栏式明细分类账是指按照贷方科目设置若干个专栏，用蓝字登记，借方发生额则用红字在有关专栏内登记的明细分类账。它适用于贷方需要设置多个明细科目或明细项目的账户，如“主营业务收入”“其他业务收入”“营业外收入”等账户的明细分类核算。如表 4–2 所示。

表 4-2 主营业务收入明细账(多栏式)

2020 年		凭证号数	摘要	合计	贷方				
月	日				A 产品	B 产品	C 产品	D 产品	
12	1	记 04	销售 A 产品	10 000	10 000				
	3	记 11	销售 B 产品	28 000		18 000			

③ 借贷多栏式明细分类账。借贷多栏式明细分类账是指按照借方和贷方科目分别设置若干个专栏进行登记的明细分类账。它适用于借方和贷方都需要设置多个明细科目或明细项目的账户，如“本年利润”“应交税费-应交增值税”等账户的明细分类核算。如表 4-3 所示。

表 4-3 应交增值税明细账(多栏式)

2020 年		凭证号数	摘要	借方			贷方				余额
月	日			进项税额	已交税金	合计	销项税额	进项税额转出	出口退税	合计	
2	2	记 18	购货	98 000							
	6		销货				16000				

(3) 数量金额式明细分类账格式

账页分为“收入”“发出”和“结存”三大栏，在每栏内又分设“数量”“单价”和“金额”三小栏。适用于既要进行金额核算又要进行数量核算的账户，如“原材料”“库存商品”“委托加工物资”等各种财产物资的明细分类核算。如图 4-17 所示。

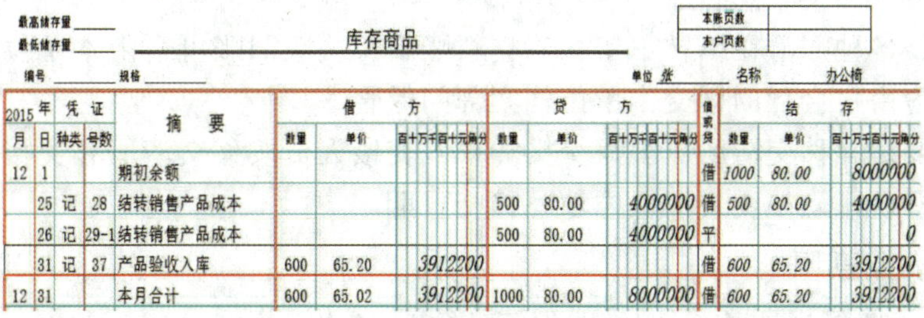
最高储存量______ 最低储存量______

库存商品

本账页数 本户页数

编号______ 规格______ 单位 张 名称 办公椅

2015年		凭证		摘要	借方			贷方			借或贷	结存		
月	日	种类	号数		数量	单价	百十万千百十元角分	数量	单价	百十万千百十元角分		数量	单价	百十万千百十元角分
12	1			期初余额							借	1000	80.00	8000000
	25	记	28	结转销售产品成本				500	80.00	4000000	借	500	80.00	4000000
	26	记	29-1	结转销售产品成本				500	80.00	4000000	平			0
	31	记	37	产品验收入库	600	65.20	3912200				借	600	65.20	3912200
12	31			本月合计	600	65.02	3912200	1000	80.00	8000000	借	600	65.20	3912200

图 4-17

(4) 横线登记式明细分类账

采用横线登记的方法，将每一相关的业务登记在同一横行内，从而可依据每一行各个栏目的登记是否齐全来判断该项业务的完成及变动情况。

适用于登记材料采购业务、应收票据和一次性备用金业务等。如“材料采购”“其他应收款”等账户的明细分类账。如表 4-4 所示。

表 4-4 其他应收款——备用金明细账(横线登记式)

2020 年		凭证号数	摘要	借方			2020 年		凭证号数	摘要	贷方			余额
月	日			原借	付	合计	月	日			报销	退	合计	
12	10	记 8	李平	800		800								
	20	记 16	张均	1000		1000	2	5	记 68	报销	800	200	1000	0

2. 明细分类账的登记方法

经济业务的明细分类账可根据管理需要，依据记账凭证、原始凭证或汇总原始凭证逐日逐笔或定期汇总登记。如图 4-18 所示。

（1）固定资产、债权和债务等明细分类账应逐笔登记；
（2）种类多、收发频繁的库存商品、原材料等明细分类账可以逐笔登记，也可定期汇总登记；
（3）有关收入、费用、成本等明细分类账可以逐日汇总登记，也可以定期汇总登记。

图 4-18

4.5.5 会计账簿的更换和保管

1. 会计账簿的更换

会计账簿的更换是指在会计年度终了时，将上一年度的旧账簿更换为新账簿。

为了使每个会计年度的账簿资料明晰和便于保管，在新年度开始时，除固定资产明细账等少数账簿因变动不大可跨年度使用，不必办理更换新账手续外，其余账簿如总账、日记账和多数明细账一般都应结束旧账，启用新账。会计账簿的更换通常在新会计年度建账时进行。

2. 会计账簿的保管

年度终了，各种账簿在结转下年、建立新账后，一般旧账可暂由本单位财会部门保管一年，期满后应由财会部门移交本单位档案部门保管。

移交时需要编制移交清册，填写交接清单，交接人员按移交清册和交接清单项目核查无误后签章，并在账簿使用日期栏内填写移交日期。

3. 账簿的保管期限

① 总账保管期限为 15 年，明细账保管期限为 15 年；

② 现金和银行存款日记账保管期限为 25 年；

③ 固定资产卡片账在固定资产报废清理后保管 5 年；

④ 辅助账簿保管期限为 15 年。

第五章 编制报表前的重要步骤——对账与结账

5.1 对账

5.1.1 对账的概念

对账是指定期对各类账簿记录进行核对，做到账证相符、账账相符和账实相符。

5.1.2 对账的内容

对账主要包括账证核对、账账核对和账实核对。如图 5-1 所示。

图 5-1

(1) 账证核对

账簿是根据经过审核之后的会计凭证登记的，但实际工作中仍有可能发生账证不符的情况，记账后，应将账簿记录与会计凭证核对，核对账簿记录与原始凭证、记账凭证的时间、凭证。如图 5-2 所示。

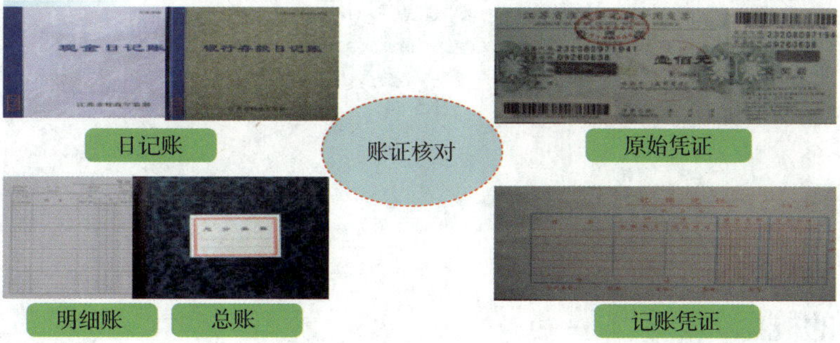

图 5-2

（2）账账核对

账账核对的内容主要包括：①总分类账簿之间的核对；②总分类账簿与所属明细分类账簿之间的核对；③总分类账簿与序时账簿之间的核对；④明细分类账簿之间的核对。如图 5-3 所示。

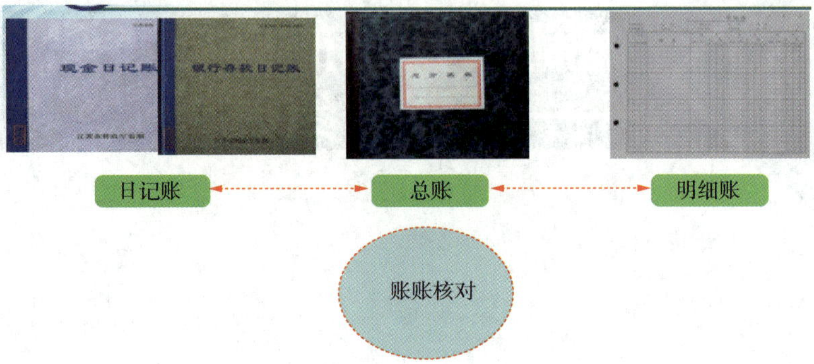

图 5-3

（3）账实核对

账实核对是指各项财产物资、债权债务等账面余额与实有数额之间的核对。

账实核对的内容主要包括：

① 库存现金日记账账面余额与库存现金实际库存数逐日核对是否相符；

② 银行存款日记账账面余额与银行对账单的余额定期核对是否相符；

③ 各项财产物资明细账账面余额与财产物资的实有数额定期核对是否相符；

④ 有关债权债务明细账账面余额与对方单位的账面记录核对是否相符等。如图 5-4 所示。

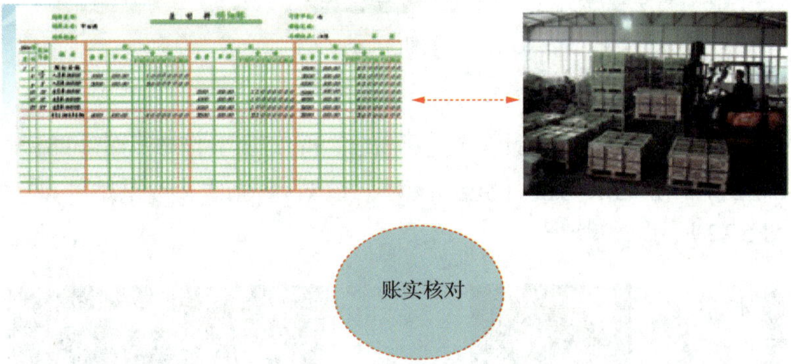

图 5-4

5.2 结账

5.2.1 结账的概念

结账是指在把一定时期(月份、季度、半年度、年度)内发生的经济业务全部登记入账的基础上，将各种账簿的记录结算出本期发生额和期末余额，并将期末余额转入下期的一项会计工作。如图 5-5 所示。

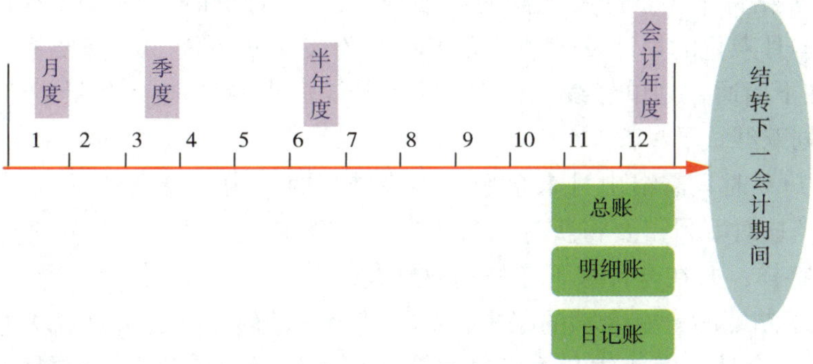

图 5-5

5.2.2 结账的程序

① 结账前，将本期发生的经济业务全部登记入账，并保证其正确性。对于发现的错误，应采用适当的方法进行更正。

② 在本期经济业务全面入账的基础上，根据权责发生制的要求，调整有关账项，合理确定应计入本期的收入和费用。

③ 将各损益类账户余额全部转入“本年利润”账户，结平所有损益类账户。

④ 结出资产、负债和所有者权益账户的本期发生额和余额，并转入下期。

上述工作完成后，就可以根据总分类账和明细分类账的本期发生额和期末余额，分别进行试算平衡。如图 5-6 所示。

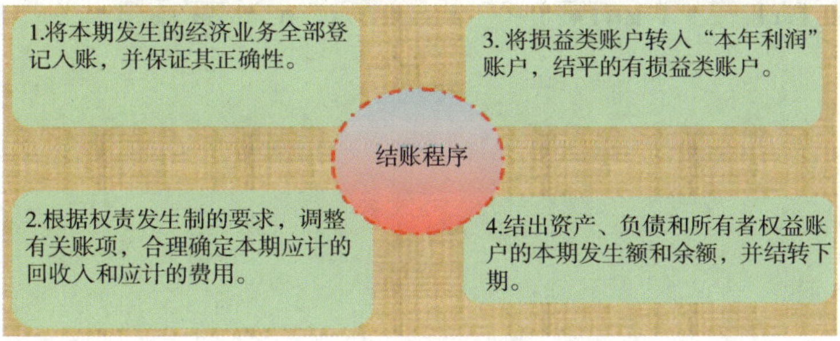

图 5-6

5.2.3 结账的方法

结账方法的要点主要有：

① 对不需按月结计本期发生额的账户，每次记账以后，都要随时结出余额，每月最后一笔余额是月末余额，即月末余额就是本月最后一笔经济业务记录的同一行内余额。月末结账时，只需要在最后一笔经济业务记录之下通栏划单红线，不需要再次结计余额。

② 库存现金、银行存款日记账和需要按月结计发生额的收入、费用等明细账，每月

结账时，要在最后一笔经济业务记录下面通栏划单红线，结出本月发生额和余额，在摘要栏内注明“本月合计”字样，并在下面通栏划单红线。

③ 对于需要结计本年累计发生额的明细账户，每月结账时，应在“本月合计”行下结出自年初起至本月末止的累计发生额，登记在月份发生额下面，在摘要栏内注明“本年累计”字样，并在下面通栏划单红线。12 月末的“本年累计”就是全年累计发生额，全年累计发生额下通栏划双红线。

④ 总账账户平时只需结出月末余额。年终结账时，为了总括地反映全年各项资金运动情况的全貌，核对账目，要将所有总账账户结出全年发生额和年末余额，在摘要栏内注明“本年合计”字样，并在合计数下通栏划双红线。

⑤ 年度终了结账时，有余额的账户，应将其余额结转下年，并在摘要栏注明“结转下年”字样；在下一会计年度新建有关账户的第一行余额栏内填写上年结转的余额，并在摘要栏注明“上年结转”字样，使年末有余额账户的余额如实地在账户中加以反映，以免混淆有余额的账户和无余额的账户。如图 5-7 所示。

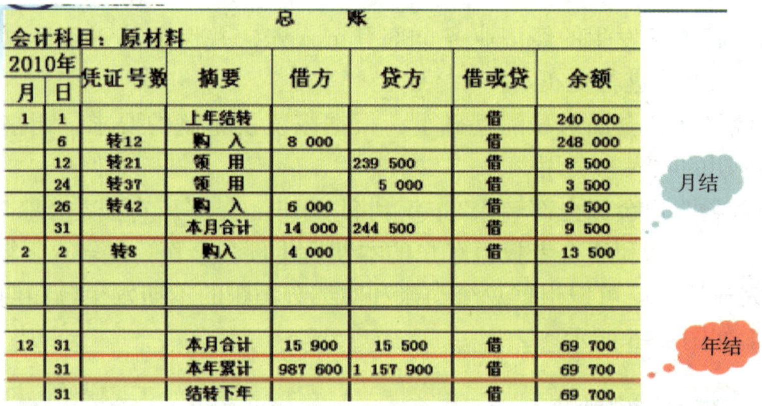

总　　账

会计科目：原材料

2010年 月	日	凭证号数	摘要	借方	贷方	借或贷	余额
1	1		上年结转			借	240 000
	6	转12	购　入	8 000		借	248 000
	12	转21	领　用		239 500	借	8 500
	24	转37	领　用		5 000	借	3 500
	26	转42	购　入	6 000		借	9 500
	31		本月合计	14 000	244 500	借	9 500
2	2	转8	购入	4 000		借	13 500
12	31		本月合计	15 900	15 500	借	69 700
	31		本年累计	987 600	1 157 900	借	69 700
	31		结转下年			借	69 700

图 5-7

第六章 亡羊补牢的方法——错账查找及更正

6.1 错账查找方法

会计错账查找常见的方法主要有差数法、尾数法、除 9 法以及除 2 法。

1. 差数法

差数法是指按照错账的差数来查找错账的方法。

例如，在记账过程中只登记了经济业务的借方或者贷方，漏记了另一方，从而形成试算平衡中借方合计数与贷方合计数不相等。如果借方金额遗漏，就会使该金额在贷方超出。如果贷方金额遗漏，则会使该金额在借方超出。对于这样的差错，可由会计人员通过回忆和与相关金额的记账核对来查找。

2. 尾数法

尾数法是指对于发生的只有角、分的差错，可以只检查小数部分，这样可以提高查找错误的效率。

3. 除 2 法

除 2 法是指用差数除以 2 来查找错账的方法。若记账时将借方金额错计入贷方(或者相反)时，出现错账的差数就会表现为错误的 2 倍，因此将此差数用 2 去除，得出的商就应该是反向的正确金额。

例如，应计入固定资产科目借方的 5000 元误计入贷方，则该科目的期末余额将小于总分类科目期末余额 10000 元，被 2 除的商 5000 元即为借贷方向反向的金额。同理，如果借方总额大于贷方 800 元，即应查找有无 400 元的贷方金额误计入借方。

4. 除 9 法

除 9 法是指用差数除以 9 来查找错数的方法，适用于以下两种情况。

① 将数字写大。例如将 30 写成 300，错误数字大于正确数字 9 倍。查找的方法是：用差数除以 9 得出的商为正确的数字，商乘以 10 后所得的积为错误数字。上例差数 270(300−30)除以 9 以后，所得的商 30 为正确数字，30 乘以 10 等于 300 为错误数字。

② 将数字写小。例如将 500 写成 50，错误数字小于正确数字 9 倍。查找的方法是：以差数除以 9 得出的商即为写错的数字，商乘以 10 即为正确的数字。上例差数 450(500−50)除以 9，商 50 即为错数，扩大 10 倍后即可得出正确的数字 500。

6.2 错账更正方法

先来看一下图 6-1～图 6-3 所示。

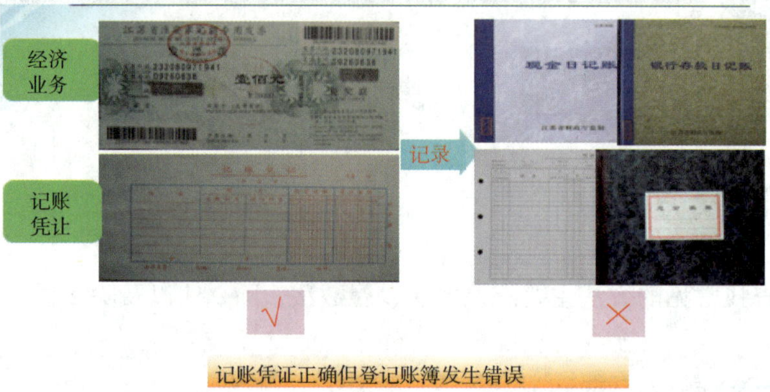

图 6-1

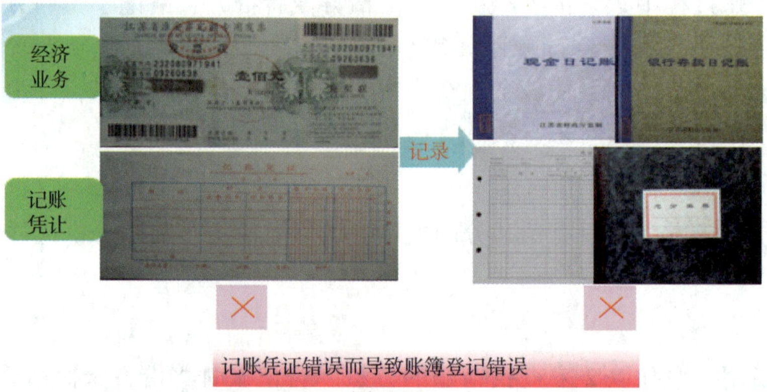

图 6-2

图 6-3

1. 错账更正方法

如表 6-1 所示。

表 6-1 错账更正方法

错账更正方法	适应条件		具体做法
划线更正法	在结账前发现账簿记录有文字或数字错误，而记账凭证没有错误		在错误的文字或数字处划线，在上面更正，并盖章
红字更正法	1. 记账后发现记账凭证中的应借、应贷会计科目有错误所引起的记账错误 2. 记账后发现记账凭证和账簿记录中应借、应贷会计科目无误，只是所记金额大于应记金额所引起的记账错误	记账凭证错误，导致会计账簿也错误	先用红字编一张与错误凭证除摘要的编号不同的凭证，并据以记账，再用蓝字编一张正确的凭证，并据以记账 用红字编一张多记金额的凭证，并据以记账
补充更正法	记账后发现记账凭证和账簿记录中应借、应贷会计科目无误，只是所记金额小于应记金额时		用蓝字编一张少记金额的凭证，并据以记账

2. 典型业务举例

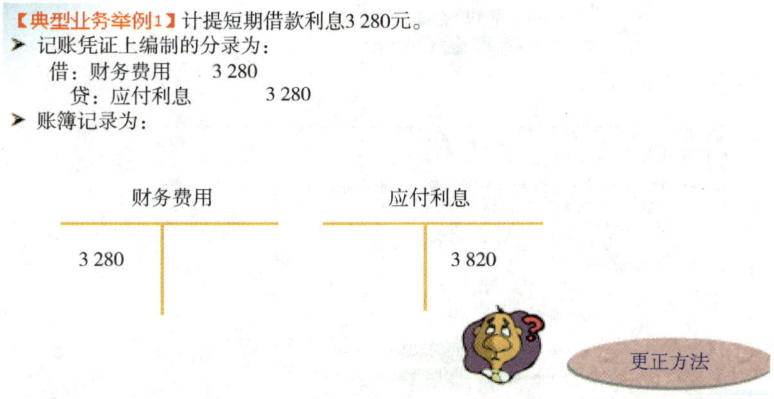

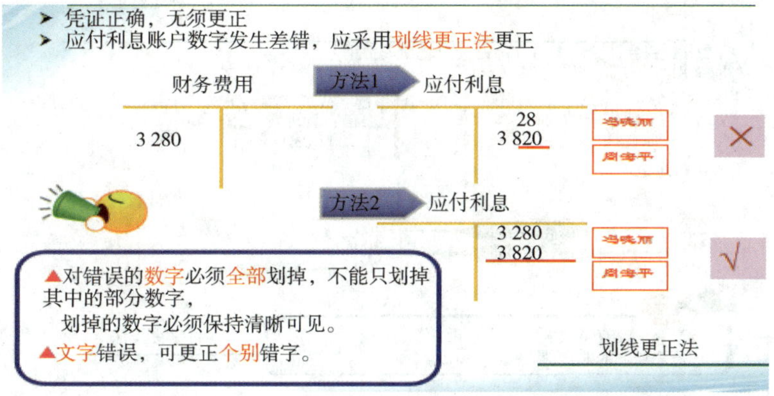

1.记账凭证上会计科目正确，金额写多，导致账簿登记错误

2.记账凭证上会计科目正确，金额写少，导致账簿登记错误

3.记账凭证上会计科目用错，导致账簿登记错误

【典型业务举例2】用现金支付管理部门办公费680元。

➤ 记账凭证上编制的分录为：

借：管理费用　　　　860

　贷：库存现金　　　　860

➤ 账簿记录为：

分析：会计分录中金额写多（180元）

• 应采用红字更正法更正

➤ 用红字编分录并记账，冲销错账

（金额为正确数字与错误数字二者之差额）

借：管理费用　　　　180

　贷：库存现金　　　　180

账簿记录为：

红字更正法

分析：会计分录中金额写少（2 700元）

• 应采用补充更正法更正

➤ 用蓝字或黑字编分录并记账，补充原账面记录

（金额为正确数字与错误数字二者之差额）

借：库存现金　　　　2 700

　贷：银行存款　　　　2 700

➤ 账簿记录为：

补充更正法

分析：会计分录中借方科目应为“管理费用”

• 应采用红字更正法更正

用红字编分录并记账，冲销错账

借：生产成本　　　　200

　贷：原材料　　　　200

用蓝字或黑字编制正确分录并记账

借：管理费用　　　　200

　贷：原材料　　　　200

➤ 账簿记录为：

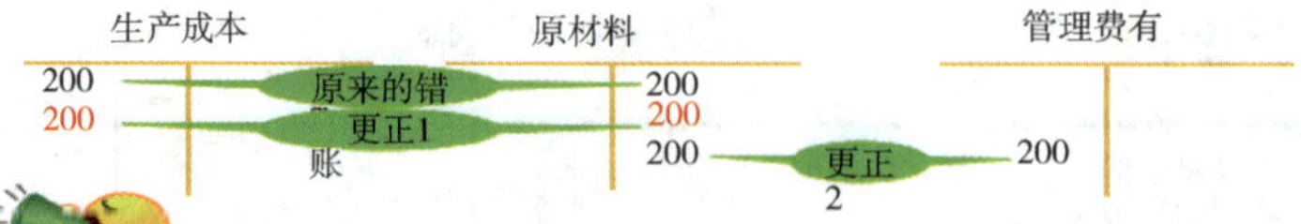

▲对登记没有错误的账户也要重新登记，不能只登记原来错账的账户。

红字更正法

记账凭证正确但登记账簿发生错误

——划线更正法

记账凭证错误而导致账簿登记错误

1.记账凭证上会计科目正确，金额写多，导致账簿登记错误

——红字更正法

2.记账凭证上会计科目正确，金额写少，导致账簿登记错误

——补充更正法

3.记账凭证上会计科目用错，导致账簿登记错误

——红字更正法

第七章 从“钱”开始——货币资金

7.1 货币资金概念与内容

1. 货币资金的概念

货币资金是指企业在生产经营过程中处于货币形态的那部分资产。主要包括库存现金、银行存款和其他货币资金。

2. 货币资金的内容(如图 7-1 所示)

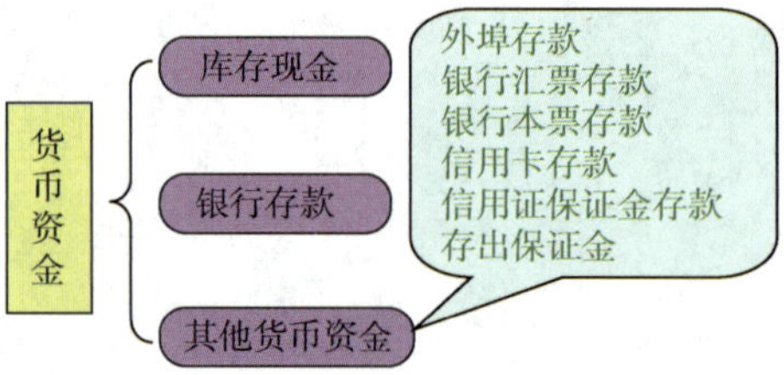

图 7-1

7.2 库存现金的概念及使用方法

7.2.1 现金概念

要清楚现金的账务处理，首先需要理解会计活动中“现金”的概念。现金，是指立即可以投入流通的或马上可以进行变现的资金，是企业可以随意支配使用的纸币或硬币。

7.2.2 库存现金管理

库存现金管理的主要规定如图 7-2 所示。

图 7-2

1. 现金使用范围

根据我国银行结算制度的规定现金的使用范围：

① 可以用于支付职工个人工资、奖金、津贴。

② 可以用于支付职工抚恤金、丧葬补助费以及各种劳保、福利，国家规定的对个人的其他支出。

③ 可以用于支付个人劳务报酬。

④ 可以用于根据国家规定发给个人的科学技术、文化艺术、体育等各种奖金。

⑤ 可以用于支付向个人收购农副产品和其他物资的价款。

⑥ 可以用于出差人员必须随身携带的差旅费。

⑦ 可以用于结算起点(1000 元)以下的零星支出。

⑧ 可以用于经中国人民银行确定需要支付现金的其他支付。

说明：①~⑥是单位与个人的交易，⑦单位与单位的零星开支。

2. 现金的收取范围

① 单位或职工交回的赔偿款、备用金退回款、差旅费剩余款等；

② 收取不能转账的单位或个人的销售收入；

③ 不足转账起点(1000 元)的小额收入等。

3. 库存现金的限额

① 库存现金的限额，由开户银行根据开户单位的实际需要和距离银行的远近情况核定。其限额一般按照单位 3~5 天日常零星开支所需现金确定。远离银行或交通不方便的企业，银行最多可以根据 15 天的正常开支需要量来核定库存现金的限额，正常开支需要量不包括企业每月发放工资和不定期差旅费等大额现金支出。

② 库存现金一经核定，要求企业必须严格遵守，不能任意超过，超过限额的现金及时送存银行，库存现金低于限额时，可以签发现金支票从银行提取现金，补足余额。

4. 不得坐支现金

坐支现金是指企业从现金收入中直接支付现金支出。按照《现金管理条例》及其细则规定，企业支付现金，可以从企业库存现金限额中支付，也可以从开户银行提取，但不得擅自坐支现金。

5. 其他规定

① 不能编造和谎报用途套取现金；

② 不能利用支票等结算凭证套换现金；

③ 不能用借条、白条等不符合会计制度的凭证顶替库存现金，即不得“白条顶库”；

④ 不能将企业现金收入作为个人储蓄存入银行，即不得“公款私存”；

⑤ 不得设置“小金库”等有关管理制度。

7.2.3 库存现金核算

依法取得或填制原始凭证；审核现金收付款凭证；当面清点所收或所付现金数额，并在现金收款、付款凭证上加盖“现金收讫”或“现金付讫”章及出纳员印章；根据有关凭证登记现金日记账，做到日清月结。

1. 账户设置

借方　　　　库存现金　　　　贷方

借方	贷方
收入现金	支付现金
期末余额	

（1）增加库存现金

借：库存现金

　　贷：银行存款等科目

（2）减少库存现金

借：银行存款等科目

　　贷：库存现金

2. 日记账的登记

小企业应当设置“库存现金日记账”，由出纳人员根据收付款凭证，按照业务发生顺序逐笔登记。每日终了，应当计算当日的现金收入合计额、现金支出合计额和结余额，将结余额与实际库存额核对，做到账款相符。

3. 库存现金的清查及处理

定期结算现金收支、财产清查等发现的有待查明原因的现金短缺或溢余，应通过“待处理财产损溢”科目核算：

（1）现金短缺

① 报批前，应按照实际短缺的金额：

借：待处理财产损溢——待处理流动资产损溢

　　贷：库存现金

② 报批后，应根据情况处理，无法查明原因的：

借：营业外支出

贷：待处理财产损溢——待处理流动资产损溢

（2）现金溢余

① 报批前，按照实际溢余的金额：

借：库存现金

贷：待处理财产损溢——待处理流动资产损溢

② 报批后，应根据情况处理，无法查明原因的：

借：待处理财产损溢——待处理流动资产损溢

贷：营业外收入

7.3 银行存款的概念及使用方法

7.3.1 银行存款的概念

银行存款是指企业存放在银行或其他金融机构的各种存款。企业应当严格执行《支付结算办法》，并按照《人民币银行结算账户管理办法》的规定开立和使用基本存款账户、一般存款账户、专用存款账户和临时存款账户。

7.3.2 银行存款管理的规定

1. 银行存款的有关规定

根据国家有关规定：

① 企业在银行开立账户，只能供本企业经营范围内的资金收付，不准出租、出借或转让；

② 企业办理各种收付款时，必须如实填写款项来源或用途，不得巧立名目，套取现金；

③ 企业在银行的账户必须有足够的资金保证支付；

④ 企业的各种经济往来，除了按照国家现金管理的规定可以使用现金以外，都必须办理转账结算。

2. 银行存款收付存日常管理的主要环节

① 根据经济业务的不同，选择适当的结算方式；

② 填制相应票据，办理有关结算手续；

③ 审核每笔银行存款收、付凭证，并在此基础上登记“银行存款日记账”，做到日清月结。出纳员还应定期将银行存款与银行对账单核对，从而及时提供银行存款结存额的准确信息。

3. 银行转账结算的基本方式

① 银行转账结算，是指企业在银行开设一个账户，并存入足够的资金，在商品交易、劳务供应和资金缴拨以及其他往来过程中发生的超出现金收付范围的货币收支，通过银行

将款项从付款单位账户划转到收款单位账户的行为。

② 目前企业可以采用的结算方式有八种，即：支票、银行汇票、银行本票、商业汇票、汇兑、委托收款、托收承付及信用卡。简介如表 7-1 所示。

表 7-1　银行结算方式(九种结算方式)

类	结算方式	核算账户	分类	使用地点	提示付款期限	背书转让	备　注
票据结算	支票	银行存款	现金、转账、普通	同城	10 天	转账可以	不得开空头支票。罚款按 5%，但不低于 1000 元，赔偿金按 2%， 出票日期用大写中文，日期、金额、收款人不可更改
	银行本票	其他货币资金	定额、非定额	同城	2 个月	转账可以	定额有：1 仟、5 仟、1 万、5 万，出票日期用大写中文，日期、金额、收款人不可更改
	银行汇票	其他货币资金	转账汇票、填明“现金”汇票(单位不可申请)	均可	1 个月	转账可以	收款人向银行提示付款时要提交汇票和解讫通知，缺一不可。 适用：先收款后发货、钱货两清的商品交易。 出票日期用大写中文，日期、金额、收款人不可更改。有效期限为 2 年
	商业汇票	应付(收)票据	银行承兑汇票、商业承兑汇票	均可	不超过 6 个月	转账可以	付款期由购、销双方定，最长不超过 6 个月。办理要付万分之五手续费(进财务费用)、到期无钱支付按每天万分之五的计收利息。 付款人在收到提示承兑的汇票之日起 3 天内承兑或拒绝承兑
非票据结算	汇兑	银行存款	信汇、电汇	异地			需要在汇入行支取现金的，可办理现金汇兑，未在银行开立账户的收款人， 款项严禁转入储蓄和信用卡账户。承兑凭证上必须填明收款人
	托收承付	应收(付)账款	邮寄和电报	异地	验单 3 天；验货 10 天		必须是商品交易以及因商品交易而产生的劳务供应的款项，代销、寄销、赊销的商品款项不得办理； 每笔托收起点 10000 元(书店 1000 元)验单 3 天、验货 10 天。累计有 3 次收不回货款， 收款人开户行应暂停收款人向该付款人办理托收。逾期付款按每天万分之五赔偿。 收到付款日的次日起 3 日内未通知银行付款的，银行视同付款人同意付款
	委托收款	应收(付)账款	邮寄和电报	均可	3 天		可凭已承兑商业汇票、债券、存单等债务人证明办理收取款项
	信用卡	其他货币资金	金卡、普通卡单位卡、个人卡	均可	单位卡一律不得支取现金、钱由基本存款户转入、不得交存现金、不得将收入款存入单位卡		
	信用证	其他货币资金	国际结算	是不可撤销、不可转让的跟单信用证。开证要支付按开证金额 20%的保证金			

7.3.3 银行存款核算

银行存款核算企业存入银行或其他金融机构的各种款项。

1. 账户设置

借方	银行存款	贷方
收入 +		支出 −
期末余额		

（1）增加银行存款

借：银行存款

贷：库存现金等科目

（2）减少银行存款

借：库存现金等科目

贷：银行存款

2. 日记账的登记

小企业应当按照开户银行和其他金融机构、存款种类等设置“银行存款日记账”，由出纳人员根据收付款凭证，按照业务的发生顺序逐笔登记。每日终了，应结出余额。

3. 银行存款的清查及处理

“银行存款日记账”应定期与“银行对账单”核对，至少每月核对一次。小企业银行存款账面余额与银行对账单余额之间如有差额，应编制“银行存款余额调节表”调节相符。

（1）未达账项

未达账项，是指开户银行与本单位之间，对于同一收付款业务，由于凭证传递时间不同，导致一方已入账而另一方尚未入账的款项。常见的未达账项有收下四种：

① 企业已收，银行未收；

② 企业已付，银行未付；

③ 银行已收，企业未收；

④ 银行已付，企业未付。

（2）例解编制银行存款余额调节表

重庆市万事达家具厂 2020 年 4 月 30 日，企业银行存款日记账余额为 110 000 元，银行对账单余额为 104 000 元，经过核对，发现未达账项：

① 5 月 29 日，企业开出支票支付货款 12 000 元，企业已入账，银行尚未支付，尚未入账；

② 5 月 30 日，企业销售产品收到支票 38 000 元，企业已入账，支票尚未拿到银行，银行尚未入账；

③ 5 月 30 日，银行收到企业委托收款 40 000 元，银行已登记入账，企业尚未入账；

④ 5 月 31 日，银行代企业支付水费 20 000 元，银行已登记入账，企业尚未入账。

根据上述未达几项，编制“银行存款余额调节表”如下：

银行存款余额调节表

2020 年 5 月 31 日　　　　单位：元

项　　目	金额	项　　目	金额
银行存款日记账余额	110 000	银行对账单余额	104 000
加：银行已收，企业未收	40 000	加：企业已收，银行未收	38 000
减：银行已付，企业未付	20 000	减：企业已付，银行未付	12 000
调节后的存款余额	130 000	调节后的存款余额	130 000

7.4 其他货币资金

1. 其他货币资金的概念

其他货币资金是指除库存现金、银行存款以外的其他各种货币资金。从性质上看，其他货币资金与库存现金、银行存款同属于货币资金，但是由于其存放地点和用途不同，在会计上要求分别进行核算。其他货币资金主要包括外埠存款、银行汇票存款、银行本票存款、信用卡存款、信用证保证金存款、存出投资款等。

2. 其他货币资金的核算

借方　　　　其他货币资金	贷方
增加(+)	减少(-)
期末余额	

（1）增加其他货币资金

借：其他货币资金

　　贷：银行存款等科目

（2）减少其他货币资金

借：短期投资等科目

　　贷：其他货币资

（3）例解

【例 7-1】 申请银行本票，准备支付前欠 A 公司货款 10000 元。

借：其他货币资金　　10 000

　　贷：银行存款　　10 000

【例 7-2】 用存在证券公司的存款 50 000 购买短期债券。

借：短期投资　　50 000

　　贷：其他货币资金　　50 000

7.5 真账实训

真账实训 1　核算企业概述

以下业务以重庆市万事达家具厂 2020 年 6 月业务为例，企业为一般纳税人，采用 2020 年最新税收：增值税率 13%，运费 9%，火车票差旅按 9%，城建税 7%，教育附加 3%，地方教育附加 2%，所得税率 25%按季预交。

1. 企业内部会计制度

① 企业采用通用记账凭证，编号使用按月按时间为序统一编号。

② 企业开始现金日记账、银行存款日记账、明细账和总账。其中日记账和总账采用三栏式，明细账采用三栏式、多栏式和数量金额式。

③ 企业采用的账户和财务会计报表均以小企业会计准则为准。

2. 账务处理程序

会计账务处理程序又称会计核算组织形式，是指会计核算中，账簿组织、记账程序和会计报表有机结合的形式。常见的有记账凭证账务处理程序、科目汇总表账务处理程序和汇总记账凭证账务处理程序。本例企业采用的是科目汇总表账务处理程序。其基本流程如图 7-3 所示。

库存现金日记账

二级　科目

20 年 月	日	记账凭证号数	摘要	对方科目	借方（千百十万千百十元角分）	贷方（千百十万千百十元角分）	借或贷	余额（千百十万千百十元角分）
6	1		期初余额				借	860000
	4	05	购入材料			218000	借	642000
	10	13	报销医药费			80000	借	562000
	18	18	收到罚款		40000		借	602000
	18	20	购买办公用品			10000	借	502000
	21	24	收回个人借款		200000		借	702000
6	30		本月合计		240000	398000	借	702000

图 7-3

3. 会计核算方法

① 材料采购采用实际成本法，材料和库存商品发出采用先进先出法；

② 企业设有两个车间：一车间生产办公桌，二车间生产办公椅，制造费用按定额工时办公桌 3000，办公椅 2000 进行分配；

③ 固定资产折旧和无形资产推销采用平均年限法。

4. 会计做账流程

① 期初建账

期初建账是会计核算的起点，如果企业已经有账了，手工账每个会计期初都要将上期各账户余额过入本期各账簿中，作为本期的期初余额，电算化会计是结账后自动转入下期。

注意：要有期初余额的才开设，但留有余地；日期是月初 1 日，摘要均为“期初余额”，余额只能填写在“余额栏”不能填错位置。

② 期初建账的操作

本书由于篇幅有限，略见后面日记账、明细账和总账部分，期初余额的金额也是直接列示在相关账簿中。

填制记账凭证

先根据本书案例中给的原始凭证进行审核，再选择记账凭证，本书指定通用记账凭证，在下一任务开始讲解操作，此处略。

③ 登记日记账和明细账

审核编制好的记账凭证后涉及库存现金和银行存款的业务由出纳登记现金日记账和银行存款日记账，再由会计登记其他明细账，无期初余额的要重新拿空白的账页来登记，登记好后既要在记账凭证上签字，又要在凭证的“记账栏”上画记账符号“√”。登记日记账和明细账的操作。在下一任务开始讲解操作，此处略。

④ 编制科目汇总表和登记总账（见第　章业务的总账的登记）

⑤ 编制财务报表（见第　章会计报表的编制）

5. 企业 2020 年 6 月经济业务的原始凭证

1-1

重庆市万事达家具厂 收款收据　　No：88728422

2020　年 06　月 01　日

交款单位或个人	重庆北新集团公司				
款项内容	投资款			收款方式	支票
人民币（大写）	贰拾万元整			¥ 200,000.00	
收款单位盖章	重庆市万事达家具厂财务专用章	收款人签字	出纳	经办人	

第三联 记账联

1-2

中国工商银行 进账单（收账通知） 3

2020 年 06 月 01 日

出票人	全　称	重庆北新集团公司											
	账　号	86001121120999											
	开户银行	工行江北观音桥支行											
金额	人民币（小写）	亿	千	百	十	万	千	百	十	元	角	分	
				¥	2	0	0	0	0	0	0	0	
收款人	全　称	重庆市万事达家具厂											
	账　号	04845535852033											
	开户银行	工行渝北回兴支行											
票据种类	转账支票	票据张数											
票据号码	293281												
		收款人开户银行签章											

（印章：工行渝北回兴支行 2020.06.01 转讫）

此联是收款人开户银行交给收款人的收账通知

复核 李果　　记账 张平

2-1

中国工商银行 借 款 借 据 第一联 借据回单

银行编号：10200010　借款日期：2020 年 06 月 01 日　№ 3063

借款单位名称	重庆市万事达家具厂		放款账号	2555647137128649		利率	6%								
			存款账号	04845535852033											
借款金额（大写）	壹拾万元整					千	百	十	万	千	百	十	元	角	分
							¥	1	0	0	0	0	0	0	0
约定还款日期	2023 年 06 月 01 日	借款种类	长期资金借款	借款合同号码	25788768										
实际放款日期	2020 年 06 月 01 日														
借款直接用途	1. 购置固定资产	4.	还款记录	年	月	日	还款金额	余额							
	2.	5.													
	3.	6.													
根据签订的借款合同和你单位申请借款用途，经审查同意发放上列金额贷款。 中国工商银行　批准人：			（银行转账盖章） 2020 年 06 月 01 日												

（印章：工行渝北回兴支行 2020.06.01 转讫）

此联退交借款单位

开户银行：工行渝北回兴支行

3-1

中国工商银行 贴现凭证（收账通知） 4

申请日期 2020 年 06 月 02 日　第　号

贴现汇票	种类		号码		持票人	名称	重庆市万事达家具厂							
	出票日	2020 年 04 月 02 日				账号	04845535852033							
	到期日	2020 年 07 月 02 日				开户银行	工行渝北回兴支行							
汇票承兑人	名称	工行渝北回兴支行	账号			开户银行								
汇票金额	人民币（大写）	贰万元整			千	百	十	万	千	百	十	元	角	分
							¥	2	0	0	0	0	0	0
贴现率 每月	0.5 ‰	贴现利息	千 百 十 万 千 百 十 元 角 分	实付贴现金额	千	百	十	万	千	百	十	元	角	分
			¥ 2 0 0 0 0				¥	1	9	8	0	0	0	0
上述款项已入你单位账户。 银行盖章 2020 年 06 月 02 日				备注：										

（印章：工行渝北回兴支行 2020.06.02 转讫）

此联银行给贴现申请人的收账通知

4-1

5000151140　　重庆增值税专用发票　　№ 48256368　5000151140 48256368

发票联

机器编号：982888812388　　开票日期：2020年06月03日

购买方	名　　称：重庆市万事达家具厂 纳税人识别号：91500112M940777113 地 址、电 话：渝北区宝桐一路888号02367386888 开户行及账号：工行渝北回兴支行04845535852033	密码区	172312-4-275 <1+46*54* 82*59* 181321 > <8182*59*09618153 </ <4 <3*2702-9 > 9*+153 </0 >2-3 *08/4 > * > > 2-3*0/9/ > > 25-275 <1

货物或应税劳务、服务名称	规格型号	单位	数量	单价	金额	税率	税额
设备	AB01	台	1	30,000.00	30,000.00	13%	3,900.00
合　计					¥30,000.00		¥3,900.00
价税合计（大写）	⊗叁万叁仟玖佰元整				（小写）¥33,900.00		

销售方	名　　称：重庆光明设备有限公司 纳税人识别号：91500106M026707693 地 址、电 话：沙坪坝区汉渝路878号02365668888 开户行及账号：工行沙坪坝区汉渝路支行75206562892942	备注	校验码 52118 02817 08248 65193

收款人：刘路　　复核：张浩然　　开票人：高凯心　　销售方：（章）

税总函[2016]××号××××公司

第三联：发票联　购买方记账凭证

4-2

5000151140　　重庆增值税专用发票　　№ 48256368　5000151140 48256368

抵扣联

机器编号：982888812388　　开票日期：2020年06月03日

购买方	名　　称：重庆市万事达家具厂 纳税人识别号：91500112M940777113 地 址、电 话：渝北区宝桐一路888号02367386888 开户行及账号：工行渝北回兴支行04845535852033	密码区	172312-4-275 <1+46*54* 82*59* 181321 > <8182*59*09618153 </ <4 <3*2702-9 > 9*+153 </0 >2-3 *08/4 > * > > 2-3*0/9/ > > 25-275 <1

货物或应税劳务、服务名称	规格型号	单位	数量	单价	金额	税率	税额
设备	AB01	台	1	30,000.00	30,000.00	13%	3,900.00
合　计					¥30,000.00		¥3,900.00
价税合计（大写）	⊗叁万叁仟玖佰元整				（小写）¥33,900.00		

销售方	名　　称：重庆光明设备有限公司 纳税人识别号：91500106M026707693 地 址、电 话：沙坪坝区汉渝路878号02365668888 开户行及账号：工行沙坪坝区汉渝路支行75206562892942	备注	校验码 52118 02817 08248 65193

收款人：刘路　　复核：张浩然　　开票人：高凯心　　销售方：（章）

税总函[2016]××号××××公司

第二联：抵扣联　购买方扣税凭证

4-3

中国工商银行
转账支票存根

10205020
52876643

附加信息

出票日期　2020 年 06 月 03 日

收款人：	重庆光明设备有限公司
金　额：	¥23,900.00
用　途：	支付设备款

单位主管　邓鑫　　会计 孙倩

海南华森印务有限公司 · 2011年印制

4-4

交付使用财务明细表

移交单位：采购部　　　　　　　　　　　　　　　　　　交接根据：合同约定

接收单位：生产车间　　　　　　编号：0008　　　　　　交接时间：2020年6月3日

固定资产名称及规格	设备AB-01	用途	生产	固定资产编号	000266
建造单位		出厂或建造日期	图纸号或说明书		附属设备明细
是否与技术条件相符		是否需要安装	运行或试验结果		附件
是		否	符合要求		
简略鉴定说明：			验收小组结论：		
预计使用年限		预计残余价值		预计大修理费 次数	费用
20年		2000.00		2	3000
固定资产原始价值：30000.00					
实际成本或原价	搬运费用	安装费用	其他		合计
30000.00					30000.00
验收小组全体成员签章	郑实	黄蓉	孙倩	吴故	

5-1

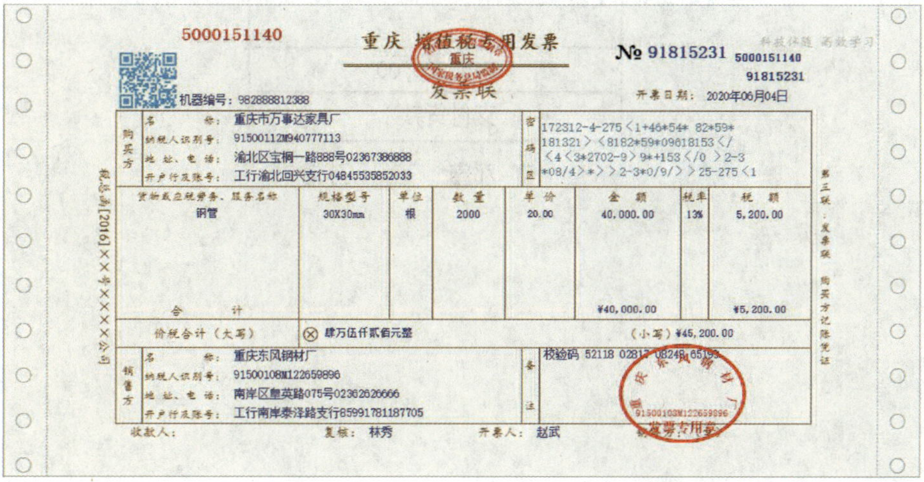
5000151140

重庆增值税专用发票

№ 91815231　5000151140　91815231

发票联

机器编号：982888812388　　开票日期：2020年06月04日

购买方　名称：重庆市万事达家具厂
纳税人识别号：91500112M940777113
地址、电话：渝北区宝桐一路888号02367386888
开户行及账号：工行渝北回兴支行04845535852033

密码区：172312-4-275 <1+46*54* 82*59*
181321 > <8182*59*09618153 </
<4 <3*2702-9 > 9*+153 </0 >2-3
08/4 > > >2-3*0/9/ > >25-275 <1

货物或应税劳务、服务名称	规格型号	单位	数量	单价	金额	税率	税额
钢管	30X30mm	根	2000	20.00	40,000.00	13%	5,200.00
合计					¥40,000.00		¥5,200.00

价税合计（大写）　⊗肆万伍仟贰佰元整　　（小写）¥45,200.00

销售方　名称：重庆东风钢材厂
纳税人识别号：91500108M122659896
地址、电话：南岸区皇英路075号02362626666
开户行及账号：工行南岸泰泽路支行85991781187705

备注：校验码 52118 0281[illegible] 08248 6519[illegible]

收款人：　　复核：林秀　　开票人：赵武

第三联：发票联　购买方记账凭证

税总函[2016]××号××××公司

5-2

5000151140

重庆 增值税专用发票

抵扣联

№ 91815231 5000151140 91815231

机器编号：982888812388

开票日期： 2020年06月04日

购买方	名　　称：重庆市万事达家具厂 纳税人识别号：91500112M940777113 地址、电话：渝北区宝桐一路888号02367386888 开户行及账号：工行渝北回兴支行04845535852033	密码区：172312-4-275 <1+46*54* 82*59* 181321 > <8182*59*09618153 </ <4 <3*2702-9 > 9*+153 </0 > 2-3 *08/4 > * > > 2-3*0/9/ > > 25-275 <1

货物或应税劳务、服务名称	规格型号	单位	数量	单价	金额	税率	税额
钢管	30X30mm	根	2000	20.00	40,000.00	13%	5,200.00
合　　计					¥40,000.00		¥5,200.00
价税合计（大写）	⊗ 肆万伍仟贰佰元整				（小写）¥45,200.00		

销售方	名　　称：重庆东风钢材厂 纳税人识别号：91500108M122659896 地址、电话：南岸区皇英路075号02362626666 开户行及账号：工行南岸泰泽路支行85991781187705	备注：校验码 52118 02817 08248 65193

收款人：　　复核：林秀　　开票人：赵武　　销售方：（章）

税总函[2016]××号××××公司

第二联：抵扣联　购买方扣税凭证

5-3

中国工商银行
转账支票存根

10205020
09938136

附加信息

出票日期 2020 年 06 月 04 日

收款人：	重庆东风钢材厂
金　额：	¥45,200.00
用　途：	支付货款

单位主管 邓鑫　　会计 孙倩

海南华森印务有限公司・2011年印制

5-4

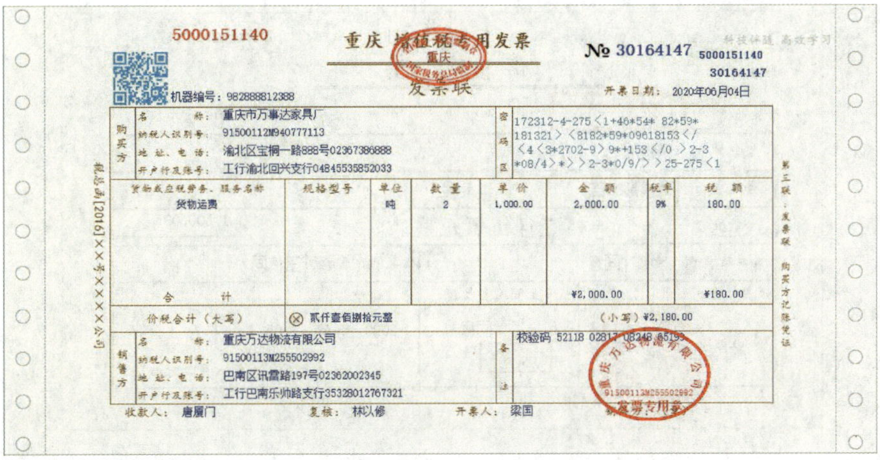

5000151140　　重庆增值税专用发票　　№ 30164147　5000151140　30164147

发票联

机器编号：982888812388　　开票日期：2020年06月04日

购买方		密码区
名　　称：重庆市万事达家具厂 纳税人识别号：91500112M940777113 地 址、电 话：渝北区宝桐一路888号02367386888 开户行及账号：工行渝北回兴支行04845535852033		172312-4-275 <1+46*54* 82*59* 181321> <8182*59*09618153</ <4<3*2702-9>9*+153</0 >2-3 *08/4>*>>2-3*0/9/>>25-275<1

货物或应税劳务、服务名称	规格型号	单位	数量	单价	金额	税率	税额
货物运费		吨	2	1,000.00	2,000.00	9%	180.00
合　计					¥2,000.00		¥180.00
价税合计（大写）	⊗贰仟壹佰捌拾元整				（小写）¥2,180.00		

销售方	备注
名　　称：重庆万达物流有限公司 纳税人识别号：91500113M255502992 地 址、电 话：巴南区讯雷路197号02362002345 开户行及账号：工行巴南乐帅路支行35328012767321	校验码 52118 02817 08248 65193

收款人：唐厦门　　复核：林以修　　开票人：梁国　　销售方：（章）

第三联：发票联　购买方记账凭证

税总函[2016]××号××××公司

5-5

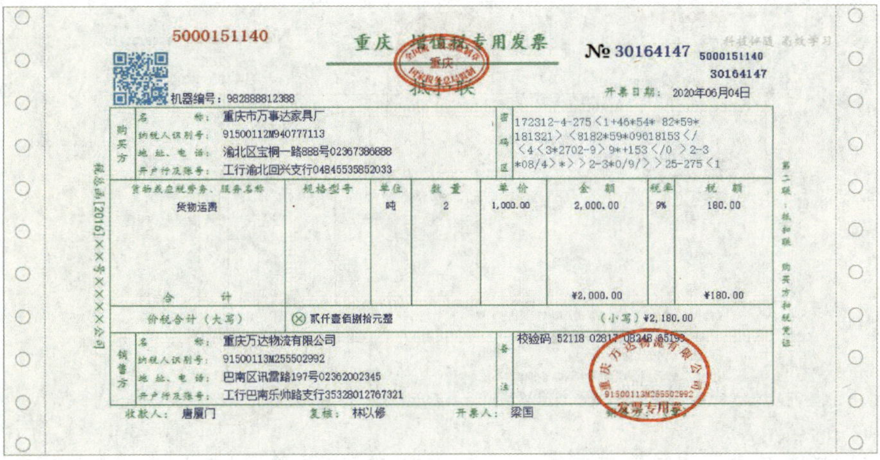

5000151140　　重庆增值税专用发票　　№ 30164147　5000151140　30164147

抵扣联

机器编号：982888812388　　开票日期：2020年06月04日

购买方		密码区
名　　称：重庆市万事达家具厂 纳税人识别号：91500112M940777113 地 址、电 话：渝北区宝桐一路888号02367386888 开户行及账号：工行渝北回兴支行04845535852033		172312-4-275 <1+46*54* 82*59* 181321> <8182*59*09618153</ <4<3*2702-9>9*+153</0 >2-3 *08/4>*>>2-3*0/9/>>25-275<1

货物或应税劳务、服务名称	规格型号	单位	数量	单价	金额	税率	税额
货物运费		吨	2	1,000.00	2,000.00	9%	180.00
合　计					¥2,000.00		¥180.00
价税合计（大写）	⊗贰仟壹佰捌拾元整				（小写）¥2,180.00		

销售方	备注
名　　称：重庆万达物流有限公司 纳税人识别号：91500113M255502992 地 址、电 话：巴南区讯雷路197号02362002345 开户行及账号：工行巴南乐帅路支行35328012767321	校验码 52118 02817 08248 65193

收款人：唐厦门　　复核：林以修　　开票人：梁国　　销售方：（章）

第二联：抵扣联　购买方扣税凭证

税总函[2016]××号××××公司

5-6

收　料　单

供货单位：**重庆市东风钢材厂**　　　　2020 年 6 月 4 日　　　　第 01 号

材料类别	名称及规格	计量单位	数量		实际成本			
			应收	实收	单价	金额	运费	合计金额
钢材	**钢管**	**根**	**2000**	**2000**	**21**	**40000**	2000	42 000
合计				**2000**	**21**	**40000**	2000	42 000

质量检查：吴一凡　　　采购经手人：孙倩　　　仓库经手人：吴故

6-1

借 款 单

资金性质 现金付讫　　　　2020 年 06 月 05 日

借款单位	销售部		
借款理由	到成都出差		
借款数额	人民币（大写）壹仟伍佰元整　　¥ 1,500.00		
本单位负责人意见	同意	借款人（签章）	王信同
领导指示： 同意 邓鑫印	会计主管人员核批： 同意 郑实	付款记录： 2020 年 06 月 05 日 以第 号 支票或现金支出凭单付给	

7-1

5000151140　　重庆增值税专用发票　　№ 73235848　5000151140　73235848

发票联

机器编号：982888812388　　开票日期：2020年06月05日

购买方	名　称：重庆市万事达家具厂 纳税人识别号：91500112M940777113 地址、电话：渝北区宝桐一路888号02367386888 开户行及账号：工行渝北回兴支行04845535852033	密码区	172312-4-275 <1+46*54* 82*59* 181321> <8182*59*09618153 </ <4 <3*2702-9> 9*+153 </0 >2-3 *08/4>*> >2-3*0/9/> >25-275 <1

货物或应税劳务、服务名称	规格型号	单位	数量	单价	金额	税率	税额
螺钉		公斤	1000	5.00	5,000.00	13%	650.00
强力胶		桶	500	20.00	10,000.00	13%	1,300.00
合　计					¥15,000.00		¥1,950.00
价税合计（大写）	⊗壹万陆仟玖佰伍拾元整				（小写）¥16,950.00		

销售方	名　称：重庆长江建筑材料有限公司 纳税人识别号：91500106M805937609 地址、电话：沙坪坝区辉通路029号02365501234 开户行及账号：工行沙坪坝创旭路支行80361483401396	备注	校验码 52118 02817 08248 65193 重庆长江建筑材料有限公司 91500106M805937609 发票专用章

收款人：　　复核：张浩然　　开票人：赵雄　　销售方：（章）

税总函[2016]××号××××公司

第三联：发票联　购买方记账凭证

7-2

5000151140　　重庆增值税专用发票　　№ 73235848　5000151140　73235848

抵扣联

机器编号：982888812388　　开票日期：2020年06月05日

购买方	名　称：重庆市万事达家具厂 纳税人识别号：91500112M940777113 地址、电话：渝北区宝桐一路888号02367386888 开户行及账号：工行渝北回兴支行04845535852033	密码区	172312-4-275 <1+46*54* 82*59* 181321> <8182*59*09618153 </ <4 <3*2702-9> 9*+153 </0 >2-3 *08/4>*> >2-3*0/9/> >25-275 <1

货物或应税劳务、服务名称	规格型号	单位	数量	单价	金额	税率	税额
螺钉		公斤	1000	5.00	5,000.00	13%	650.00
强力胶		桶	500	20.00	10,000.00	13%	1,300.00
合　计					¥15,000.00		¥1,950.00
价税合计（大写）	⊗壹万陆仟玖佰伍拾元整				（小写）¥16,950.00		

销售方	名　称：重庆长江建筑材料有限公司 纳税人识别号：91500106M805937609 地址、电话：沙坪坝区辉通路029号02365501234 开户行及账号：工行沙坪坝创旭路支行80361483401396	备注	校验码 52118 02817 08248 65193 重庆长江建筑材料有限公司 91500106M805937609 发票专用章

收款人：　　复核：张浩然　　开票人：赵雄　　销售方：（章）

税总函[2016]××号××××公司

第二联：抵扣联　购买方扣税凭证

7-3

收 料 单

供货单位：重庆市长江建筑材料有限公司　　2020 年 06 月 06 日　　第 03 号

材料类别	名称及规格	计量单位	数量		实际成本		计划成本	
			应收	实收	单价	金额	单价	金额
	强力胶	桶	500	500	20.00	10 000		
	螺钉	公斤	1 000	1 000	5	5 000		
合计				1 5 00	20.00	15 000		

质量检查：吴一凡　　采购经手人：孙倩　　仓库经手人：吴故

8-1

购 销 合 同

合同编号　01791577

购货单位（甲方）：　重庆市万事达家具厂

供货单位（乙方）：　重庆马家岩建材有限公司

根据《中华人民共和国合同法》及国家相关法律、法规之规定，甲乙双方本着平等互利的原则，就乙方购买甲方货物一事达成以下协议。

一、货物的名称、数量及价格：

货物名称	规格型号	单位	数量	单价	金额	税率	价税合计
高密度板		张	200	100.00	20,000.00	13%	22,600.00
ABC贴面		米	200	50.00	10,000.00	13%	11,300.00
合计（大写）　叁万叁仟玖佰元整							¥33,900.00

二、交货方式和费用承担：交货方式：购货方自行提货，交货时间：2020年06月19日　前，交货地点：＿＿＿＿，运费由　购货方　承担。

三、付款时间与付款方式：＿＿＿＿。

四、质量异议期：订货方对供货方的货物质量有异议时，应在收到货物后　5日　内提出，逾期视为货物质量合格。

五、未尽事宜经双方协商可作补充协议，与本合同具有同等效力。

六、本合同自双方签字、盖章之日起生效，本合同壹式贰份，甲乙双方各执壹份。

甲方（签章）：重庆市万事达家具厂

授权代表：邓鑫

地　　址：渝北区宝桐一路888号

电　　话：02367386888

日　　期：2020 年 06 月 08 日

乙方（签章）：重庆马家岩建材有限公司

授权代表：刘义[illegible]

地　　址：沙坪坝区[illegible]顺路712号

电　　话：02365667890

日　　期：2020 年 06 月 08 日

8-2

中国工商银行
转账支票存根

10205020
90257709

海南华森印务有限公司·2011年印制

附加信息

出票日期 2020 年 06 月 08 日

收款人：	重庆马家岩建材有限公司
金　额：	¥15,000.00
用　途：	预付材料款

单位主管 邓鑫　会计 孙倩

9-1

中国工商银行　商业承兑汇票（存　根）　3　10200060 56522794

出票日期（大写）　贰零贰零 年 零陆 月 零壹拾 日

付款人	全　称	重庆市万事达家具厂	收款人	全　称	重庆万元钢材厂
	账　号	04845535852033		账　号	80901001234588
	开户银行	工行渝北回兴支行		开户银行	工行江北南桥寺支行
出票金额	人民币（大写）	伍万元整			
汇票到期日（大写）	贰零壹玖年零玖月零壹拾日		付款人开户行	行号	908560492809
交易合同号码	14424899			地址	渝北区宝桐一路888号
备注					

亿	千	百	十	万	千	百	十	元	角	分
			¥	5	0	0	0	0	0	0

此联出票人存查

10-1

科技伴随 高效学习

电子缴款凭证

打印日期：2020年06月10　　国 006078047475

纳税人识别号	91500112M940777113			税务征收机关	渝北税务分局		
纳税人全称	重庆市万事达家具厂			开户银行	工行渝北回兴支行		
				银行账号	04845535852033		
系统税票号	证（费）种	税（品）目	所属时期起	所属时期止	实缴金额	缴款日期	备注
	增值税		2020年05月01	2020年05月31	7,000.00	2020年06月10	
金额合计	（大写）柒仟元整				¥7,000.00		
本缴款凭证仅作为纳税人记账核算凭证使用，电子缴税的需与银行对账单电子划缴记录核对一致方有效。纳税人如需汇总开具正式完税证明，请凭税务登记证或身份证明到主管税务机关开具。 税务机关（电子章） 渝北税务分局 征税专用章 中国工商银行 渝北两路支行 2020.06.10 业务受理专用章					中国工商银行渝北回兴支行 2020610 转讫		

10-2

科技伴随 高效学习

中华人民共和国
税收通用缴款书

（201906）京地缴电 850937　　地

隶属关系：一般纳税人

注册类型：有限责任公司　　填发日期：2020 年 06 月 10 日　　征收机关：

缴款单位（人）	代码	91500112M940777113	预算科目	编码	
	全称	重庆市万事达家具厂		名称	
	开户银行	工行渝北回兴支行		级次	
	账号	04845535852033		收款国库	
税款所属日期 2020 年 05 月 01 日至 31 日			税款限缴时期 2020 年 05 月 31 日		

品目名称	课税数量	计税金额或销售收入	税率或单位税额	已缴或扣除额	实缴金额
城市建设维护税					490.00
教育费附加税					210.00
地方教育费附加税					140.00
个人所得税					660.00
金额合计（大写）	壹仟伍佰元整				
缴款单位（人）（盖章） 经办人（章） 重庆市万事达家具厂	税务机关（盖章） 填票人（章） 国税征收机关 转讫	上列款项已收妥并划转收款单位账户 国库（银行）盖章 2020 年 06 月 10 日 中国工商银行渝北回兴支行 2020.06.10 转讫		备注	

逾期不缴按税法规定加收滞纳金

11-1

重庆市社会保险基金缴费专用票据

2020 年 06 月 10 日 经济类型：民营 NO. 2974502416

缴款单位	重庆市万事达家具厂		结算方式	转账
缴款金额	贰万柒仟元整			¥ 27,000.00
项目	合计	其中：统筹金	个人账户：单位缴纳	个人账户：个人缴纳
	27,000.00		19,000.00	8,000.00
备注				

中国工商银行渝北两路支行 2020.06.10 业务受理专用章

中国工商银行渝北回兴支行 2020.06.10 转讫

重庆市渝北区社会保险中心 收款单位 财务专用章

复核：刘温 收款人：张平 经办人：苏大山 单位代码：5117520585 票据手写无效

20200610 11:00:00

11-2

住房公积金汇缴书

2020 年 06 月 10 日

附变更清册 张

单位名称（公章）	重庆市万事达家具厂			
单位登记号	49965330	资金来源	□财政统发 √非财政统发	汇缴 2020年05月份
汇缴金额（大写）：	壹万捌仟元整		千百十万千百十元角分	¥ 1 8 0 0 0 0 0
	上月汇缴	本月增加	本月减少	本月汇缴
人数				
金额				
缴款方式	□支票	□委托收款	□现金送款簿	□汇票
票据号码	97867446		备注：	
付款银行	工行渝北区回兴支行			
付款账户	04845535852033			

中国工商银行渝北两路支行 2020.06.10 业务受理专用章

中国工商银行渝北回兴支行 2020.06.10 转讫

单位财务主管签字（盖章）：郑实 复核：孙倩 经办：黄蓉

12-1

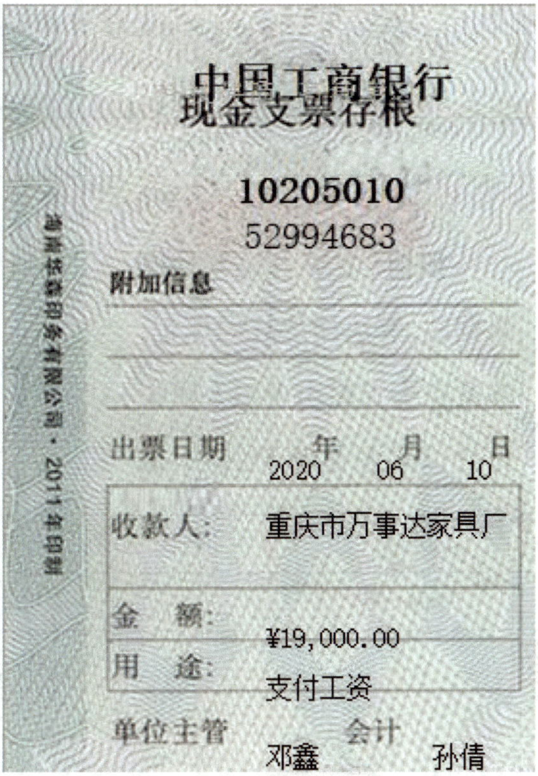
中国工商银行
现金支票存根

10205010
52994683

附加信息

出票日期 2020 年 06 月 10 日

收款人：	重庆市万事达家具厂
金　额：	¥19,000.00
用　途：	支付工资

单位主管 邓鑫　会计 孙倩

海南华森印务有限公司 · 2011年印制

12-2

重庆市万事达家具厂 2020 年 5 月份工资发放表

姓名	基础工资	奖金	生活补贴及交通补贴	个税扣款	实发工资	签字
邓鑫	2 000	1 000	500		3 500	略
郑实	2 000	1 000	500		3 500	略
孙倩	1 500	1 000	500		3 000	略
郑天平	1 500	1 000	500		3 000	略
吴故	1 500	1 000	500		3 000	略
黄蓉	1 500	1 000	500		3 000	略
合计	10 000	6 000	3 000		19 000	

单位负责人签字：邓鑫印　　复核人：郑实　　制表人：孙倩

13-1

重庆市门诊收费用专用收据

姓名：吴故

项目	金额	项目	金额
西药	145.00	输氧费	
中成药	200.00	手术费	
中草药		治疗费	
常规检查	55.00	放射费	
CT		化验费	
核磁		输血费	
合计	400.00	合计	
人民币（大写）	肆佰元整		

收费员：李明白　　日期：2020年6月5日

13-2

重庆市门诊收费用专用收据

姓名：唐朝

项目	金额	项目	金额
西药	490.00	输氧费	
中成药		手术费	
中草药		治疗费	65.00
常规检查		放射费	
CT		化验费	45.00
核磁		输血费	
合计	490.00	合计	110.00
人民币（大写）	陆佰元整（Y600.00）		

收费员：李明白　　日期：2020年6月6日

13-3

科技伴随 高效学习

费用报销单

报销部门：生产部　　2020 年 06 月 10 日填　　单据及附件共____页

用途	金额（元）	备注	实用的80%给予报销		
职工医药费报销	800.00				
现金付讫		部门审核	郑实	领导审批	
合计	¥800.00				
金额大写：零拾零万零仟捌佰零拾零元零角零分		原借款：　元		应退余款：¥-800.00 元	

会计主管 郑实　　会计　　出纳　　报销人 唐朝 吴故　　领款人 唐朝 吴故

14-1

领 料 单

领料部门：生产车间　　2020 年 6 月 13 日　　第 01 号

材料类别	名称及规格	计量单位	数量		实际成本		用途
			申领	实领	单价	金额	
钢材	钢管	根	1000	1000	20.00	20000.00	生产办公椅

仓库主管：吴一凡　　领料员：王五平　　仓库经手人：吴故

14-2

领 料 单

领料部门：生产车间　　2020 年 6 月 13 日　　第 02 号

材料类别	名称及规格	计量单位	数量		实际成本		用途
			请领	实领	单价	金额	
木材	三层板	张	800	800	50.00	40 000.00	生产办公桌
辅料	油漆	桶	100	100	20.00	2 000.00	生产办公桌
合计						42 000.00	

仓库主管：吴一凡　　领料员：王五平　　仓经手人：吴故

14-3

领　料　单

领料部门：**生产车间**　　　　2020 年 6 月 13 日　　　　第 03 号

材料类别	名称及规格	计量单位	数量		实际成本		用途
			请领	实领	单价	金额	
周转材料	**螺钉**	**kg**	**100**		**5**	**500**	**生产办公桌、椅**
	泡沫	张	250		2	500	**生产办公桌、椅**
合计						1 000	

仓库主管：吴一凡　　　　领料员：王五平　　　　仓库经手人：吴故

15-1

中国工商银行　　**进账单（回　单）**　1

2020 年 06 月 14 日　　№ 71517930

出票人	全　称	天安保险渝北分公司	收款人	全　称	重庆市万事达家具厂
	账　号	6226000012345556777		账　号	04845535852033
	开户银行	工行两路支行		开户银行	工行渝北回兴支行
金额	人民币（大写）	叁仟元整		亿千百十万千百十元角分	¥300000
票据种类	转账支票	票据张数	1张		
票据号码	ZZ0011				

中国工商银行渝北回兴支行 2020.06.14 转讫

复核　　记账　　开户银行签章

此联是开户银行交给持（出）票人的回单

16-1

中国工商银行
转账支票存根

10205020
92512511

附加信息

出票日期 2020 年 06 月 14 日

收款人：多彩木材公司

金　额：¥23,000.00

用　途：支付前欠货款

单位主管 邓鑫　　会计 孙倩

海南华森印务有限公司·2011年印制

17-1

差旅费报销单

部门 销售部　　2020 年 06 月 17 日

出差人			王信同						出差事由		到成都参加招商会年会				
出发				到达				交通工具	交通费		出差补贴		其他费用		
月	日	时	地点	月	日	时	地点		单据张数	金额	天数	金额	项目	单据张数	金额
6	5	8	重庆	6	5	12	成都	火车	1	100.00	5	500.00	住宿费	1	800.00
6	9	9	成都	6	9	13	重庆	火车	1	100.00			市内车费		
													邮电费		
													办公用品费		
													不买卧铺补贴		
													其他		
合计									2	¥200.00		¥500.00		1	¥800.00
报销总额	人民币（大写）	壹仟伍佰元整							预借金额	¥1,500.00			补领金额	¥0.00	
													退还金额	¥0.00	

附件 3 张

主管　　审核　　出纳　　领款人 王信同

17-2

5100161140

四川增值税普通发票

发票联

№ 88269138

5100161140
88269138

开票日期：2020年06月09日

购买方	
名称：	重庆市万事达家具厂
纳税人识别号：	91500112M940777113
地址、电话：	渝北区宝桐一路888号02367386888
开户行及账号：	工行渝北回兴支行04845535852033

密码区：
172312-4-275〈1+46*54* 82*59*
181321〉〈8182*59*09618153〈/
〈4〈3*2702-9〉9*+153〈/0 〉2-3
08/4〉〉〉2-3*0/9/〉〉25-275〈1

货物或应税劳务、服务名称	规格型号	单位	数量	单价	金额	税率	税额
住宿		天	4	198.02	792.08	1%	7.92
合计					¥792.08		¥7.92
价税合计（大写）	⊗ 捌佰元整				（小写）¥800.00		

销售方	
名称：	成都金立方大酒店
纳税人识别号：	9140010111A0023456
地址、电话：	02887601213
开户行及账号：	工行花牌坊支行

备注：

收款人：张平一　　复核：李立　　开票人：张平一

税总函[2016]××号××××公司

第二联：发票联 购买方记账凭证

17-3

X578995　　成都 售

2020 年 06 月 05 日 08:00 开　　10 车 18 号

二等座

重庆北站　D9905 次　成都东站

zhongqingbeizha　　chengdudongzhan

¥100 元　　网

限乘当日当次车

王信同

510224196802143851

4657 3318 0585 0725 3641-2　　和谐号

17-4

X578995　　成都 售

2020 年 06 月 09 日 09:00 开　　10 车 18 号

二等座

成都　　D9905 次　　重庆北站

chengdu　　zhongqingbeizha

¥ 100 元　　网

限乘当日当次车

王信同

510224196802143851

4657 3318 0585 0725 3641-2　　和谐号

18-1

收 款 收 据

No. 0794097

2020 年 06 月 18 日

今 收 到　王鑫

交 来　迟到及违章操作罚款

金额（大写）　零 拾 零 万 零 仟 肆 佰 零 拾 零 元 零 角 零 分

¥ 400.00

收款单位（公章）　重庆市万事达家具厂 财务专用章

现金收讫

第一联 存根

核准 郑实　会计 孙倩　记账 孙倩　出纳 黄蓉　经办人 黄蓉

19-1

5000151140

重庆增值税专用发票

发票联

№ 33584550　5000151140 33584550

机器编号：982888812388　　开票日期：2020年06月18日

购买方	名　　称：重庆市万事达家具厂 纳税人识别号：91500112M940777113 地 址、电 话：渝北区宝桐一路888号02367386888 开户行及账号：工行渝北回兴支行04845535852033	密码区：172312-4-275 <1+46*54* 82*59* 181321> <8182*59*09618153 </ <4 <3*2702-9> 9*+153 </0 >2-3 *08/4>*> >2-3*0/9/> >25-275 <1

货物或应税劳务、服务名称	规格型号	单位	数量	单价	金额	税率	税额
电费		度	7000	1.00	7,000.00	13%	910.00
合　计					¥7,000.00		¥910.00
价税合计（大写）	⊗ 柒仟玖佰壹拾元整				（小写）¥7,910.00		

销售方	名　　称：重庆江北供电局 纳税人识别号：91500105M390799200 地 址、电 话：江北区建新西路515号02367866666 开户行及账号：工行江北支行97122899466716	备注：校验码 52118 02817 08248 65193

收款人：张大山　复核：赵雄　开票人：徐姿　销售方：（章）重庆江北供电局 91500105M390799200 发票专用章

税总函[2016]××号××××公司

第三联：发票联 购买方记账凭证

19-2

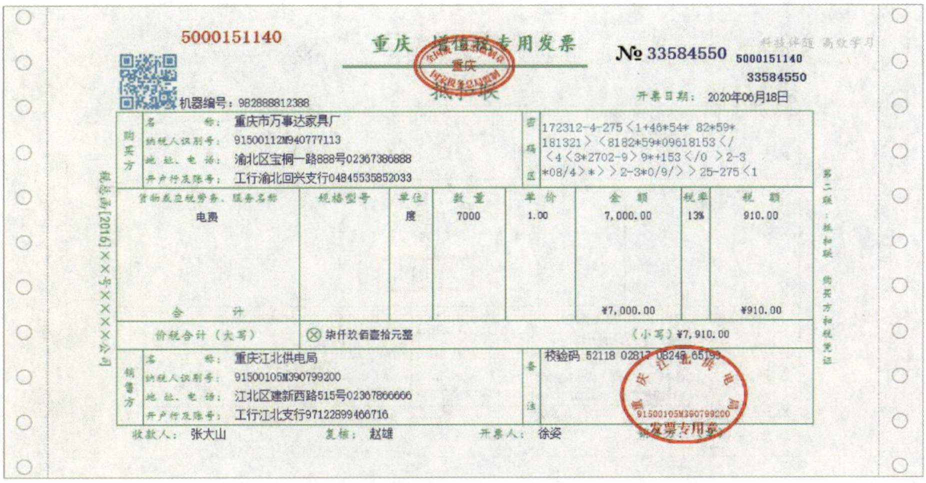

5000151140

重庆增值税专用发票

抵扣联

№ 33584550 5000151140
33584550

机器编号：982888812388

开票日期：2020年06月18日

购买方 名称：重庆市万事达家具厂
纳税人识别号：91500112M940777113
地址、电话：渝北区宝桐一路888号02367386888
开户行及账号：工行渝北回兴支行04845535852033

密码区 172312-4-275<1+46*54* 82*59*
181321><8182*59*09618153</
<4<3*2702-9>9*+153</0 >2-3
08/4>>>2-3*0/9/>>25-275<1

货物或应税劳务、服务名称	规格型号	单位	数量	单价	金额	税率	税额
电费		度	7000	1.00	7,000.00	13%	910.00
合计					¥7,000.00		¥910.00
价税合计（大写）	⊗柒仟玖佰壹拾元整				（小写）¥7,910.00		

销售方 名称：重庆江北供电局
纳税人识别号：91500105M390799200
地址、电话：江北区建新西路515号02367866666
开户行及账号：工行江北支行97122899466716

备注 校验码 52118 02817 08248 65199

收款人：张大山 复核：赵雄 开票人：徐姿

19-3

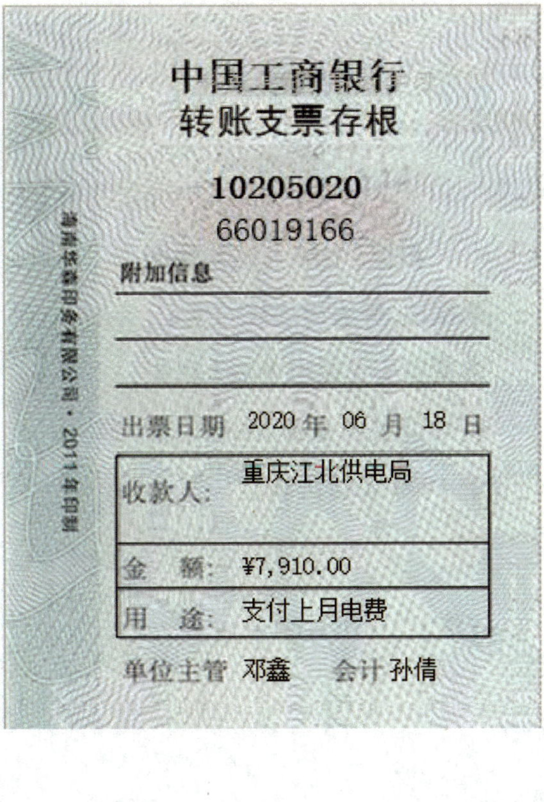

中国工商银行
转账支票存根

10205020
66019166

附加信息

出票日期 2020 年 06 月 18 日

收款人：重庆江北供电局

金 额：¥7,910.00

用 途：支付上月电费

单位主管 邓鑫 会计 孙倩

20-1

重庆增值税普通发票

发票联

5000161140　　№ 65235559　　5000161140　65235559

开票日期：2020年06月18日

购买方	
名　　称：	重庆市万事达家具厂
纳税人识别号：	91500112M940777113
地址、电话：	渝北区宝桐一路888号02367386888
开户行及账号：	工行渝北回兴支行04845535852033

密码区：172312-4-275＜1+46*54* 82*59* 181321＞＜8182*59*09618153＜/ ＜4＜3*2702-9＞9*+153＜/0 ＞2-3 *08/4＞*＞＞2-3*0/9/＞＞25-275＜1

货物或应税劳务、服务名称	规格型号	单位	数量	单价	金额	税率	税额
签字笔		支	800	1.1062	884.96	13%	115.04
合　计					¥884.96		¥115.04
价税合计（大写）	⊗壹仟元整				（小写）¥1,000.00		

现金付讫

销售方	
名　　称：	重庆华夏文具有限公司
纳税人识别号：	91500112M010112123
地址、电话：	回兴宝桐路78号　02367456801
开户行及账号：	工行回兴支行　62220011000011

备注：

收款人：文言　　复核：李天　　开票人：张王　　销售方：（章）

税总函[2016]××号××××公司

第二联：发票联　购买方记账凭证

21-1

重庆增值税专用发票

发票联

5000151140　　№ 34985529　　5000151140　34985529

机器编号：982888812388　　开票日期：2020年06月19日

购买方	
名　　称：	重庆市万事达家具厂
纳税人识别号：	91500112M940777113
地址、电话：	渝北区宝桐一路888号02367386888
开户行及账号：	工行渝北回兴支行04845535852033

密码区：172312-4-275＜1+46*54* 82*59* 181321＞＜8182*59*09618153＜/ ＜4＜3*2702-9＞9*+153＜/0 ＞2-3 *08/4＞*＞＞2-3*0/9/＞＞25-275＜1

货物或应税劳务、服务名称	规格型号	单位	数量	单价	金额	税率	税额
高密度板	1.2X2.2m	张	200	100.00	20,000.00	13%	2,600.00
ABC贴面		米	200	50.00	10,000.00	13%	1,300.00
合　计					¥30,000.00		¥3,900.00
价税合计（大写）	⊗叁万叁仟玖佰元整				（小写）¥33,900.00		

销售方	
名　　称：	重庆马家岩建材有限公司
纳税人识别号：	91500106M869832488
地址、电话：	沙坪坝区碧顺路712号02365667890
开户行及账号：	工行沙坪坝汇逸路支行96851961378242

备注：校验码 52118 02817 08248 65193

收款人：刘东明　　复核：何雄　　开票人：黄柏　　销售方：（章）

税总函[2016]××号××××公司

第三联：发票联　购买方记账凭证

21-2

重庆增值税专用发票

抵扣联

5000151140　　№ 34985529　　5000151140　34985529

机器编号：982888812388　　开票日期：2020年06月19日

购买方	
名　　称：	重庆市万事达家具厂
纳税人识别号：	91500112M940777113
地址、电话：	渝北区宝桐一路888号02367386888
开户行及账号：	工行渝北回兴支行04845535852033

密码区：172312-4-275＜1+46*54* 82*59* 181321＞＜8182*59*09618153＜/ ＜4＜3*2702-9＞9*+153＜/0 ＞2-3 *08/4＞*＞＞2-3*0/9/＞＞25-275＜1

货物或应税劳务、服务名称	规格型号	单位	数量	单价	金额	税率	税额
高密度板	1.2X2.2m	张	200	100.00	20,000.00	13%	2,600.00
ABC贴面		米	200	50.00	10,000.00	13%	1,300.00
合　计					¥30,000.00		¥3,900.00
价税合计（大写）	⊗叁万叁仟玖佰元整				（小写）¥33,900.00		

销售方	
名　　称：	重庆马家岩建材有限公司
纳税人识别号：	91500106M869832488
地址、电话：	沙坪坝区碧顺路712号02365667890
开户行及账号：	工行沙坪坝汇逸路支行96851961378242

备注：校验码 52118 02817 08248 65193

收款人：刘东明　　复核：何雄　　开票人：黄柏　　销售方：（章）

税总函[2016]××号××××公司

第二联：抵扣联　购买方扣税凭证

21-3

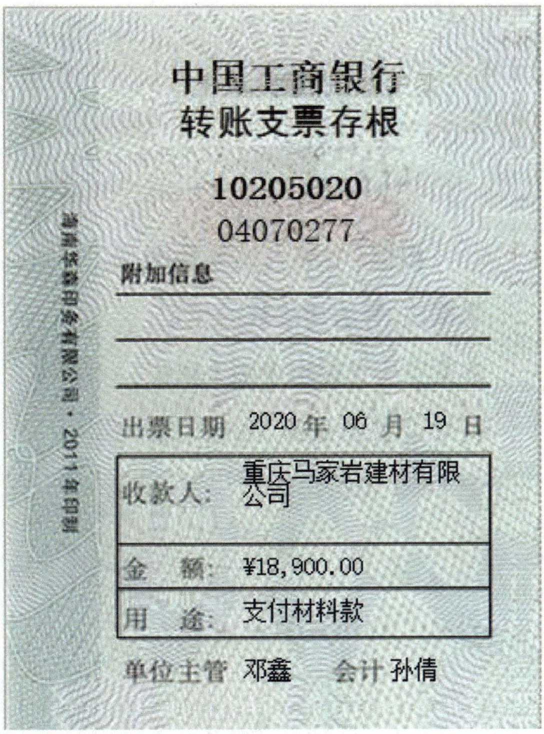

中国工商银行
转账支票存根

10205020
04070277

附加信息

出票日期 2020 年 06 月 19 日

收款人：	重庆马家岩建材有限公司
金　额：	¥18,900.00
用　途：	支付材料款

单位主管 邓鑫　　会计 孙倩

21-4

收　料　单

供货单位：重庆市马家岩建材公司 2020 年 6 月 19 日　　　　第 04 号

材料类别	名称及规格	计量单位	数量		实际成本		计划成本	
			应收	实收	单价	金额	单价	金额
	高密度板	张	200	200	100	20000		
	ABC 贴面	米	200	200	50	10000		
合计				400		30000		

质量检查：吴一凡　　采购经纪人：孙倩　　仓库经手人：吴故

22-1

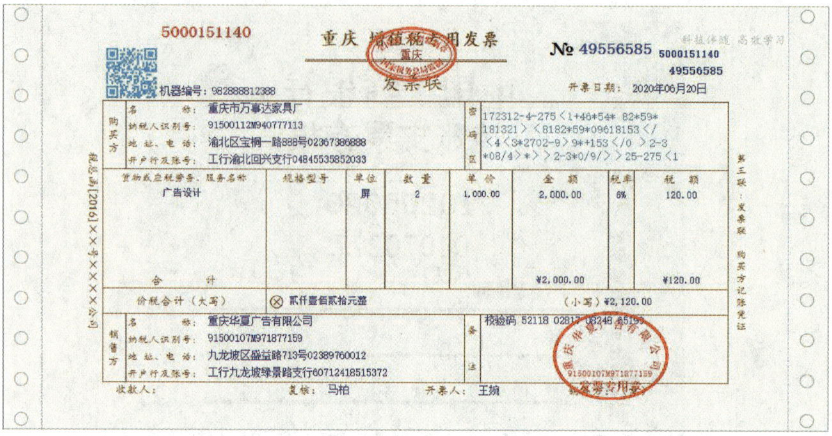

5000151140

重庆增值税专用发票

发票联

№ 49556585 5000151140 49556585

机器编号：982888812388　　开票日期：2020年06月20日

购买方	名　　称：重庆市万事达家具厂 纳税人识别号：91500112M940777113 地 址、电 话：渝北区宝桐一路888号02367386888 开户行及账号：工行渝北回兴支行04845535852033	密码区	172312-4-275 <1+46*54* 82*59* 181321 > <8182*59*09618153 </ <4 <3*2702-9 > 9*+153 </0 >2-3 *08/4 > * > >2-3*0/9/ > >25-275 <1

货物或应税劳务、服务名称	规格型号	单位	数量	单价	金额	税率	税额
广告设计		屏	2	1,000.00	2,000.00	6%	120.00
合　　计					¥2,000.00		¥120.00
价税合计（大写）	⊗贰仟壹佰贰拾元整				（小写）¥2,120.00		

销售方	名　　称：重庆华夏广告有限公司 纳税人识别号：91500107M971877159 地 址、电 话：九龙坡区盛益路713号02389760012 开户行及账号：工行九龙坡绿景路支行60712418515372	备注	校验码 52118 02817 08248 65195

收款人：　　复核：马柏　　开票人：王婉　　销售方：（章）

税总函[2016]××号××××公司

第三联：发票联　购买方记账凭证

22-2

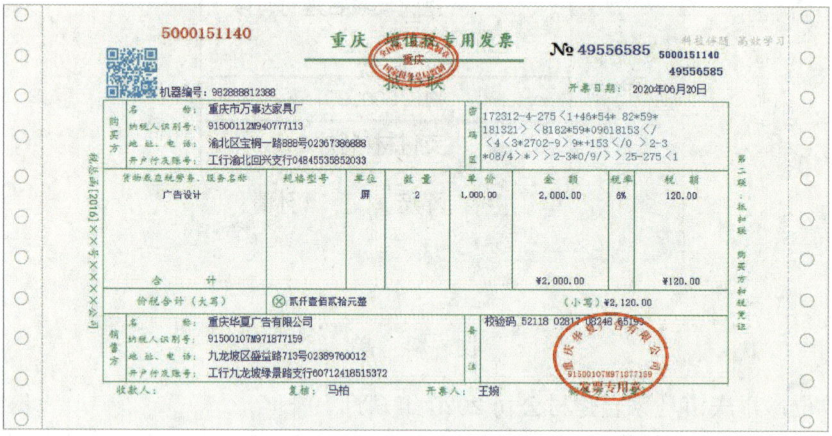

5000151140

重庆增值税专用发票

抵扣联

№ 49556585 5000151140 49556585

机器编号：982888812388　　开票日期：2020年06月20日

购买方	名　　称：重庆市万事达家具厂 纳税人识别号：91500112M940777113 地 址、电 话：渝北区宝桐一路888号02367386888 开户行及账号：工行渝北回兴支行04845535852033	密码区	172312-4-275 <1+46*54* 82*59* 181321 > <8182*59*09618153 </ <4 <3*2702-9 > 9*+153 </0 >2-3 *08/4 > * > >2-3*0/9/ > >25-275 <1

货物或应税劳务、服务名称	规格型号	单位	数量	单价	金额	税率	税额
广告设计		屏	2	1,000.00	2,000.00	6%	120.00
合　　计					¥2,000.00		¥120.00
价税合计（大写）	⊗贰仟壹佰贰拾元整				（小写）¥2,120.00		

销售方	名　　称：重庆华夏广告有限公司 纳税人识别号：91500107M971877159 地 址、电 话：九龙坡区盛益路713号02389760012 开户行及账号：工行九龙坡绿景路支行60712418515372	备注	校验码 52118 02817 08248 65195

收款人：　　复核：马柏　　开票人：王婉　　销售方：（章）

税总函[2016]××号××××公司

第二联：抵扣联　购买方扣税凭证

22-3

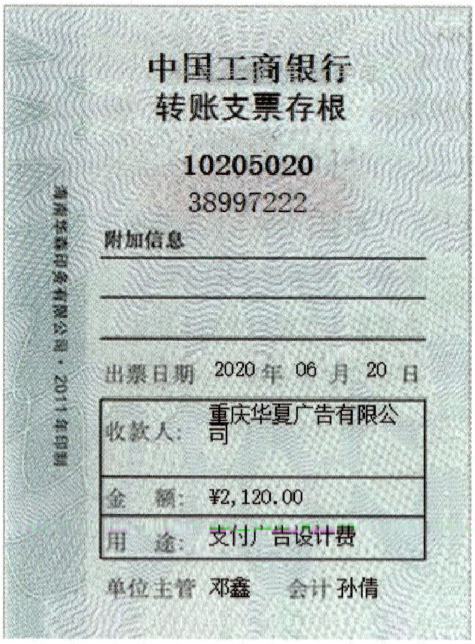

中国工商银行

转账支票存根

10205020

38997222

附加信息

出票日期　2020 年 06 月 20 日

收款人：重庆华夏广告有限公司

金　额：¥2,120.00

用　途：支付广告设计费

单位主管　邓鑫　　会计 孙倩

海南华森印务有限公司·2011年印制

23-1

中国工商银行 进账单（收账通知） 3

№ 53460948

2020 年 06 月 20 日

出票人	全称	重庆华友家具销售有限公司	收款人	全称	重庆市万事达家具厂
	账号	53172441997606		账号	0484553585 2033
	开户银行	工行一碗水支行		开户银行	工行渝北回兴支行
金额	人民币（大写）	贰万叁仟贰佰元整	亿千百十万千百十元角分		¥ 2 3 2 0 0 0 0
票据种类	转账支票	票据张数	1张		
票据号码	zz0013				
复核	记账		收款人开户银行签章		

工行渝北回兴支行 2020.06.20 转讫

此联是收款人开户银行交给收款人的收账通知

24-1

重庆市万事达家具厂 收款收据 No: 78143339

2020 年 06 月 21 日

交款单位或个人	李平				
款项内容	上月借款			收款方式	现金
人民币（大写）	贰仟元整				¥ 2,000.00
收款单位盖章	重庆市万事达家具厂财务专用章	收款人签字	黄蓉	经办人	

现金收讫

第二联 记账联

25-1

固定资产毁损报废申请书

NO: 563959

申报部门: 管理部门　　　　申请日期: 2020年06月24日

固定资产名称	货车	购置时间	2019年06月30日
数量/单位	辆	使用部门	管理部门
原值	180,000.00	净值	163,500.00
已提折旧	16,500.00	净残值	0.00
报废原因: 出售			
资产管理部门意见	同意报废 2020年06月24日	公司意见	同意报废 2020年06月24日

此表一式两份，一份留申请部门、一份留财务部门

26-1/2

5000151140

重庆 增值税专用发票

№ 17532919　5000151140　17532919

此联不作报销、扣税凭证使用

机器编号：982888812388　　开票日期：2020年06月25日

购买方	名　　称：重庆光明设备有限公司 纳税人识别号：91500106M026707693 地 址、电 话：沙坪坝区汉渝路878号02365668888 开户行及账号：工行沙坪坝汉渝路支行75206562892942			密码区	172312-4-275 <1+46*54* 82*59* 181321 > <8182*59*09618153 </ <4 <3*2702-9 > 9*+153 </0 >2-3 *08/4 > * > > 2-3*0/9/ > > 25-275 <1		
货物或应税劳务、服务名称	规格型号	单位	数量	单价	金额	税率	税额
货车		辆	1	153,500.00	153,500.00	13%	19,955.00
合　　计					¥153,500.00		¥19,955.00
价税合计（大写）	⊗ 壹拾柒万叁仟肆佰伍拾伍元整				（小写）¥173,455.00		
销售方	名　　称：重庆市万事达家具厂 纳税人识别号：91500112M940777113 地 址、电 话：渝北区宝桐一路888号02367386888 开户行及账号：工行渝北回兴支行04845535852033			备注	校验码 52118 02817 08248 65199		

收款人：张力　　复核：孙倩　　开票人：黄蓉　　销售方：（章）

税总函[2016]××号××××公司

第一联：记账联　销售方记账凭证

26-2/2

中国工商银行　进账单（回　单）　1

2020 年 06 月 25 日　　№ 23261732

出票人	全　称	重庆光明设备有限公司	收款人	全　称	重庆市万事达家具厂
	账　号	75206562892942		账　号	04845535852033
	开户银行	工行沙坪坝汉渝路支行		开户银行	工行渝北回兴支行
金额	人民币（大写）	壹拾柒万叁仟肆佰伍拾伍元整		亿千百十万千百十元角分	¥17345500
票据种类	转账支票	票据张数	1张		
票据号码	ZZ0016				
复核　　记账				开户银行签章	工行渝北回兴支行 2020.06.25 转讫

此联是开户银行交给持（出）票人的回单

27-1

固 定 资 产 清 理 损 益 计 算 表

2020 年 6 月 25 日

清理项目	货车	清理原因	出售
固定资产清理借方发生额		固定资产清理贷方发生额	
清理支出内容	金额	清理收入内容	金额
固定资产净值	163 500.00	固定资产报废收入	153 500.00
清理支出			
借方合计	163 500.00	贷方合计	163 500.00
固定资产清理损失　　金额：10 000 元　　大写：壹万元整			

复核：　郑实　　　　制单：　孙倩

28-1

重庆市行政事业统一收费收据

（印章：重庆市财政局 票据专用章）

NO: 123689

今收到：重庆市万事达家具厂

交来：希望工程捐款 ￥5000.00

人民币(大写)：叁仟肆佰圆正

收款单位（公章）（印章：重庆市爱心基金会 财务专用章） 开票：刘畅 收款：王东

2020 年 6 月 25 日

28-2

中国工商银行
转账支票存根

10205020
94862324

附加信息

出票日期 2020 年 06 月 25 日

收款人：	重庆爱心基金会
金 额：	¥5,000.00
用 途：	向希望工程捐款

单位主管 邓鑫 会计 孙倩

海南华森印务有限公司·2011年印刷

29-1

5000151140　　**重庆　增值税专用发票**　　№ 67138031　5000151140　67138031

此联不作报销、扣税凭证使用

机器编号：982888812388　　开票日期：2020年06月25日

购买方	名称：重庆华友家具销售有限公司 纳税人识别号：91500112M060285635 地址、电话：渝北区双龙西路378号02367828218 开户行及账号：工行一碗水支行53172441997606			密码区	172312-4-275 <1+46*54* 82*59* 181321> <8182*59*09618153 </ <4 <3*2702-9> 9*+153 </0 >2-3 *08/4>*> >2-3*0/9/> >25-275 <1		
货物或应税劳务、服务名称	规格型号	单位	数量	单价	金额	税率	税额
办公桌		张	500	300.00	150,000.00	13%	19,500.00
办公椅		把	1000	150.00	150,000.00	13%	19,500.00
合计					¥300,000.00		¥39,000.00
价税合计（大写）	⊗ 叁拾叁万玖仟元整				（小写）¥339,000.00		
销售方	名称：重庆市万事达家具厂 纳税人识别号：91500112M940777113 地址、电话：渝北区宝桐一路888号02367386888 开户行及账号：工行渝北回兴支行04845535852033			备注	校验码 52118 02817 08248 65199		

收款人：黄蓉　　复核：孙倩　　开票人：黄蓉　　销售方：（章）

税总函[2016]××号××××公司　　第一联：记账联　销售方记账凭证

30-1

5000151140　　**重庆　增值税专用发票**　　№ 90975904　5000151140　90975904

此联不作报销、扣税凭证使用

机器编号：982888812388　　开票日期：2020年06月26日

购买方	名称：重庆高壹园林景观设计有限公司 纳税人识别号：91500109M543772286 地址、电话：北碚区晟林路857号02368236655 开户行及账号：工行北碚赛唯路支行64155941174990			密码区	172312-4-275 <1+46*54* 82*59* 181321> <8182*59*09618153 </ <4 <3*2702-9> 9*+153 </0 >2-3 *08/4>*> >2-3*0/9/> >25-275 <1		
货物或应税劳务、服务名称	规格型号	单位	数量	单价	金额	税率	税额
钢管		根	1000	50.00	50,000.00	13%	6,500.00
合计					¥50,000.00		¥6,500.00
价税合计（大写）	⊗ 伍万陆仟伍佰元整				（小写）¥56,500.00		
销售方	名称：重庆市万事达家具厂 纳税人识别号：91500112M940777113 地址、电话：渝北区宝桐一路888号02367386888 开户行及账号：工行渝北回兴支行04845535852033			备注	校验码 52118 02817 08248 65199 重庆市万事达家具厂 91500112M940777113 发票专用章		

收款人：黄蓉　　复核：孙倩　　开票人：黄蓉　　销售方：（章）

税总函[2016]××号××××公司　　第一联：记账联　销售方记账凭证

30-2

中国工商银行　进账单（收账通知）　3

2020 年 06 月 26 日　　№ 79141886

出票人	全称	重庆高壹园林景观设计有限公司	收款人	全称	重庆市万事达家具厂
	账号	64155941174990		账号	04845535852033
	开户银行	工行北碚赛唯路支行		开户银行	工行渝北回兴支行
金额	人民币（大写）	伍万陆仟伍佰元整		亿千百十万千百十元角分	¥ 5 6 5 0 0 0 0
票据种类	转账支票	票据张数 1 张			工行渝北回兴支行 2020.06.26 转讫
票据号码	ZZ0021				
	复核	记账			收款人开户银行签章

此联是收款人开户银行交给收款人的收账通知

31-1

中国工商银行 进账单（收账通知） 3

2020 年 06 月 30 日　　№ 39786837

出票人	全称	重庆华友家具销售有限公司	收款人	全称	重庆市万事达家具厂
	账号	53172441997606		账号	04845535852033
	开户银行	工行一碗水支行		开户银行	工行渝北回兴支行
金额	人民币（大写）	叁拾贰万肆仟元整		亿千百十万千百十元角分	¥32400000
票据种类	转账支票	票据张数	1张		
票据号码	ZZ0023				
	复核　记账			收款人开户银行签章	工行渝北回兴支行 2020.06.30 转讫

此联是收款人开户银行交给收款人的收账通知

32-1

产 成 品 出 库 单

用途：**销售**　　2020 年 6 月 30 日　　**NO.05002113**

产品名称	规格型号	单位	数量	单价	金额	备注
办公椅		把	**1 000**	**80.00**	**80 000.00**	
办公桌		张	500	200.00	100 000.00	
合计					180 000.00	

三联会计联

记账：孙倩　　保管：吴故　　制票：吴故

32-2

材 料 出 库 单

购货单位：重庆市壹园林景观设计有限公司　　2020 年 6 月 30 日　　NO.05002115

品 名	规格型号	单位	数量	单价	金额	备注
钢管		根	**1 000**	**21.00**	**21 000.00**	
合计					21 000.00	

一联会计联

记账：孙倩　　保管：吴故　　制票：吴故

33-1

本月增值税计算表

2020 年 6 月 30 日　单位：元

名称	计算过程
增值税	销项-进项=

会计主管：郑实　　复核：郑实　　制单：孙倩

34-1

税金及附加计算表

2020 年 6 月 30 日　单位：元

名称	计算过程
城建税	增值税×7%=
教育费附加	增值税×3%=
教育费附加	增值税×2%=

会计主管：郑实　　复核：郑实　　制单：孙倩

35-1

工资结算表

科技伴随 高效学习

2020 年 06 月 30 日　单位：元

部门	姓名	基本工资	岗位津贴	奖金	交通补助	应扣工资		应付工资	代扣款项						实发工资
						请假扣款	缺勤扣款		养老保险（8%）	医疗保险（2%）	失业保险（1%）	住房公积金（10%）	个人所得税	合计	
生产部	李平	1,800.00	1,700.00	1,000.00				4,500.00	360.00	90.00	45.00	450.00		945.00	3,555.00
生产部	王五平	1,600.00	1,600.00	1,000.00				4,200.00	336.00	84.00	42.00	420.00		882.00	3318
生产部	吴一凡	1,600.00	1,600.00	1,000.00				4,200.00	336.00	84.00	42.00	420.00		882.00	3318
生产部	王鑫	1,500.00	1,600.00	1,000.00				4,100.00	328.00	82.00	41.00	410.00		861.00	3239
行政部	邓鑫	2,000.00	2,000.00	1,000.00				5,000.00	400.00	100.00	50.00	500.00		1,050.0	3950
财务部	郑实	2,000.00	1,800.00	1,000.00				4,800.00	384.00	96.00	48.00	480.00		1,008.0	3792
财务部	孙倩	1,900.00	1,800.00	1,000.00				4,700.00	376.00	94.00	47.00	470.00		987.00	3713
财务部	黄蓉	1,800.00	1,700.00	1,000.00				4,500.00	360.00	90.00	45.00	450.00		945.00	3555
销售部	王信同	1,800.00	2,000.00	1,200.00				5,000.00	400.00	100.00	50.00	500.00		1,050.0	3950
销售部	吴故	1,500.00	1,800.00	1,200.00				4,500.00	360.00	90.00	45.00	450.00		945.00	3555
销售部	李浩天	1,500.00	1,700.00	1,300.00				4,500.00	360.00	90.00	45.00	450.00		945.00	3555
以下空白									0.00	0.00	0.00	0.00		0.00	0
									0.00	0.00	0.00	0.00		0.00	0
									0.00	0.00	0.00	0.00		0.00	0
									0.00	0.00	0.00	0.00		0.00	0
合计		19,000.00	18,300.00	11,700.00				50,000.00	4,000.0	1,000.00	500.00	5,000.0		10,500.00	39,500.00

总经理：邓鑫　　财务主管：郑实　　审核：郑实　　制表：孙倩

36-1

工资结算表

2020 年 06 月 30 日 单位：元

部门	姓名	基本工资	岗位津贴	奖金	交通补助	应扣工资		应付工资	代扣款项						实发工资
						请假扣款	缺勤扣款		养老保险（8%）	医疗保险（2%）	失业保险（1%）	住房公积金（10%）	个人所得税	合计	
生产部	李平	1,800.00	1,700.00	1,000.00				4,500.00	360.00	90.00	45.00	450.00		945.00	3,555.00
生产部	王五平	1,600.00	1,600.00	1,000.00				4,200.00	336.00	84.00	42.00	420.00		882.00	3318
生产部	吴一凡	1,600.00	1,600.00	1,000.00				4,200.00	336.00	84.00	42.00	420.00		882.00	3318
生产部	王鑫	1,500.00	1,600.00	1,000.00				4,100.00	328.00	82.00	41.00	410.00		861.00	3239
行政部	邓鑫	2,000.00	2,000.00	1,000.00				5,000.00	400.00	100.00	50.00	500.00		1,050.0	3950
财务部	郑实	2,000.00	1,800.00	1,000.00				4,800.00	384.00	96.00	48.00	480.00		1,008.0	3792
财务部	孙倩	1,900.00	1,800.00	1,000.00				4,700.00	376.00	94.00	47.00	470.00		987.00	3713
财务部	黄蓉	1,800.00	1,700.00	1,000.00				4,500.00	360.00	90.00	45.00	450.00		945.00	3555
销售部	王信同	1,800.00	2,000.00	1,200.00				5,000.00	400.00	100.00	50.00	500.00		1,050.0	3950
销售部	吴故	1,500.00	1,800.00	1,200.00				4,500.00	360.00	90.00	45.00	450.00		945.00	3555
销售部	李浩天	1,500.00	1,700.00	1,300.00				4,500.00	360.00	90.00	45.00	450.00		945.00	3555
以下空白									0.00	0.00	0.00	0.00		0.00	0
									0.00	0.00	0.00	0.00		0.00	0
									0.00	0.00	0.00	0.00		0.00	0
									0.00	0.00	0.00	0.00		0.00	0
合计		19,000.00	19,300.00	11,700.00				50,000.00	4,000.0	1,000.00	500.00	5,000.0		10,500.00	39,500.00

总经理：邓鑫 财务主管：郑实 审核：郑实 制表：孙倩

37-1

五险一金分配表

2020 年 06 月 30 日

应借账户	成本项目	应发合计	养老保险（16%）	医疗保险（9%）	失业保险（0.5%）	工伤保险（0.5%）	生育保险（0）	住房公积金（10%）
生产成本	办公桌	8,700.00	1,392.00	783.00	43.50	43.50	0.00	870.00
生产成本	办公椅	8,300.00	1,328.00	747.00	41.50	41.50	0.00	830.00
管理费用		19,000.00	3,040.00	1,710.00	95.00	95.00	0.00	1,900.00
销售费用		14,000.00	2,240.00	1,260.00	70.00	70.00	0.00	1,400.00
			0.00	0.00	0.00	0.00	0.00	0.00
合计		50,000.00	8,000.00	4,500.00	250.00	250.00	0.00	5,000.00

审核：郑实 制单：孙倩

38-1

固定资产折旧汇总表

2020 年 06 月 30 日 单位：元

使用部门	类别	原值	月折旧率或单位折旧	折旧额
生产部门	厂房	360,000.00	0.00277777	1,000.00
生产部门	设备	120,000.00	0.0083333	1,000.00
非生产部门	办公设备	60,000.00	0.0166666	1,000.00
非生产部门	运输工具	180,000.00	0.00833333	1,500.00
合计				4,499.99

审核：郑实 制单：孙倩

39-1

无形资产摊销计算表

2020 年 6 月 30 日　单位：元

一级科目	明细科目	摊销时间（月）	月利率	原值	摊销金额
无形资产	商标权	120	0.8333%	96 000	800.00
合计					¥800.00

会计主管：郑实　　记账：孙倩　　出纳：　　制单：孙倩

40-1

短期流动资金借款预提利息费用计算表

2020 年 6 月 30 日

借款种类	借款金额	计算时间	月利率	利息金额
流动资金借款	200000.00	1 个月	0.25%	500.00
合计				¥500.00

会计主管：郑实　　记账：孙倩　　出纳：　　制单：孙倩

40-2

中国工商银行　　贷款利息 凭证

交易名称：对公定期计息到期还平贷款本金提前（到期）归还

交易序号：050　交易代码：539　工作日期：2020年06月30日10时52分　币种：人民币

借方户名：

借方账号：

贷方户名：重庆市万事达家具厂

贷方账号：04845535852033

实收(付)金额：

计息户账号：3243671723220182986　借据编号：892387220689356569

起息日期	止息日期	积数/息余	利率	利息
2020-04-01	2020-06-30	3个月	3%	1,500.00

中国工商银行渝北回兴支行 2020.06.30 转讫

41-1

费用分配表

2020 年 6 月 30 日

应借科目	成本或费用项目	费用分配		用电度数	金额合计（1.00/度）
		生产工时	分配金额		
制造费用				**5500**	**5500.00**
管理费用				**1000**	**1000.00**
销售费用				**1000**	**1000.00**
合计				**7500**	**7500.00**

会计主管：郑实　　复核：郑实　　制单：孙倩

42-1

制造费用分配表

2020 年 6 月 30 日　　单位：元

项　　目		定额工时	制　造　费　用	
			分配率（%）	分配额
生产车间	办公桌	3000		
	办公椅	2000		
合计		5000		

会计主管：郑实　　复核：郑实　　制单：孙倩

43-1

入库产品汇总表

2020 年 6 月 30 日　　单位：元

名称	数量	单价	金额									备注
			百	十	万	千	百	十	元	角	分	
办公桌	400											
办公椅	500											

会计主管：郑实　　复核：郑实　　制单：孙倩

44-1、45-1

本月损益类各账户本期发生额

2020 年 6 月 30 日　单位：元

会计科目	本期发生额（借方）	会计科目	本期发生额（贷方）
主营业务成本		主营业务收入	
税金及附加		营业外收入	
管理费用			
销售费用			
财务费用			
营业外支出			
合计			

会计主管：郑实　　复核：郑实　　制单：孙倩

46-1　计算并预交本季度企业所得税

所得税计算表

2020 年 6 月 30 日　单位：元

项目	本季度利润总额	所得税率	本季度预交所得税
金额		25%	
合计			

会计主管：郑实　　复核：郑实　　制单：孙倩

46-2

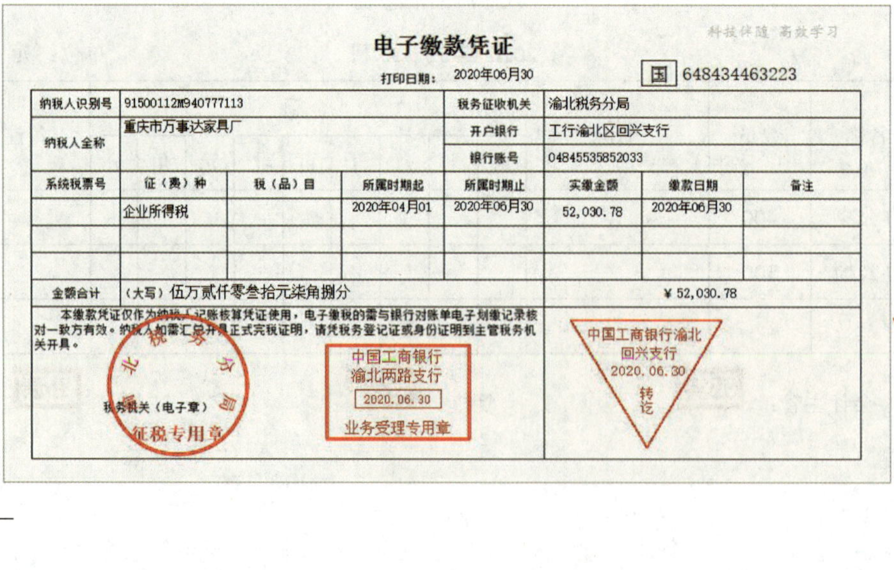

电子缴款凭证

打印日期：2020年06月30　　国 648434463223

纳税人识别号	91500112M940777113			税务征收机关	渝北税务分局		
纳税人全称	重庆市万事达家具厂			开户银行	工行渝北区回兴支行		
				银行账号	04845535852033		
系统税票号	征（费）种	税（品）目	所属时期起	所属时期止	实缴金额	缴款日期	备注
	企业所得税		2020年04月01	2020年06月30	52,030.78	2020年06月30	
金额合计	（大写）伍万贰仟零叁拾元柒角捌分				¥ 52,030.78		

本缴款凭证仅作为纳税人记账核算凭证使用，电子缴税的需与银行对账单电子划缴记录核对一致方有效。纳税人如需汇总开具正式完税证明，请凭税务登记证或身份证明到主管税务机关开具。

税务机关（电子章）

真账实训 2　库存现金

【例 7-3】　审核业务 5、业务 13、业务 18、业务 20 和 24 的经济业务凭证的原始凭证，原始凭证见“7. 5　真账实训——真账实训 1　核算企业概述——5. 企业 2020 年 6 月经济业务的原始凭证”并登记现金日记账。由于本书讲解的是一个月连续业务，业务编号是按顺序进行编制的。

业务分析根据业务 5 业务运费发票现金付款 2 180 元，业务 13 的费用报销单现金付款 800 元，业务 18 的收款收据现金收款 400 元，业务 20 购买办公用品现金付款 1 000 元以及业务 24 收回个人借款 2 000 元。审核准确无误，由出纳登记现金日记账。

具体操作：（由出纳完成）

步骤一　审核原始凭证，按照内容合法、形式合法等去考虑，由于本书讲的原始凭证均严格按要求做的，以下该步骤省略。

步骤二　按照时间顺序一笔一笔的登记，并结出余额。

步骤三　月末完成对账和结账工作。

现金日记账账簿如图 7-4 所示。

库存现金日记账

二级　科目

20 年		记账凭证号数	摘　要	对方科目	借方	贷方	借或贷	余额
月	日				千百十万千百十元角分	千百十万千百十元角分		千百十万千百十元角分
6	1		期初余额				借	860000
	4	05	购入材料			218000	借	642000
	10	13	报销医药费			80000	借	562000
	18	18	收到罚款		40000		借	602000
	18	20	购买办公用品			10000	借	502000
	21	24	收回个人借款		200000		借	702000
6	50		本月合计		240000	398000	借	702000

图 7-4

真账实训 3　银行存款

【例 7-4】　审核业务 1、业务 2、业务 3、业务 4、业务 5、业务 6、业务 8、业务 10、业务 11、业务 12、业务 15、业务 16、业务 19、业务 21、业务 22、业务 23、业务 26、业务 28、业务 30、业务 31、业务 40 和 46 的经济业务凭证的原始凭证，原始凭证见“7. 5　真账实训——真账实训 1　核算企业概述——5. 企业 2020 年 6 月经济业务的原始凭证”并由出纳登记银行存款日记账。由于本书讲解的是一个月连续业务，业务编号是按顺序进行编制的。

业务分析根据业务 1 业务银行进账单 200 000 元，业务 2 银行借据回单 100 000 元，业务 3 贴现票据收款通知 19 800 元，业务 4 转账支票存根 23 900 元，业务 5 转账支票存根

45 200 元，业务 6 借款单 1 500 元，业务 8 转账支票存根 15 000 元，业务 10 税收通用缴款书 7 000 元、电子缴款凭证 1 500 元，业务 11 社会保险基金缴费专用票换 27 000 元住房公积金汇缴书 18 000 元，业务 12 现金支票存根 19 000 元，业务 15 银行进账单(回单)3 000 元，业务 16 转账支票存根23 000元，业务 19 转账支票存根 7 910 元，业务 21 转账支票存根 18 900 元，业务 22 转账支票存根 2 120 元，业务 23 银行进账单(收账通知)23 200 元，业务 26 银行进账单(回单)173 455 元，业务 28 转账支票存根 5 000 元，业务 30 银行进账单(收款通知)56 500 元，业务 31 银行进账单(收款通知)324 000 元，业务 40 银行贷款利息凭证 1 500 元和业务 46 电子缴款凭证 52 030. 78 元。审核准确无误，由出纳登记银行存款日记账。

具体操作：(由出纳完成)

步骤一　审核原始凭证，按照内容合法、形式合法等去考虑，由于本书讲的原始凭证均严格按要求做的，以下该步骤省略。

步骤二　按照时间顺序一笔一笔的登记，并结出余额

步骤三　第一页不够登记时，第一页最后一行摘要“过次页”，计算出借方发生额和贷方发生额及余额，第二页第一行摘要栏“承前页”，余额抄过来。

步骤四　月末完成对账和结账工作。

银行存款日记账账簿如图 7-5、图 7-6 所示。

银行存款日记账

科目

2020年 月	日	凭证 种类	号数	摘要	对方科目	借方 (千百十万千百十元角分)	贷方 (千百十万千百十元角分)	借或贷	余额 (千百十万千百十元角分)
6	1			期初余额				借	110000000
	1	记	1	收到投资		20000000		借	310000000
	1	记	2	取得借款		10000000		借	410000000
	2	记	3	票据贴现		1980000		借	429800000
	3	记	4	购入设备			2390000	借	405900000
	4	记	5	购入材料			4520000	借	360700000
	5	记	6	预借差旅费			150000	借	359200000
	8	记	8	预付材料款			1500000	借	344200000
	10	记	10	交上月税费			850000	借	335700000
	10	记	11	支付五险一金			4500000	借	290700000
	10	记	12	支付上月工资			1900000	借	271700000
	14	记	15	收到保险赔款		300000		借	274700000
	14	记	16	支付前欠货款			2300000	借	251700000
	18	记	19	支付电费			791000	借	243790000
	19	记	21	购入材料			1890000	借	224890000
	20	记	22	支付广告费			212000	借	222770000
	20	记	23	收到前欠货款		2320000		借	245970000

第 1 页图 7-5

月	日	种类	号数	摘要	对方科目	借方	贷方	借或贷	余额
6	20			承前面		34600000	210030000	借	245970000
	25	记	26	固定资产出售收入		17345500		借	419425000
	25	记	28	对希望工程捐款			500000	借	414425000
	26	记	30	销售材料		5650000		借	470925000
	30	记	31	收到销货款		32400000		借	794925000
	30	记	40	交纳本季度利息			150000	借	793425000
	30	记	46	预交本季度所得税			5203078	借	741394220
6	30			本月合计		89995500	268560778	借	741394220
								借	

第 2 页图 7-6

第八章 应收及预付款项

应收及预付款项，是指企业在日常生产经营活动中发生的各项债权。包括：应收票据、应收账款、应收股利、应收利息、其他应收款等应收款项和预付账款。应收及预付款项应当按照发生额入账。

发生时：借：应收账款（或应收票据）

贷：主营业务收入

应交税费——应交增值税（销项税额）

收回时：借：银行存款

贷：应收账款（或应收票据）

8.1 应收票据的核算

应收票据核算小企业因销售商品（产成品或材料，下同）、提供劳务等日常生产经营活动而收到的商业汇票（银行承兑汇票和商业承兑汇票）。本科目应按照开出、承兑商业汇票的单位进行明细核算。

1. 应收票据核算

① 企业因销售商品、提供劳务等而收到开出、承兑的商业汇票，按照商业汇票的票面金额

借：应收票据

贷：主营业务收入

应交税费——应交增值税（销项税额）

② 持未到期的商业汇票向银行贴现，应按照实际收到的金额（即减去贴现息后的净额）

借：银行存款

财务费用（贴现息）

贷：应收票据（票面金额）（银行无追索权情况）

短期借款（票面金额）（银行有追索权情况）

2. 票据贴现计算

票据贴现的有关计算公式

贴现所得=票据到期值-贴现利息

贴现利息=票据到期值＊贴现率＊贴现期

贴现期=票据期限-企业已持有的票据期限

3. 例解

【例 8-1】 2020 年 3 月 1 日签发的 6 个月期面值 116 000 元应收票据，6 月 30 日到银行贴现，贴现率为 6%。

计算及分录如表 8-1 所示。

表 8-1

	商业承兑汇票(有追索权)	商业承兑汇票(无追索权)
贴现时	116 000×6%×2/12=1 160(元) 借：银行存款 114 840 财务费用 1 160 贷：应收票据 116 000	借：银行存款 114 840 财务费用 1 160 贷：应收票据 116 000
到期对方支付票款	借：短期借款 116 000 贷：应收票据 116 000	
到期对方不支付票款	借：短期借款 116 000 贷：银行存款 116 000	
	借：应收账款 116 000 贷：应收票据 116 000	

8.2 应收款项的核算

1. 应收账款的性质与确认

应收账款核算小企业因销售商品、提供劳务等日常生产经营活动应收取的款项。按照对方单位(或个人)进行明细核算。

2. 应收账款的入账价值

(1) 商业折扣

商业折扣是指对商品价目单所列的价格给予一定的折扣，实际上是对商品报价进行的折扣。(不影响会计核算)

(2) 现金折扣

现金折扣是指销货企业为了鼓励客户在一定期间内早日偿还货款，对销售价格所给予的一定比率的扣减。

"3/10，1/20，n/30"

10天内付款给予3%的折扣
20天内付款给予1%的折扣
30天内付款无折扣

现金折扣计入"财务费用"。

3. 应收账款的核算

（1）赊销产品时

借：应收账款——××公司

贷：主营业务收入

　　应交税费——应交增值税（销项税额）

（2）到款时

借：银行存款

贷：应收账款——××公司

（3）小企业应收账款不计提坏账准备，发生时计"营业外支出"，其他资产也不计提减值准备。

8.3 预付账款的核算

预付账款是指企业按照购货合同规定，预先以货币资金或以货币等价物支付供应单位的货款。

预付账款的核算

① 预付、补付账款时：

借：预付账款

贷：银行存款

② 收到所购物资时：

借：原材料——××材料

应交税费——应交增值税（进项税额）

贷：预付账款

8.4 其他应收款的核算

1. 其他应收款核算的内容

① 应收的各种赔款、罚款；

② 应收出租包装物租金；

③ 应向职工收取的各种垫付款项；

④ 备用金；

⑤ 存出保证金(如租入包装物支付的押金)；

⑥ 预付账款转入。

2. 其他应收款的核算

(1) 企业发生各种应收、暂付款项时

借：其他应收款

贷：库存现金(或银行存款)

(2) 收回、核销其他应收款时

借：库存现金(或银行存款)

贷：其他应收款

8.5 真账实训

真账实训 4 应收票据

【例 8-2】 审核业务 3 经济业务凭证的原始凭证，原始凭证见“7.5 真账实训——真账实训 1 核算企业概述——5. 企业 2020 年 6 月经济业务的原始凭证”并登记现金日记账。由于本书讲解的是一个月连续业务，业务编号是按顺序进行编制的。

业务分析根据业务 5 的期初应收票据金额 20 000 元。贴现利率为 6%，计算贴现息 = 20 000×6%×2 /12 = 200(元)，实收金额 = 20 000-200 = 19 800 元，审核准确无误，会计编制记账凭证，审核无误后登记应收票据明细账，其他账簿相关内容登记，此处不重复。

具体操作：(由明细账会计完成)

步骤一 审核原始凭证，按照内容合法、形式合法等去考虑，由于本书讲的原始凭证均严格按要求做的，以下该步骤省略。

步骤二 编制记账凭证并审核。如图 8-1 所示。

步骤三 登记应收票据—华友家具明细账，并结出余额，其他明细账相关内容里登记，这里不重复。

步骤四 月末完成对账和结账工作。

应收票据明细账账簿如图 8-2 所示。注图 8-2 中所示的应收票据—港汇家具本期没有发生额。

记 账 凭 证

2020 年 06 月 02 日　　　　　　　　　　记字第 03 号

摘要	会计科目	明细科目	借方金额	贷方金额	记账
票据贴现	银行存款		1980000		√
	财务费用		20000		√
	应收票据	华友家具		2000000	√
附件 1 张	合计		¥2000000	¥2000000	

会计主管：郑实　记账：孙倩　出纳：黄蓉　复核：郑实　制证：孙倩

图 8-1

应收票据 明细账

二级科目 港汇家具

2020年 月	日	凭证 种类	号数	摘要	对方科目	借方	贷方	借或贷	余额
6	1			期初余额				借	2630000
6	30			本月合计				借	2630000

应收票据 明细账

二级科目 华友家具

2020年 月	日	凭证 种类	号数	摘要	对方科目	借方	贷方	借或贷	余额
6	1			期初余额				借	2000000
	2	记	3	票据贴现			2000000	平	0
6	30			本月合计			2000000	平	0

图 8-2

真账实训 5　应收账款

【例 8-3】 审核业务 23、业务 29 和业务 31 经济业务凭证的原始凭证，原始凭证见“7.5 真账实训——真账实训 1 核算企业概述——5. 企业 2020 年 6 月经济业务的原始凭证”并登记现金日记账。由于本书讲解的是一个月连续业务，业务编号是按顺序进行编制的。

【业务分析】

① 根据业务 23 的进账单(收款通知)的金额 23 200 元，查询期初应收账款—华友家具

的余额也是 23 200 元。说明是收回华友家具的前欠货款。

分录是：

借：银行存款　　23 200

　　贷：应收账款——华友家具　　23 200

② 根据业务 29 的增值税专用发票的记账联的内容说明本业务是赊销办公桌和办公椅的收入和销项税。分录如下：

借：应收账款——华友家具　　339 000

　　贷：主营业务收入——办公桌　　150 000

　　　　主营业务收入——办公椅　　150 000

　　　　应交税费——应交增值税(销项税额)　　39 000

③ 根据业务 31 的银行进账单(收款通知)的金额为 324 000 元，收的是业务 29 本月 25 日赊销给华友家具的货款，但少了 15 000 元，根据销售合同，此处为享受了现金折扣。10 天内优惠 5%。

$$折扣金额=300\ 000\times 5\%=15\ 000(元)$$

分录为：

　　借：银行存款　　324 000

　　　　财务费用——现金折扣　　15 000

　　　　贷：应收账款——华友家具　　339 000

具体操作：(由明细账会计完成)

步骤一　审核原始凭证，按照内容合法、形式合法等去考虑，由于本书讲的原始凭证均严格按要求做的，以下该步骤省略。

步骤二　编制记账凭证并审核。如图 8-3～图 8-5 所示。

记　账　凭　证

2020 年 06 月 20 日　　　　记字第　23　号

摘　要	会计科目	明细科目	借方金额											贷方金额											记账
			亿	千万	百万	十	万	千	百	十	元	角	分	亿	千万	百万	十	万	千	百	十	元	角	分	
收到前欠货款	银行存款						2	3	2	0	0	0	0												√
	应收账款	华友家具																2	3	2	0	0	0	0	√
附件　1 张	合　　计					¥	2	3	2	0	0	0	0				¥	2	3	0	0	0	0	0	

会计主管：郑实　记账：孙倩　出纳：黄蓉　复核：郑实　制证：孙倩

图 8-3

记 账 凭 证

2020 年 06 月 25 日　　记字第 29 号

摘要	会计科目	明细科目	借方金额	贷方金额	记账
销售办公桌（椅）	应收账款	华友家具	339000.00		✓
	主营业务收入	办公桌		150000.00	✓
		办公椅		150000.00	✓
	应交税费	增（销）		39000.00	✓
附件 1 张	合计		¥339000.00	¥339000.00	

会计主管：郑实　记账：孙倩　出纳：____　复核：郑实　制证：孙倩

图 8-4

记 账 凭 证

2020 年 06 月 30 日　　记字第 31 号

摘要	会计科目	明细科目	借方金额	贷方金额	记账
收到销货款	银行存款		324000.00		✓
	财务费用	现金折扣	15000.00		✓
	应收账款	华友家具		339000.00	✓
附件 1 张	合计		¥339000.00	¥339000.00	

会计主管：郑实　记账：孙倩　出纳：____　复核：郑实　制证：孙倩

图 8-5

步骤三　登记应收票据——华友家具明细账，并结出余额，其他明细账见相关内容中登记，这里不重复。

步骤四　月末完成对账和结账工作。

应收账款明细账账簿如图 8-6 所示。

应收账款 明细账

二 级 科目 华友家具

2020年 月	日	凭证 种类	号数	摘要	对方科目	借方	贷方	借或贷	余额
6	1			期初余额				借	232000.00
	20	记	23	收到前欠货款			232000.00	平	0
	25	记	29	销售办公桌（椅）		339000.00		借	339000.00
	30	记	31	收到销货款			339000.00	平	0
6	30			本月合计		339000.00	362200.00	平	0

图 8-6

真账实训 6　预付账款

【例 8-4】 审核业务 4、业务 8 和业务 21 经济业务凭证的原始凭证，原始凭证见“7. 5 真账实训——真账实训 1 核算企业概述——5. 企业 2020 年 6 月经济业务的原始凭证”并登记现金日记账。由于本书讲解的是一个月连续业务，业务编号是按顺序进行编制的。

【业务分析】

① 根据业务 4 的转账支票存根的金额 23 900 元，而购买设备是 33 900 元查询期初预付账款——光明公司的余额 10 000 元。说明是冲的前面预付货款 10 000 后的金额 23 900 元。

分录是：

借：固定资产——生产用　30 000
　　应交税费——应交增值税（进项税额）　3 900
　　贷：预付账款——光明公司　10 000
　　　　银行存款　23 900

② 根据业务 8 的购销合同和转账支票存根说明本业务是预付马家岩建材的购货款。分录如下：

借：预付账款——马家岩建材　15 000
　　贷：银行存款　15 000

③ 根据业务 21 的转账支票存根的金额为 18 900 元，而购买材料的价款为 33 900，其差额为 15 000 元，查询业务 8 预付给马家岩建材的 15 000 元，说明是冲销前面的预付款。

分录为：

借：原材料——高密度板　20 000
　　　　——ABC 贴面　10 000
　　应交税费——应交增值税（进项税额）　3 900
　　贷：预付账款——马家岩建材　15 000
银行存款　18 900

具体操作：（由明细账会计完成）

步骤一　审核原始凭证，按照内容合法、形式合法等去考虑，由于本书讲的原始凭证均严格按要求做的，以下该步骤省略。

步骤二　编制记账凭证并审核。如图 8-7~图 8-9 所示。

步骤三　登记预付——光明公司明细账，并结出余额。其他明细账见相关内容中登记，这里不重复。如图 8-10 所示。

步骤四　登记预付——马家岩建材明细账，并结出余额。其他明细账见相关内容中登记，这里不重复。如图 8-11 所示。

步骤五　月末完成对账和结账工作。

记 账 凭 证

2020 年 06 月 03 日　　　　记字第 04 号

摘 要	会计科目	明细科目	借方金额											贷方金额											记账
			亿	千万	百万	十	万	千	百	十	元	角	分	亿	千万	百万	十	万	千	百	十	元	角	分	
购入设备	固定资产	生产用					3	0	0	0	0	0	0												√
	应交税费	增（进）						3	9	0	0	0	0												√
	银行存款																	2	3	9	0	0	0	0	√
	预付账款	光明公司																1	0	0	0	0	0	0	√
附件 3 张	合 计					¥	3	3	9	0	0	0	0				¥	3	3	9	0	0	0	0	

会计主管：郑实　记账：孙倩　出纳：黄荟　复核：郑实　制证：孙倩

图 8-7

记 账 凭 证

2020 年 06 月 08 日　　　　记字第 08 号

摘 要	会计科目	明细科目	借方金额											贷方金额											记账
			亿	千万	百万	十	万	千	百	十	元	角	分	亿	千万	百万	十	万	千	百	十	元	角	分	
预付材料款	预付账款	马家岩建材					1	5	0	0	0	0	0												√
	银行存款																	1	5	0	0	0	0	0	√
附件 2 张	合 计					¥	1	5	0	0	0	0	0				¥	1	5	0	0	0	0	0	

会计主管：郑实　记账：孙倩　出纳：　复核：郑实　制证：孙倩

图 8-8

记 账 凭 证

2020 年 06 月 19 日　　　　记字第 21 号

摘 要	会计科目	明细科目	借方金额											贷方金额											记账
			亿	千万	百万	十	万	千	百	十	元	角	分	亿	千万	百万	十	万	千	百	十	元	角	分	
购入材料	原材料	高密度板					2	0	0	0	0	0	0												√
		ABC 贴面					1	0	0	0	0	0	0												√
	应交税费	增（进）						3	9	0	0	0	0												√
	预付账款	马家岩建材																1	5	0	0	0	0	0	√
	银行存款																	1	8	9	0	0	0	0	
附件 3 张	合 计					¥	3	3	9	0	0	0	0				¥	3	3	9	0	0	0	0	

会计主管：郑实　记账：孙倩　出纳：　复核：郑实　制证：孙倩

图 8-9

预付账款 明细账

二级科目 光明公司

2020年		凭证		摘要	对方科目	借方										贷方										借或贷	余额									
月	日	种类	号数			千	百	十	万	千	百	十	元	角	分	千	百	十	万	千	百	十	元	角	分		千	百	十	万	千	百	十	元	角	分
6	1			期初余额																						借				1	0	0	0	0	0	0
6	3	记	4	购入设备															1	0	0	0	0	0	0	平										0
6	30			本月合计															1	0	0	0	0	0	0	平										0

图 8-10

预付账款 明细账

二级科目马家岩建材

2020年		凭证		摘要	对方科目	借方										贷方										借或贷	余额									
月	日	种类	号数			千	百	十	万	千	百	十	元	角	分	千	百	十	万	千	百	十	元	角	分		千	百	十	万	千	百	十	元	角	分
6	8	记	8	预付材料款					1	5	0	0	0	0	0											借				1	5	0	0	0	0	0
	19	记	21	购入材料															1	5	0	0	0	0	0	平										0
6	30			本月合计					1	5	0	0	0	0	0				1	5	0	0	0	0	0	平										0

图 8-11

真账实训 7 其他应收款

【例 8-5】 审核业务 6、业务 15、业务 17 和业务 24 经济业务凭证的原始凭证，原始凭证见“7. 5 真账实训——真账实训 1 核算企业概述——5. 企业 2020 年 6 月经济业务的原始凭证”并登记现金日记账。由于本书讲解的是一个月连续业务，业务编号是按顺序进行编制的。

【业务分析】

① 根据业务 6 销售部王信同的借款单和现金支票存根的金额 1 500 元，说明是预借差旅费的业务。

分录是：

借：其他应收款——王信同　　1 500

　　贷：银行存款　　1 500

② 根据业务 15 的银行进账单(回单)的内容说明本业务是收到天安保险公司赔款3 000 元，查询期初余额。分录如下：

借：银行存款　　3 000

　　贷：其他应收款——天安保险　　3 000

③ 根据业务 17 的差旅报销单的金额为 1 500 元，查询业务 6 王信同预借的 1 500 元，现报销 1 500 元。

分录为：

　　借：销售费用——差旅费　　1 483. 49

　　　　应交税费——应交增值税(进项税额)　　16. 51

贷：其他应收款——王信同 1 500

根据业务 24 的收款收据，说明是收回职工李平的个人借款 2 000 元，分录是：

借：库存现金 2 000

贷：其他应收款——李平 2 000

具体操作：（由明细账会计完成）

步骤一 审核原始凭证，按照内容合法、形式合法等去考虑，由于本书讲的原始凭证均严格按要求做的，以下该步骤省略。

步骤二 编制记账凭证并审核。如图 8-12～图 8-15 所示。

记 账 凭 证

2020 年 06 月 05 日 记字第 06 号

摘要	会计科目	明细科目	借方金额											贷方金额											记账
			亿	千万	百万	十万	万	千	百	十	元	角	分	亿	千万	百万	十万	万	千	百	十	元	角	分	
预借差旅费	其他应收款	王信同						1	5	0	0	0	0												√
	银行存款																		1	5	0	0	0	0	√
附件 2 张	合计						¥	1	5	0	0	0	0					¥	1	5	0	0	0	0	

会计主管：郑实 记账：孙倩 出纳： 复核：郑实 制证：孙倩

图 8-12

记 账 凭 证

2020 年 06 月 14 日 记字第 15 号

摘要	会计科目	明细科目	借方金额											贷方金额											记账
			亿	千万	百万	十万	万	千	百	十	元	角	分	亿	千万	百万	十万	万	千	百	十	元	角	分	
收到保险赔款	银行存款							3	0	0	0	0	0												√
	其他应收款	天安保险																	3	0	0	0	0	0	√
附件 1 张	合计						¥	3	0	0	0	0	0					¥	3	0	0	0	0	0	

会计主管：郑实 记账：孙倩 出纳：黄蓉 复核：郑实 制证：孙倩

图 8-13

记　账　凭　证

2020 年 06 月 17 日　　　　记字第 17 号

摘　要	会计科目	明细科目	借方金额（亿千万百万十万万千百十元角分）	贷方金额（亿千万百万十万万千百十元角分）	记账
报销差旅费	销售费用	差旅费	148349		√
	应交税费	增（进）	1651		√
	其他应收款	王信同		150000	√
附件 4 张	合　计		¥150000	¥150000	

会计主管：郑实　记账：孙倩　出纳：黄蓉　复核：郑实　制证：孙倩

图 8-14

记　账　凭　证

2020 年 06 月 21 日　　　　记字第 24 号

摘　要	会计科目	明细科目	借方金额（亿千万百万十万万千百十元角分）	贷方金额（亿千万百万十万万千百十元角分）	记账
收回个人借款	库存现金		200000		√
	其他应收款	李平		200000	√
附件 1 张	合　计		¥200000	¥200000	

会计主管：郑实　记账：孙倩　出纳：黄蓉　复核：郑实　制证：孙倩

图 8-15

步骤三　登记其他应收款—天安保险明细账，并结出余额，其他明细账见相关内容中登记，这里不重复。如图 8-16 所示。

其他应收款　明细账

二级科目 天安保险

2020年 月	日	凭证 种类	号数	摘要	对方科目	借方（千百十万千百十元角分）	贷方（千百十万千百十元角分）	借或贷	余额（千百十万千百十元角分）
6	1			期初余额				借	300000
6	14	记	15	收到保险赔款			300000	平	0
6	30			本月合计				平	0

图 8-16

步骤四　登记其他应收款——王信同明细账，并结出余额，其他明细账见相关内容中登记，这里不重复。如图 8-17 所示。

其他应收款 明细账

二级科目 王信同

2020年 月	日	凭证 种类	号数	摘要	对方科目	借方（千百十万千百十元角分）	贷方（千百十万千百十元角分）	借或贷	余额（千百十万千百十元角分）
6	5	记	6	预借差旅费		150000		借	150000
	17	记	17	报销差旅费			150000	平	0
6	30			本月合计		150000	150000	平	0

图 8-17

步骤五　登记其他应收款——李平明细账，并结出余额，其他明细账见相关内容中登记，这里不重复。如图 8-18 所示。

其他应收款 明细账

二级科目 李平

2020年 月	日	凭证 种类	号数	摘要	对方科目	借方（千百十万千百十元角分）	贷方（千百十万千百十元角分）	借或贷	余额（千百十万千百十元角分）
6	1			期初余额				借	200000
	21	记	24	收回个人借款			200000	平	0
6	30			本月合计			200000	平	0
				结转下年					

图 8-18

步骤六　月末完成对账和结账工作。

第九章 流动资产中的短跑运动员“存货”

9.1 存货的概念和范围

9.1.1 存货的概念

1. 存货的概念

存货，是指小企业在日常生产经营过程中持有以备出售的产成品或商品、处在生产过程中的在产品、将在生产过程或提供劳务过程中耗用的材料和物料等，以及小企业(农、林、牧、渔业)为出售而持有的，或在将来收获为农产品的消耗性生物资产。

2. 存货的特点

① 一般为有形动产；

② 具有流动性；

③ 具有获利性和潜在损的可能性；

④ 一般随实物转移而一次性转移，而且实物转移与价值转移存在着不一致。

9.1.2 存货的范围

小企业的存货包括原材料、在产品、半成品、产成品、商品、周转材料、委托加工物资、消耗性生物资产等。

① 原材料，是指小企业在生产过程中经加工改变其形态或性质并构成产品主要实体的各种原料及主要材料、辅助材料、外购半成品(外购件)、修理用备件(备品备件)、包装材料、燃料等。

② 在产品，是指小企业正在制造尚未完工的产品。包括：正在各个生产工序加工的产品，以及已加工完毕但尚未检验或已检验但尚未办理入库手续的产品。

③ 半成品，是指小企业经过一定生产过程并已检验合格交付半成品仓库保管，但尚未制造完工成为产成品，仍需进一步加工的中间产品。

④ 产成品，是指小企业已经完成全部生产过程并已验收入库，符合标准规格和技术条件，可以按照合同规定的条件送交订货单位，或者可以作为商品对外销售的产品。

⑤ 商品，是指小企业(批发业、零售业)外购或委托加工完成并已验收入库用于销售的各种商品。

⑥ 周转材料，是指小企业能够多次使用、逐渐转移其价值但仍保持原有形态且不确认为固定资产的材料。包括：包装物、低值易耗品、小企业(建筑业)的钢模板、木模板、脚手架等。

⑦ 委托加工物资，是指小企业委托外单位加工的各种材料、商品等物资。

⑧ 消耗性生物资产，是指小企业(农、林、牧、渔业)生长中的大田作物、蔬菜、用材林以及存栏待售的牲畜等。

9.2 存货的计量方法

9.2.1 收入存货的计价方法

1. 实际成本法

① 外购存货的成本包括：购买价款、相关税费、运输费、装卸费、保险费以及在外购存货过程发生的其他直接费用，但不含按照税法规定可以抵扣的增值税进项税额。

② 通过进一步加工取得存货的成本包括：直接材料、直接人工以及按照一定方法分配的制造费用。经过1年期以上的制造才能达到预定可销售状态的存货发生的借款费用，也计入存货的成本。前款所称借款费用，是指小企业因借款而发生的利息及其他相关成本。包括：借款利息、辅助费用以及因外币借款而发生的汇兑差额等。

③ 投资者投入存货的成本，应当按照评估价值确定。

④ 提供劳务的成本包括：与劳务提供直接相关的人工费、材料费和应分摊的间接费用。

⑤ 自行栽培、营造、繁殖或养殖的消耗性生物资产的成本，应当按照下列规定确定：

1) 自行栽培的大田作物和蔬菜的成本包括：在收获前耗用的种子、肥料、农药等材料费、人工费和应分摊的间接费用。

2) 自行营造的林木类消耗性生物资产的成本包括：郁闭前发生的造林费、抚育费、营林设施费、良种试验费、调查设计费和应分摊的间接费用。

3) 自行繁殖的育肥畜的成本包括：出售前发生的饲料费、人工费和应分摊的间接费用。

4) 水产养殖的动物和植物的成本包括：在出售或入库前耗用的苗种、饲料、肥料等材料费、人工费和应分摊的间接费用。

2. 计划成本法

① 以下以原材料的核算为例进行说明，库存商品和周转材料类似。

小企业采用计划成本进行原材料日常核算时，日常领用、发出原材料均按照计划成本记账；月末，计算本月领用、发出材料应负担的成本差异并进行分摊，根据领用材料的用途计入生产成本或者当期损益，从而将发出材料的计划成本调整为实际成本。

② 结转发出材料应负担的材料成本差异。

a. 按实际成本大于计划成本的差异做如下分录：

借：生产成本

制造费用

管理费用

销售费用

委托加工物资

其他业务成本

贷：材料成本差异

b. 实际成本小于计划成本的差异作红字会计分录。

借：生产成本

制造费用

管理费用

销售费用

委托加工物资

其他业务成本

贷：材料成本差异

发出材料应负担的成本差异应当按月分摊，不得在季末或年末一次计算。发出材料应负担的成本差异，除委托外部加工发出材料可按照月初成本差异率计算外，应使用本月的实际差异率；月初成本差异率与本月成本差异率相差不大的，也可按照月初成本差异率计算。计算方法一经确定，不得随意变更。

③ 材料成本差异率的计算公式如下：

本月材料成本差异率＝(月初结存材料的成本差异+本月验收入库材料的成本差异)÷(月初结存材料的计划成本+本月验收入库材料的计划成本)×100%

月初材料成本差异率＝月初结存材料的成本差异÷月初结存材料的计划成本×100%

发出材料应负担的成本差异＝发出材料的计划成本×材料成本差异率

3. 售价金额核算法

(1) 概念

售价金额核算法，是指平时商品的购入、加工收回、销售均按售价记账，售价与进价的差额通过“商品进销差价”科目核算，月末计算进销差价率和本期已销售商品应分摊的进销差价，并据以调整本月销售成本的一种方法。

(2) 结算公式

商品进销差价率＝月末分摊前“商品进销差价”科目的贷方余额÷(“库存商品”科目月末借方余额+本月“主营业务收入”科目贷方发生额)×100%

本月销售商品应分摊的商品进销差价＝本月“主营业务收入”科目贷方发生额×商品进销差价率

本月销售商品的成本＝本月“主营业务收入”科目贷方发生额－本月销售商品应分摊的商品进销差价

月末结存商品应分摊的商品进销差价＝“库存商品”科目月末借方发生额×商品进销差价率

月末结存商品的成本＝“库存商品”科目月末借方余额－月末结存商品应分摊的商品进销差价

小企业的商品进销差价率各月之间比较均衡的，也可以采用上月商品进销差价率分摊本月的商品进销差价。年度终了，应对商品进销差价进行核实调整。

对于从事商业零售业务的小企业（如百货公司、超市等），由于经营的商品种类、品种、规格等繁多，而且要求按商品零售价格标价，采用其他成本计算结转方法均较困难，因此广泛采用这一方法。

（3）会计分录

月末分摊已销商品的进销差价

借：商品进销差价

贷：主营业务成本

9.2.2 发出存货的计价方法

1. 发出存货成本的方法

小企业可以用于确定发出存货成本的方法只有三种：分别是先进先出法、加权平均法和个别计价法。其中，加权平均法还可进一步分为移动加权平均法和月末一次加权平均法。从这个意义上讲，小企业在确定发出存货成本时可使用的方法有四种。

2. 先进先出法

（1）概念

先进先出法，是指以先购入的存货应先发出（销售或耗用）这样一种存货实物流动假设为前提，对发出存货进行计价的一种方法。采用这种方法，先购入的存货成本在后购入存货成本之前转出，据此确定发出存货和期末存货的成本。

（2）具体方法

收入存货时，逐笔登记收入存货的数量、单价和金额；发出存货时，按照“先进先出”的原则逐笔登记存货的发出成本和结存金额。

（3）优缺点

先进先出法可以随时结转存货发出成本，但较烦琐；如果存货收发业务较多且存货单价不稳定时，其工作量较大。

3. 移动加权平均法

（1）概念

移动加权平均法，是指以每次进货的成本加上原有库存存货的成本，除以每次进货数量与原有库存存货的数量之和，据以计算加权平均单位成本，作为在下次进货前计算各次发出存货成本的依据。

（2）计算公式

存货单位成本=(原有存货的实际成本+本次进货的实际成本)÷(原有库存存货数量+本次进货数量)

本次发出存货的成本=本次发出存货数量×本次发货前存货的单位成本

本月月末库存存货成本=月末库存存货的数量×本月月末存货单位成本

（3）优缺点

采用移动加权平均法能够使小企业及时了解存货的结存情况，计算的平均单位成本以及发出和结存的存货成本比较客观。但由于每次收货都要计算一次平均单价，计算工作量较大，对收发货较频繁的小企业不适用。

4. 月末一次加权平均法

（1）概念

月末一次加权平均法，是指以当月全部进货数量加上月初存货数量作为权数，去除当月全部进货成本加上月初存货成本，计算出存货的加权平均单位成本，以此为基础计算当月发出存货的成本和期末存货的成本的一种方法。

（2）计算公式

存货单位成本=(月初库存存货实际成本+本月各次进货的实际成本之和)÷(月初库存存货的数量+本月各次进货数量之和)

本月发出存货的成本=本月发出存货的数量×存货单位成本

本月月末库存存货成本=月末库存存货的数量×存货单位成本

或：本月月末库存存货成本=月初库存存货的实际成本+本月收入存货的实际成本-本月发出存货的实际成本

（3）优缺点

采用月末一次加权平均法只在月末一次计算加权平均单价，比较简单，有利于简化成本计算工作，但由于平时无法从账上提供发出和结存存货的单价及金额，因此不利于存货成本的日常管理与控制。

5. 个别计价法

个别计价法，亦称个别认定法、具体辨认法、分批实际法，其特征是注重所发出存货具体项目的实物流转与成本流转之间的联系，逐一辨认各批发出存货和期末存货所属的购进批别或生产批别，分别按其购入或生产时所确定的单位成本计算各批发出存货和期末存货的成本。即把每一种存货的实际成本作为计算发出存货成本和期末存货成本的基础。

对于不能替代使用的存货、为特定项目专门购入或制造的存货以及提供的劳务，通常采用个别计价法确定发出存货的成本。

在实际工作中，越来越多的小企业采用计算机信息系统进行会计处理，个别计价法可以广泛应用于发出存货的计价，并且个别计价法确定的存货成本最为准确。

9.2.3 产品成本的计算方法

小企业在进行产品成本计算时，应当根据其生产经营特点、生产经营组织类型和成本管理要求，确定成本计算方法。成本计算方法主要有品种法、分批法和分步法三种。另外介绍一下完工产品和在产品分配的约当产量法。

1. 品种法

（1）品种法概述

品种法，是指以产品品种作为成本核算对象，归集和分配生产成本，计算产品成本的一种方法。这种方法适用于单步骤、大量生产的小企业，如供水、采掘等小企业。在这种类型的生产中，产品的生产技术过程不能从技术上划分步骤，比如，企业或车间的规模较小，或者车间是封闭的，也就是从材料投入到产品产出的全部生产过程都是在一个车间内进行的，或者生产按流水线组织，管理上不要求按照生产步骤计算产品成本，都可以按照品种计算产品成本。

（2）品种法计算成本的主要特点

① 是成本核算对象是产品品种。如果企业只生产一种产品，全部生产成本都是直接成本，可直接计入该产品生产成本明细账的有关成本项目中，不存在在各种成本核算对象之间分配成本的问题。如果生产多种产品，间接生产成本则要采用适当的方法，在各成本核算对象之间进行分配；

② 是品种法下一般定期(每月月末)计算产品成本；

③ 是如果企业月末有在产品，要将生产成本在完工产品和在产品之间进行分配。

2. 分批法

（1）分批法概述

分批法，是指以产品的批别作为产品成本核算对象，归集和分配生产成本，计算产品成本的一种方法。这种方法主要适用于单件、小批生产的小企业，如造船、重型机器制造、精密仪器制造等，也可用于一般企业中的新产品试制或试验的生产、在建工程以及设备修理作业等。

（2）分批法计算成本的主要特点

① 是成本核算对象是产品的批别。由于产品的批别大多是根据销货订单确定的，因此，这种方法又称订单法。成本核算对象是购买者事先定货或企业规定的产品批别；

② 是产品成本的计算是与生产任务通知单的签发和结束紧密配合的，因此产品成本计算是不定期的。成本计算期与产品生产周期基本一致，但与财务报告期不一致；

③ 是由于成本计算期与产品的生产周期基本一致，因此在计算月末在产品成本时，一般不存在在完工产品和在产品之间分配成本的问题。

3. 分步法

（1）分步法概述

分步法，是指以生产过程中各个加工步骤(分品种)为成本核算对象，归集和分配生产成本，计算各步骤半成品和最后产成品成本的一种方法。这种方法适用于大量大批的多步骤生产，如冶金、纺织、机械制造等。在这类小企业中，产品生产可以分为若干个生产步骤的成本管理，通常不仅要求按照产品品种计算成本，而且还要求按照生产步骤计算成本，以便为考核和分析各种产品及各生产步骤成本计划的执行情况提供资料。

（2）分步法计算成本的主要特点

① 是成本核算对象是各种产品的生产步骤；

② 是月末为计算完工产品成本，还需要将归集在生产成本明细账中的生产成本在完工产品和在产品之间进行分配；

③ 是除了按品种计算和结转产品成本外，还需要计算和结转产品的各步骤成本。其成本核算对象是各种产品及其所经过的各个加工步骤。如果小企业只生产一种产品，则成本核算对象就是该种产品及其所经过的各个生产步骤。其成本计算期是固定的，与产品的生产周期不一致。

4. 约当产量法

采用约当产量法，应将月末在产品数量按其完工程度折算为相当于完工产品的产量，即约当产量，然后将产品应负担的全部成本按照完工产品产量与月末在产品约当产量的比例分配计算完工产品成本和月末在产品成本。这种方法适用产品数量较多，各月在产品数量变化也较大，且生产成本中直接材料成本和直接人工等加工成本的比重相差不大的产品。

需要说明的是，在很多加工生产中，材料是在生产开始时一次投入的。这时，在产品无论完工程度如何，都应和完工产品负担同样的材料成本。如果材料是随着生产过程陆续投入的，则应按照各工序投入的材料成本在全部材料成本中所占的比例计算在产品的约当产量。

9.3 存货的核算

9.3.1 取得存货的核算

1. 取得存货成本的确定

① 外购存货的成本。

外购存货的成本包括：购买价款、相关税费、运输费、装卸费、保险费以及在外购存货过程发生的其他直接费用，但不含按照税法规定可以抵扣的增值税进项税额。

小企业(批发业、零售业)在购买商品过程中发生的运输费、装卸费、包装费、保险费、运输途中的合理损耗和入库前的挑选整理费等，直接计入当期销售费用核算，不计入存货成本。

② 通过进一步加工取得存货的成本。

包括：直接材料、直接人工以及按照一定方法分配的制造费用。

经过1年期以上的制造才能达到预定可销售状态的存货发生的借款费用，也计入存货的成本。

③ 投资者投入存货的成本，应当按照评估价值确定。

④ 提供劳务的成本包括与劳务提供直接相关的人工费、材料费和应分摊的间接费用。

⑤ 消耗性生物资产的成本。

消耗性生物资产的成本应当按照下列规定确定：

a. 自行栽培的大田作物和蔬菜的成本包括：在收获前耗用的种子、肥料、农药等材料费，人工费和应分摊的间接费用。

b. 自行营造的林木类消耗性生物资产的成本包括：郁闭前发生的造林费、抚育费、营林设施费、良种试验费、调查设计费和应分摊的间接费用。

c. 自行繁殖的育肥畜的成本包括：出售前发生的饲料费、人工费和应分摊的间接费用。

d. 水产养殖的动物和植物的成本包括：在出售或入库前耗用的苗种、饲料、肥料等材料费，人工费和应分摊的间接费用。

⑥ 盘盈存货的成本，应当按照同类或类似存货的市场价格或评估价值确定。

2. 外购存货的核算

(1) 收料付款

借：原材料、周转材料、库存商品
　　应交税费——应交增值税(进项税额)
　　贷：银行存款(库存现金、其他货币资金)
　　　　预付账款
　　　　财务费用(享受的现金折扣)

(2) 收料未付款

借：原材料(周转材料、库存商品)
　　应交税费——应交增值税(进项税额)
贷：应付账款(应付票据)

(3) 付款料未到

借：在途物资(或材料采购)
　　应交税费——应交增值税(进项税额)
　　贷：银行存款(库存现金、其他货币资金)
　　　　预付账款
　　　　财务费用(享受的现金折扣)

待货物验收入库时：

借：原材料、周转材料、库存商品
　　贷：在途物资(材料采购)

(4)暂估入账

月末，如果企业收到材料或者商品，但有关的结算凭证尚未取得，企业应先暂估入账：

借：原材料、周转材料、库存商品

　　贷：应付账款——暂估应付款

注：全面反映企业资产，避免存货期末出现红数，下月初应红字冲销。

借：原材料、周转材料、库存商品　（红色数字）

　　贷：应付账款——暂估应付账款　（红色数字）

（5）购货过程中发生短缺毁损

① 如能明确为购货方少发货或运输单位事故所致，账务处理为：

借：应付账款——供货方

　　其他应收款——运输方

　　应交税费——应交增值税(进项税额)

　　贷：在途物资

② 如需查明原因：

借：待处理财产损溢——待处理流动资产损溢

　　贷：在途物资

2. 自制材料、产品

① 成本构成：采购成本+加工成本，包括直接材料、直接人工、制造费用；

② 下列费用应当在发生时计入当期损益，而不计入存货成本：

a. 非正常消耗的直接材料、直接人工和制造费用；

b. 仓储费用(不包括在生产过程中为达到下一个生产阶段所必需的费用)；

c. 不能归属于使存货达到目前场所和状态的其他支出。

③ 账务处理：

借：生产成本(投入成本时)

　　贷：原材料

　　　　应付职工薪酬

　　　　制造费用

借：原材料、库存商品、周转材料(成品验收时)

　　贷：生产成本

3. 委托加工物资

（1）委托加工物资概述

委托加工物资，是指小企业委托外单位加工的各种材料、商品等物资。

委托加工物资的实际成本包括：①加工中实际耗用的物资成本；②支付的加工费；③支付的加工物资应负担的运杂费；④按规定应计入成本的税金。

小企业应设置“委托加工物资”科目核算委托加工物资的实际成本，并按加工合同和受托加工单位以及加工物资的品种等进行明细核算。

（2）主要账务处理

① 发出材料：

借：委托加工物资——×单位

　　贷：原材料

② 支付加工费及税金：

借：委托加工物资（包括收回后用于直接销售的消费税）

　　应交税费——应交增值税（进项税额）

　　　　　　——应交消费税（用于连续生产时可以抵扣）

　　贷：银行存款（应付账款）

③ 支付往返运费：

借：委托加工物资——×单位

　　应交税费——应交增值税（进项税额）

　　贷：库存现金、银行存款、应付账款

④ 收回完工加工物资：

借：原材料、周转材料库存商品等

　　贷：委托加工物资

【例 9-1】 2020 年 5 月 18 日，甲公司委托某企业加工材料一批（属于应税消费品，消费税税率 10%），发出的原料及主要材料成本为 50 000 元。6 月 28 日支付加工费，取得的增值税专用发票上注明的加工费为 40 000 元，增值税税额为 5200 元。6 月 30 日，收到委托加工完成的材料，并验收入库。

甲公司应做如下会计处理：

① 5 月 18 日，发出原料及主要材料时：

借：委托加工物资——某企业	50 000	
贷：原材料		50 000

② 6 月 28 日，支付加工费用时：

消费税组成计税价格 =（50 000+40 000）/（1-10%）= 100 000（元）

受托方代收代缴的消费税 = 100 000×10% = 10 000

a. 如果收回加工后的材料用于连续生产应税消费品：

借：委托加工物资	40 000	
应交税费——应交增值税（进项税额）	5200	
——应交消费税	10 000	
贷：银行存款		55200

b. 如果收回加工后的材料直接用于销售：

借：委托加工物资——某企业	50 000	
应交税费——应交增值税（进项税额）	5200	
贷：银行存款		55200

③ 6 月 30 日，加工完成收回委托加工材料时：

a. 如果收回加工后的材料用于连续生产应税消费品：

借：原材料　　90 000

　　贷：委托加工物资——某企业　　90 000

b. 如果收回加工后的材料直接用于销售：

借：原材料　　100 000

　　贷：委托加工物资　　100 000

4. 接受投资

借：原材料(周转材料、库存商品)

　　应交税费——应交增值税(进项税额)

　　贷：资本公积

　　贷：实收资本

5. 周转材料

(1) 周转材料概述

小企业库存的周转材料包括：包装物、低值易耗品，以及小企业(建筑业)的钢模板、木模板、脚手架等。

小企业应设置“周转材料”科目核算库存的周转材料的实际成本或计划成本。该科目应按照周转材料的种类，分别“在库”“在用”和“摊销”进行明细核算。

小企业的包装物、低值易耗品，也可以单独设置“1412 包装物”“1413 低值易耗品”科目。包装物数量不多的小企业，也可以不设置“周转材料”科目，将包装物并入“原材料”核算。

各种包装材料，如纸、绳、铁丝、铁皮等，应在“原材料”科目内核算；用于储存和保管产品、材料而不对外出售的包装物，应按照价值大小和使用年限长短，分别在“固定资产”科目或“周转材料”科目核算。

(2) 发出周转材料的账务处理

① 生产、施工领用周转材料，通常采用一次转销法：借记“生产成本”“管理费用”“工程施工”等科目，贷记“周转材料”科目；金额较大，也可以采用分次摊销法。

② 随同产品出售但不单独计价的包装物，借记“销售费用”科目，贷记“周转材料”科目。

③ 随同产品出售并单独计价的包装物，借记“其他业务成本”科目，贷记“周转材料”科目。

(3) 出租或出借周转材料的核算

小企业出租或出借周转材料，不需要结转其成本，但应当进行备查登记，并对其收到的租金和押金进行会计处理。

确认出租包装物的租金收入，借记“其他应收款”等科目，贷记“营业外收入”科目。

① 收到出租或出借包装物的押金：

借记“库存现金”“银行存款”等科目，贷记“其他应付款”科目，退回押金做相反会计处理。

② 确认逾期未退包装物押金收益：

借记“其他应付款”等科目，贷记“营业外收入”科目。涉及增值税销项税额的，还应进行相应的账务处理。

6. 消耗性生物资产

(1) 消耗性生物资产概述

消耗性生物资产，是指小企业(农、林、牧、渔业)为出售而持有的或在将来收获为农产品的生物资产，包括生长中的大田作物、蔬菜、绿化苗木、用材林以及存栏待售的牲畜等。

小企业持有的消耗性生物资产，其成本的确定方法如下：

① 外购消耗性生物资产，按照购买价款、相关税费、运输费、装卸费、保险费以及在外购过程中发生的其他直接费用，作为实际成本。

② 自行栽培、营造、繁殖或养殖的消耗性生物资产的成本：

a. 自行栽培的大田作物和蔬菜的成本包括：在收获前耗用的种子、肥料、农药等材料费，人工费和应分摊的间接费用。

b. 自行营造的林木类消耗性生物资产的成本包括：郁闭前发生的造林费、抚育费、营林设施费、良种试验费、调查设计费和应分摊的间接费用。

c. 自行繁殖的育肥畜的成本包括：出售前发生的饲料费、人工费和应分摊的间接费用。

d. 水产养殖的动物和植物的成本包括：在出售或入库前耗用的苗种、饲料、肥料等材料费，人工费和应分摊的间接费用。

(2) 消耗性生物资产的账务处理

① 外购的消耗性生物资产。

按照应计入消耗性生物资产成本的金额，借记“消耗性生物资产”科目，贷记“银行存款”“应付账款”等科目。

② 自行栽培的大田作物和蔬菜。

应按照收获前发生的必要支出，借记“消耗性生物资产”科目，贷记“银行存款”等科目。

自行营造的林木类消耗性生物资产，应按照郁闭前发生的必要支出，借记“消耗性生物资产”科目，贷记“银行存款”等科目。

自行繁殖的育肥畜、水产养殖的动植物，应按照出售前发生的必要支出，借记“消耗性生物资产”科目，贷记“银行存款”等科目。

③ 产畜或役畜淘汰转为育肥畜的。

借：消耗性生物资产(转群时的账面价值)

　　生产性生物资产累计折旧(已计提的累计折旧)

　　贷：生产性生物资产(账面余额)

育肥畜转为产畜或役畜的，应按照其账面余额，借记“生产性生物资产”科目，贷记“消耗性生物资产”科目。

④ 择伐、间伐或抚育更新性质采伐而补植林木类消耗性生物资产发生的后续支出：
借：消耗性生物资产
　　贷：银行存款等
林木类消耗性生物资产达到郁闭后发生的管护费用等后续支出
借：管理费用
　　贷：银行存款等
⑤ 农业生产过程中发生的应归属于消耗性生物资产的费用：
借：消耗性生物资产(应分配的金额)
　　贷：生产成本
⑥ 消耗性生物资产收获为农产品：
借：农产品
　　贷：消耗性生物资产(按其账面余额)
⑦ 出售消耗性生物资产：
借：银行存款等科目(实际收到的金额)
　　贷：主营业务收入等科目
借：主营业务成本等科目(按其账面余额)
　　贷：消耗性生物资产

9.3.2 发出存货的核算

1. 存货发出的账务处理

(1) 材料发出核算

① 原材料的发出。
借：生产成本——基本生产成本
　　　　　　——辅助生产成本
　　制造费用(管理费用、委托加工物资、销售费用、其他业务成本、在建工程、研发支出、营业外支出……)
贷：原材料
应交税费——应交增值税(进项税额转出)
　　　　——应交增值税(销项税额)

② 周转材料的发出。

a. 一次摊销法
借：生产成本
　　制造费用
　　管理费用
　　销售费用
　　其他业务成本
　　工程施工

贷：周转材料

b. 分次摊销法

借：周转材料（在用）

贷：周转材料（在库）

按照使用次数摊销时，应按照其摊销额：

借：生产成本、管理费用、工程施工等

贷：周转材料（摊销）

2. 产品商品发出

（1）销售发出（含作为福利发放给职工部分）

确认销售收入，并结转销售成本：

借：主营业务成本

贷：库存商品

（2）非销售发出

借：在建工程

管理费用

营业外支出

长期股权投资

贷：库存商品

应交税费——应交增值税（销项税额）

9.4 原材料按实际成本计价的核算

小企业原材料的日常核算，包括原料及主要材料、辅助材料、外购半成品（外购件）、修理用备件（备品备件）、包装材料、燃料等的核算。会计实务中，原材料的日常核算有两种方法：按实际成本计价核算和按计划成本计价核算。企业可根据实际情况，自行确定核算方法。

原材料按实际成本计价核算，是指从原材料的收发凭证到总分类账、明细分类账，全部按实际成本计价。常用的会计科目有“在途物资”“原材料”等科目。

1. 取得材料的核算

（1）外购原材料的核算

小企业外购材料，应当按照发票账单所列购买价款、相关税费、运输费、装卸费、保险费以及在外购材料过程发生的其他直接费用，

借：在途物资或原材料

应交税费——应交增值税（进项税额）

贷：银行存款、预付账款、应付账款等科目

材料已经收到、但尚未办理结算手续的，可暂不做会计分录；待办理结算手续后，再

根据所付金额或发票账单的应付金额。

借：在途物资

　　贷：银行存款等科目。

应向供应单位、外部运输机构等收回的材料短缺或其他应冲减材料的赔偿款项，应根据有关的索赔凭证。

借：应付账款(其他应收款科目)

　　贷：在途物资

因自然灾害等发生的损失和尚待查明原因的途中损耗，先记入“待处理财产损溢”科目，查明原因后再做处理。

月末，应将仓库转来的外购材料收料凭证，分别根据下列不同情况进行汇总：

① 对于收到发票账单的收料凭证(包括本月付款或开出、承兑商业汇票的上月收料凭证)，应当按照汇总金额：

借：原材料

　　贷：在途物资

② 对于尚未收到发票账单的收料凭证，应按照估计金额暂估入账：

借：原材料

　　贷：应付账款——暂估应付账款

下月初用红字做同样的会计分录予以冲回，以便下月收到发票账单等结算凭证时，按照正常程序进行账务处理。

【例 1】 甲公司从乙公司购入材料一批，取得的增值税专用发票上注明材料价款为 10 000元，增值税税额为 1300 元，另支付运费 1 000 元(运费的增值税扣除率为 9%)。款项已通过银行转账支付，材料尚未验收入库。则甲公司应做如下会计处理：

借：在途物资	10 910	
应交税费——应交增值税(进项税额)	1 390	
贷：银行存款		12300

月末，材料到达验收入库，根据仓库转来的外购材料收料凭证：

借：原材料	10 910	
贷：在途物		10 910

【例 2】 甲公司 2020 年 5 月 20 从乙公司购入材料一批，已验收入库，但月末发票账单等结算凭证未到，货款尚未支付。该批材料合同价格为 50 000 元。2020 年 6 月 5 日收到发票账单等结算凭证，以银行存款支付材料价款 50 000 元，增值税税额 6 500 元。根据上述资料，甲公司应做如下会计处理：

2020 年 5 月末按合同价格暂估入账时：

借：原材料	50 000	
贷：应付账款——暂估应付账款		50 000

2020 年 6 月初用红字做相同会计分录予以冲销：

借：原材料	[50 000]	

贷：应付账款——暂估应付账款 50 000

2020 年 6 月 5 日支付材料价款时：

借：原材料 50 000

应交税费——应交增值税(进项税额) 6 500

贷：银行存款 56 500

【例 3】 甲公司 2020 年 6 月 10 日外购材料一批，每公斤 100 元，数量 500 公斤，增值税税率 13%，款项已用银行存款支付。6 月 28 日该批材料运达企业，验收时发现短缺 10 公斤，经查明短缺系运输单位责任，经协商，其同意赔偿。则甲公司应做如下会计处理：

借：在途物资 50 000

应交税费——应交增值税(进项税额) 6 500

贷：银行存款 56500

借：其他应收款——运输公司 1 130

贷：在途物资 1 000

应交税费——应交增值税(进项税额转出) 130

（2）自制原材料的核算

小企业自制并已验收入库的材料，按照实际成本，借记“原材料”科目，贷记“生产成本”科目。

【例 4】 甲公司 2020 年 6 月 10 日自制的丁种材料验收入库，生产过程中发生的实际成本为 2100 元。则甲公司应做如下会计处理：

借：原材料——7-材料 2 100

贷：生产成本 2 100

（3）投资者投入原材料的核算

小企业取得投资者投入的原材料，应当按照评估价值，借记“原材料”科目，按照其在注册资本中所占的份额，贷记“实收资本”科目，按照其差额，贷记“资本公积”科目。涉及增值税进项税额的，还应借记“应交税费——应交增值税(进项税额)”科目。

【例 5】 甲公司 2020 年 6 月 18 日接受安理公司投入的原材料一批，该原材料评估价值为 200 000 元，取得的增值税专用发票上注明的增值税税额为 26 000 元。该批原材料占永安公司注册资金的 15%。假设甲公司注册资金为 1 000 000 元，则应做如下会计处理：

借：原材料 200 000

应交税费——应交增值税(进项税额) 26 000

贷：实收资本 150 000

资本公积 76 000

2. 发出材料的核算

小企业的各种材料是分批购进的，而每次购进材料的单价往往不同。因此，在每次发出材料时，需要确定按哪一批材料的单价计价。小企业发出材料的实际成本，可以采用先进先出法、加权平均法、个别计价法等方法计算确定。材料计价方法一经确定，不得随意变更。

（1）生产经营领用材料的核算

小企业生产经营领用材料，应根据领用材料的用途按实际成本，借记“生产成本”“制造费用”“销售费用”“管理费用”等科目，贷记“原材料”科目；小企业发出委托外单位加工的原材料，按实际成本，借记“委托加工物资”科目，贷记“原材料”科目。在实际工作中，为了简化核算工作期末，根据分类汇总的发料凭证编制“发料凭证汇总表”，据以进行材料发出的核算。

【例6】 永安公司2020年6月份共领用材料80 000元，其中产品生产领用60 000元，车间一般领用7 000元、管理部门领用10 000元、销售部门领用3 000元。永安公司应做如下会计处理：

借：生产成本　60 000
　　制造费用　7 000
　　管理费用　10 000
　　销售费用　3 000
　　贷：原材料　80 000

（2）出售材料的核算

小企业按确认的销售材料收入

借：银行存款、其他应收款等科目
　　贷：其他业务收入
　　应交税费——应交增值税（销项税额）

出售材料结转成本，按照实际成本

借：其他业务成本
　　贷：原材料

【例7】 甲公司2020年6月5日出售给其他单位材料一批。该批材料的实际成本为20 000元，开出的增值税专用发票上注明的价格为30 000元，增值税税额为3900元，款项已存入银行。则甲公司应做如下会计处理：

收到出售材料价款时：

借：银行存款　33900
　　贷：其他业务收入——材料销售　30 000
　　　　应交税费——应交增值税（销项税额）　3900

月末，结转销售材料成本时：

借：其他业务成本　20 000
　　贷：原材料　20 000

9.5 存货清查的核算

1. 概述

为了确保账实相符，企业应定期或不定期进行存货盘点。发生存货盘盈、盘亏及毁损时，应及时查明原因，并进行账务处理，以保证账实相符。

存货清查结果的会计处理分为两个步骤：

第一步，根据“存货盘点盈亏表”，按盘盈或盘亏、毁损存货的实际成本调整存货的账面价值，使存货账实相符。将其计入“待处理财产损溢”账户，报送有关部门批示。

第二步，经有关部门批示后，根据不同原因及处理结果，将“待处理财产损溢”分别结转到不同账户，以落实经济责任。

2. 存货盘盈

（1）盘盈时

借：原材料、周转材料

　　库存商品

　　贷：待处理财产损溢——待处理流动资产损溢

（2）经批准按规定处理时

借：待处理财产损溢——待处理流动资产损溢

　　贷：营业外收入

3. 存货盘亏

（1）盘亏时

借：待处理财产损溢——待处理流动资产损溢

　　贷：原材料　周转材料　库存商品

　　　　应交税费——应交增值税(进项税额转出)

（2）经批准按规定处理转销

借：原材料(残料)

　　其他应收款——(保险公司或过失人应赔款)

　　营业外支出——存货盘亏损失(差额)

　　贷：待处理财产损溢—待处理流动资产损溢

9.5 生产成本的核算

9.5.1 生产成本概述

1. 生产成本概述

产品成本是小企业一定时期内为生产一定产品所支出的生产费用。产品成本核算是对生产经营过程中实际发生的各种成本进行计算、归集和分配的过程。产品成本核算合理、准确与否直接关系到小企业的生存和发展，是小企业一项极其重要的会计事项。因此，本准则对此事项的会计处理进行了规范，并相对于企业会计准则进行了适当简化。

2. 生产成本的构成

小企业的生产成本由直接费用和间接费用两部分构成，其中，直接费用包括材料费、人工费，间接费用包括制造费用。

9.5.2 生产成本核算

1. 生产成本核算的一般程序

小企业产品成本核算工作的核心在于生产成本的归集与分配，包括各要素费用的归集和分配，以及生产成本在完工产品和在产品之间的归集和分配。因此，小企业进行生产成本核算时，一般应遵循下列程序：

① 根据生产特点和成本管理的要求，确定成本核算对象。

② 确定成本项目。小企业计算产品生产成本，一般应当设置直接材料、燃料和动力、直接人工、制造费用四个成本项目。

③ 设置有关成本明细账。如生产成本明细账、制造费用明细账、产成品和自制半成品明细账等。

④ 收集确定各种产品的生产量、入库量、在产品盘存量以及材料、工时、动力消耗等，并对所有已发生成本进行审核。

⑤ 归集所发生的全部成本，并按照确定的成本核算对象，采用合理的成本计算方法予以分配，按照成本项目计算各种产品的在产品成本、产成品成本和单位成本。

⑥ 结转产品销售成本。

2. 确定成本核算对象

① 小企业应当根据生产特点和成本管理的要求，选择适合于本企业的成本核算对象、成本项目和成本计算方法。

成本核算对象，是指确定归集和分配生产成本的具体对象。成本计算对象的确定，是设立成本明细分类账户，归集和分配生产成本以及正确计算成本的前提。具体的成本核算对象主要应根据企业生产的特点加以确定，同时还应考虑成本管理上的要求。

② 由于产品工艺、生产方式、成本管理等要求不同，产品项目不等于成本核算对象。一般情况下，对小企业（工业）而言，生产一种或几种产品的，以产品品种为成本核算对象；分批、单件生产的产品，以每批或每件产品为成本核算对象；多步骤连续加工的产品，以每种产品及各生产步骤为成本核算对象；产品规格繁多的，可将产品结构、耗用原材料和工艺过程基本相同的各种产品，适当合并作为成本核算对象。

③ 成本核算对象确定后，各种会计、技术资料的归集应当与此一致，一般不应中途变更，以免造成成本核算不实、经济责任不清的弊端。成本核算对象的确定，有利于细化项目成本核算和考核成本管理绩效。

3. 确定产品成本项目并进行归集

为具体反映计入产品的生产成本的各种用途，还应将其进一步划分为若干个项目，即产品生产成本项目，简称“产品成本项目”或“成本项目”。设置成本项目可以反映产品成本的构成情况，满足成本管理的目的和要求，有利于了解企业生产成本的经济用途，便于企业分析和考核产品成本计划的执行情况。

成本项目的设置应根据管理上的要求确定，对于小企业(工业)而言，一般可设置“直接材料”“燃料和动力”“直接人工”和“制造费用”等成本项目。

(1) 直接材料

直接材料，是指小企业在生产产品过程中实际消耗的、直接用于产品生产、构成产品实体的原材料、辅助材料、备品配件、外购半成品、周转材料(包装物、低值易耗品)和材料在使用过程中发生运输、装卸、整理等费用。

对于直接用于产品生产、构成产品实体的原材料，一般分产品领用，根据领退料凭证直接计入相应产品成本的“直接材料”项目。对于不能分产品领用的材料，如化工生产中为几种产品共同耗用的材料，需要采用适当的分配方法，分配计入各相关产品成本的“直接材料”成本项目。

(2) 燃料和动力

燃料和动力，是指小企业直接用于产品生产的外购和自制的燃料和动力。其归集的方法同直接材料。

(3) 直接人工

直接人工，是指小企业在生产产品过程中直接从事产品生产工人的职工薪酬。直接人工和间接人工的划分依据通常是生产工人是否与所生产的产品直接相关(即可否直接确定其服务的产品对象)。

直接人工的归集，必须有一定的原始记录作为依据，计时工资以考勤记录中的工作时间记录为依据；计件工资以产量记录中的产品数量和质量记录为依据；计时工资和计件工资以外的各种奖金、津贴、补贴等，按照国家和企业的有关规定计算。工资结算和支付的凭证为工资结算单或工资单，为便于成本核算和管理等，一般按车间、部门分别填制，是职工薪酬分配的依据。直接进行产品生产的生产工人的职工薪酬，直接计入产品成本的“直接人工”成本项目；不能直接计入产品成本的职工薪酬应当按照下述有关“直接人工的分配”的规定进行分配计入各有关产品成本的“直接人工”项目。

(4) 制造费用

① 概述。制造费用，是指小企业生产车间(部门)为生产产品和提供劳务而发生的各项间接费用。制造费用是一种间接生产成本，包括小企业生产车间(部门)管理人员的职工薪酬、折旧费、机物料消耗、固定资产修理费、办公费、水电费、劳动保护费、季节性和修理期间的停工损失等。

② 制造费用的内容。制造费用的内容比较复杂，为减少成本项目，简化核算工作，可将性质相同的费用合并设立相应的成本项目，如将用于产品生产的固定资产的折旧费

合并设立“折旧费”项目，也可根据费用比重大小和管理上的要求另行设立制造费用项目。但是，为了使各期产品生产成本资料可比，制造费用项目一经确定，不得随意变更。制造费用应通过“制造费用”账户进行归集，月末按照一定的方法分配转入有关成本计算对象。

4. 直接人工和制造费用的分配

小企业在生产产品的过程中发生的直接人工和制造费用，如果能够直接计入有关的成本核算对象，则应直接计入该成本核算对象。否则，应按照科学合理一致的方法分配计入有关成本核算对象。分配方法一经确定，不得随意变更。

（1）直接人工的分配

如果小企业生产车间同时生产几种产品，则其发生的直接人工应采用合理方法分配计入各产品成本中。由于工资形成的方式不同，直接人工的分配方法也不同。比如，按计时工资或者按计件工资分配直接人工。

① 按计时工资分配直接人工；

② 按计件工资分配直接人工。

（2）制造费用的分配

制造费用一般应先分配辅助生产的制造费用，将其计入辅助生产成本，然后再分配辅助生产成本，将其中应由基本生产负担的制造费用计入基本生产的制造费用，最后再分配基本生产的制造费用。由于小企业各个生产车间（部门）的生产任务、技术装备程度、管理水平和费用水准各不相同，因此，制造费用一般应按生产车间或部门先进行归集，不应将各车间的制造费用汇总，在企业范围内统一分配。

制造费用按车间归集后，再根据制造费用的性质，合理选择方法进行分配。也就是说，小企业所选择的制造费用分配方法，必须与制造费用的发生具有较密切的相关性，并且使分配到每种产品上的制造费用金额科学合理，同时，还应适当考虑计算手续的简便。在各种产品之间分配制造费用的方法，通常有按生产工人工资、按生产工人工时、按机器工时、按耗用原材料的数量或成本、按直接费用（直接材料和直接人工之和）及按产成品产量等。

① 按生产工人工资分配制造费用；

② 按生产工人工时分配制造费用；

③ 按机器工时分配制造费用；

④ 按耗用原材料的数量或成本分配制造费用；

⑤ 按直接费用（直接材料和直接人工之和）分配制造费用；

⑥ 按产成品产量分配制造费用。

以上各种分配方法，通常是以各月生产车间或部门的制造费用实际发生额进行分配的。为简化核算，小企业也可以按预定分配率（或称计划分配率）进行分配。采用这一方法时，全年各月实际生产数与已分配数之间的差额，除其中属于为次年开工生产做准备的可留待明年分配外，其余的都应当在当年年度终了时调整本年度的产品成本。

5. 辅助生产成本的归集与分配

属于辅助生产车间为生产产品提供的动力等直接费用，可以先作为辅助生产成本进行归集，然后按照合理的方法分配计入基本生产成本；也可以直接计入所生产产品发生的生产成本；据此，小企业对辅助生产成本的核算有两种方式可供选择，但一经确定，不得随意变更。

（1）单独核算辅助生产成本

即小企业对辅助生产车间发生的各项成本单独设置“生产成本——辅助生产成本”明细科目或“辅助生产成本”科目进行核算。

辅助生产成本的归集是通过“生产成本——辅助生产成本”明细账或“辅助生产成本”总账及明细账进行的。一般按照车间、产品和劳务设立明细账。当辅助生产发生各项成本时计入“辅助生产成本”总账及所属明细账。一般情况下，辅助生产的制造费用与基本生产的制造费用一样，先通过“制造费用”科目进行单独归集，然后再转入“辅助生产成本”科目。对于辅助生产车间规模很小、制造费用很少且辅助生产不对外提供产品和劳务的，为简化核算工作，辅助生产的制造费用也可以不通过“制造费用”科目，而直接记入“辅助生产成本”科目。辅助生产的分配应通过辅助生产费用分配表进行。辅助生产费用的分配方法很多，通常采用直接分配法、交互分配法、计划成本分配法、顺序分配法和代数分配法等。

（2）不单独核算辅助生产成本

即小企业对辅助生产车间发生的各项成本不单独设置“生产成本——辅助生产成本”明细科目或“辅助生产成本”科目进行核算，而是直接记入“生产成本”科目。

6. 基本生产成本在完工产品和在产品之间的归集和分配

（1）概述

每月月末，当月生产成本明细账中按照成本项目归集了本月生产成本以后，这些成本就是本月发生的生产成本，但并不是本月完工产品的成本。计算本月完工产品成本，还需要将本月发生的生产成本加上月初在产品成本，然后再将其在本月完工产品和月末在产品之间进行分配，以求得本月完工产品成本。对某个车间或生产步骤而言，在产品只包括该车间或该生产步骤正在加工中的那部分在产品。

（2）完工产品和在产品成本

本月完工产品成本＝本月发生的生产成本＋月初在产品成本－月末在产品成本

（3）具体实施

结合生产特点，小企业应当根据在产品数量的多少、各月在产品数量变化的大小、各项成本比重的大小以及定额管理基础的好坏等具体条件，采用适当的分配方法将直接材料、直接人工和制造费用等基本生产成本在完工产品和在产品之间进行分配。常用的分配方法有：不计算在产品成本法、在产品按固定成本计价法、在产品按所耗直接材料计价法、约当产量比例法、在产品按定额成本计价法、定额比例法等。

9.6 真账实训

真账实训 8 原材料和周转材料

【例 9-2】 审核业务 5、业务 7、业务 14 和业务 34 的经济业务凭证的原始凭证，原始凭证见“7.5 真账实训——真账实训 1 核算企业概述——5. 企业 2020 年 6 月经济业务的原始凭证”并登记原材料明细账。由于本书讲解的是一个月连续业务，业务编号是按顺序进行编制的。

【业务分析】

① 根据业务 5 的增值税专用发票、运费发票和收料单，确定购进原材料钢管的成本为 42 000 元，增值税合计 5 380 元。

会计分录是：

借：原材料——钢管	42 000	
应交税费——应交增值税(进项税额)	5 380	
贷：库存现金		2 180
银行存款		45 200

② 根据业务 7 的增值税专用发票和收料单确定购进原材料——强力胶的成本为 10 000 元，周转材料——螺钉的成本是 5 000 元，增值税合计 1 960 元。

会计分录是：

借：原材料——强力胶	10 000	
——螺钉	5 000	
应交税费——应交增值税(进项税额)	1 950	
贷：应付账款——长江建材		16 950

③ 根据业务 14 的 3 张领料单，确定生产办公桌领用原材料——三层板 40 000 元、油漆 2 000 元，合计 42 000 元，办公椅领用原材料——钢管 20 000 元，车间间接消耗螺钉和泡沫各 500 元。

会计分录是：

借：生产成本——办公桌	42 000	
——办公椅	20 000	
制造费用——直接材料	1 000	
贷：原材料——钢管		20 000
——三层板		40 000
——油漆		2 000
周转材料——螺钉		500
——泡沫		500

④ 根据业务 21 的增值税专用发票、转账支票存根和收料单，确定购进原材料——高密度板 20 000 元，原材料——ABC 贴面 10 000 元。

会计分录是：

借：原材料——高密度板　　20 000

　　　　　——ABC 贴面　　10 000

　　应交税费——应交增值税(进项税额)　　3 900

　　贷：预付账款——马家岩建材　　15 000

　　　　银行存款　　18 900

⑤ 根据业务 32 的材料出库单，确定是销售材料：原材料——钢管的成本 21 000 元。

会计分录是：

借：其他业务成本　　21 000

　　贷：原材料——钢管　　21 000

审核准确无误，会计编制记账凭证，审核无误后登记原材料和周转材料明细账，其他账簿相关内容登记，此处不重复。

具体操作：(由明细账会计完成)

步骤一　审核原始凭证，按照内容合法、形式合法等去考虑，由于本书讲的原始凭证均严格按要求做的，以下该步骤省略。

步骤二　编制记账凭证并审核。如图 9-1～图 9-5 所示。

步骤三　登记原材料和周转材料明细账，并结出余额，其他明细账相关内容里登记，这里不重复。如图 9-6～图 9-13 所示。

步骤四　月末完成对账和结账工作。

记　账　凭　证

2020 年 06 月 04 日　　　　记字第 05 号

摘　要	会计科目	明细科目	借方金额											贷方金额											记账
			亿	千万	百万	十万	万	千	百	十	元	角	分	亿	千万	百万	十万	万	千	百	十	元	角	分	
购入材料	原材料	钢管					4	2	0	0	0	0	0												√
	应交税费	增（进）						5	3	8	0	0	0												√
	银行存款																	4	5	2	0	0	0	0	√
	库存现金																		2	1	8	0	0	0	√
附件 4 张	合　计					¥	4	7	3	8	0	0	0				¥	4	7	3	8	0	0	0	

会计主管：郑实　记账：孙倩　出纳：黄蓉　复核：郑实　制证：孙倩

图 9-1

记 账 凭 证

2020 年 06 月 06 日　　　　记字第 07 号

摘要	会计科目	明细科目	借方金额											贷方金额											记账
			亿	千万	百万	十	万	千	百	十	元	角	分	亿	千万	百万	十	万	千	百	十	元	角	分	
购入材料	原材料	强力胶					1	0	0	0	0	0	0												√
	周转材料	螺钉						5	0	0	0	0	0												√
	应交税费	增（进）						1	9	5	0	0	0												√
	应付账款	长江建材																1	6	9	5	0	0	0	√
附件 2 张	合计					¥	1	6	9	5	0	0	0				¥	1	6	9	5	0	0	0	

会计主管：郑实　记账：孙倩　出纳：黄蓉　复核：郑实　制证：孙倩

图 9-2

2020 年 06 月 13 日　　　　记字第 14 号

摘要	会计科目	明细科目	借方金额											贷方金额											记账
			亿	千万	百万	十	万	千	百	十	元	角	分	亿	千万	百万	十	万	千	百	十	元	角	分	
领用材料	生产成本	办公椅					2	0	0	0	0	0	0												√
		办公桌					4	2	0	0	0	0	0												√
	制造费用	直接材料						1	0	0	0	0	0												
	原材料	钢管																2	0	0	0	0	0	0	√
		三层板																4	0	0	0	0	0	0	√
		油漆																	2	0	0	0	0	0	√
	周转材料	螺钉																		5	0	0	0	0	√
		泡沫																		5	0	0	0	0	√
附件 3 张	合计					¥	6	3	0	0	0	0	0				¥	6	3	0	0	0	0	0	

会计主管：郑实　记账：孙倩　出纳：　复核：郑实　制证：孙倩

图 9-3

记 账 凭 证

2020 年 06 月 19 日　　　　记字第 21 号

摘要	会计科目	明细科目	借方金额											贷方金额											记账
			亿	千万	百万	十	万	千	百	十	元	角	分	亿	千万	百万	十	万	千	百	十	元	角	分	
购入材料	原材料	高密度板					2	0	0	0	0	0	0												√
		ABC 贴面					1	0	0	0	0	0	0												√
	应交税费	增（进）						3	9	0	0	0	0												√
	预付账款	马家岩建材																1	5	0	0	0	0	0	√
	银行存款																	1	8	9	0	0	0	0	
附件 3 张	合计					¥	3	3	9	0	0	0	0				¥	3	3	9	0	0	0	0	

会计主管：郑实　记账：孙倩　出纳：　复核：郑实　制证：孙倩

图 9-4

记 账 凭 证

2020 年 06 月 30 日　　　　记字第 32 号

摘要	会计科目	明细科目	借方金额 亿	千万	百万	十万	万	千	百	十	元	角	分	贷方金额 亿	千万	百万	十万	万	千	百	十	元	角	分	记账
结转销售成本	主营业务成本	办公椅				1	0	0	0	0	0	0	0												√
		办公桌					8	0	0	0	0	0	0												√
	其他业务成本						2	1	0	0	0	0	0												
	库存商品	办公椅															1	0	0	0	0	0	0	0	√
		办公桌																8	0	0	0	0	0	0	√
	原材料																	2	1	0	0	0	0	0	
附件 2 张	合计				¥	2	0	1	0	0	0	0	0			¥	2	0	1	0	0	0	0	0	

会计主管：郑实　记账：孙倩　出纳：　复核：郑实　制证：孙倩

图 9-5

最高储存量______　　本账页数　
最低储存量______　　本户页数　

原材料

编号______ 规格 30mm×40m　单位 根　名称 钢管

20 年 月	日	凭证 种类	号数	摘要	借方 数量	单价	金额	贷方 数量	单价	金额	借或贷	结存 数量	单价	金额
6	1			期初余额							借	1000	20.00	2000000
	4	记	05	购入材料	2000	21.00	4200000				借	3000		6200000
	13	记	14	领用材料				1000	20.00	2000000	借	2000	21.00	4200000
	30	记	34	结转销售成本				1000	21.00	2100000	借	1000	21.00	2100000
6	30			本月合计	2000	21.00	4200000	2000		4100000	借	1000	21.00	2100000

图 9-6

最高储存量______　　本账页数　
最低储存量______　　本户页数　

原材料

编号______ 规格 1.2×1.8m　单位 张　名称 三层板

20 年 月	日	凭证 种类	号数	摘要	借方 数量	单价	金额	贷方 数量	单价	金额	借或贷	结存 数量	单价	金额
6	1			期初余额							借	2000	50.00	10000000
	13	记	14	领用材料				800	50.00	4000000	借	1200	50.00	6000000
6	30			本月合计				800	50.00	4000000	借	1200	50.00	6000000

图 9-7

最高储存量______　　本账页数　
最低储存量______　　本户页数　

原材料

编号______ 规格______　单位 桶　名称 油漆

20 年 月	日	凭证 种类	号数	摘要	借方 数量	单价	金额	贷方 数量	单价	金额	借或贷	结存 数量	单价	金额
6	1			期初余额								1000	20.00	2000000
	13	记	14	领用材料				100	20.00	200000		900	20.00	1800000
6	30			本月合计				100	20.00	200000		900	20.00	1800000

图 9-8

最高储存量 ______　　　　　　　　　　本账页数 ______
最低储存量 ______　　　　　　　　　　本户页数 ______

原材料

编号 ______ 规格 ______　　　　单位 桶　　名称 强力胶

20 年 月	日	凭证 种类	凭证 号数	摘要	借方 数量	借方 单价	借方 金额	贷方 数量	贷方 单价	贷方 金额	借或贷	结存 数量	结存 单价	结存 金额
6	1			期初余额							借	500	20.00	1000000
	6	记	07	购入材料	500	20.00	1000000				借	1000	20.00	2000000
6	30			本月合计	500	20.00	1000000				借	1000	20.00	2000000

图 9-9

最高储存量 ______　　　　　　　　　　本账页数 ______
最低储存量 ______　　　　　　　　　　本户页数 ______

原材料

编号 ______ 规格 ______　　　　单位 张　　名称 高密度板

20 年 月	日	凭证 种类	凭证 号数	摘要	借方 数量	借方 单价	借方 金额	贷方 数量	贷方 单价	贷方 金额	借或贷	结存 数量	结存 单价	结存 金额
6	19	记	21	购入材料	200	100.00	2000000				借	200	100.00	2000000
6	30			本月合计	200	100.00	2000000				借	200	100.00	2000000

图 9-10

最高储存量 ______　　　　　　　　　　本账页数 ______
最低储存量 ______　　　　　　　　　　本户页数 ______

原材料

编号 ______ 规格 ______　　　　单位 张　　名称 ABC贴面

20 年 月	日	凭证 种类	凭证 号数	摘要	借方 数量	借方 单价	借方 金额	贷方 数量	贷方 单价	贷方 金额	借或贷	结存 数量	结存 单价	结存 金额
6	19	记	21	购入材料	200	50.00	1000000				借	200	50.00	1000000
6	30			本月合计	200	50.00	1000000				借	200	50.00	1000000

图 9-11

最高储存量 ______　　　　　　　　　　本账页数 ______
最低储存量 ______　　　　　　　　　　本户页数 ______

周转材料

编号 ______ 规格 ______　　　　单位 张　　名称 泡沫

20 年 月	日	凭证 种类	凭证 号数	摘要	借方 数量	借方 单价	借方 金额	贷方 数量	贷方 单价	贷方 金额	借或贷	结存 数量	结存 单价	结存 金额
6	1			期初余额								1000	2.00	200000
	13	记	14	领用材料				250	2.00	50000		750	2.00	150000
6	30			本月合计				250	2.00	50000		750	2.00	150000

图 9-12

最高储存量 ______　　　　　　　　　　本账页数 ______
最低储存量 ______　　　　　　　　　　本户页数 ______

周转材料

编号 ______ 规格 ______　　　　单位 Kg　　名称 螺钉

20 年 月	日	凭证 种类	凭证 号数	摘要	借方 数量	借方 单价	借方 金额	贷方 数量	贷方 单价	贷方 金额	借或贷	结存 数量	结存 单价	结存 金额
6	1			期初余额							借	1600	5.00	800000
	6	记	07	购入材料	1000	5.00	500000				借	2600	5.00	1300000
	13	记	14	领用材料				100	5.00	50000	借	2500	5.00	1250000
6	30			本月合计	1000	5.00	500000	100	5.00	50000	借	2500	5.00	1250000

图 9-13

真账实训9 制造费用和生产成本

【例9-3】 审核业务14、业务35、业务37、业务38、业务41、业务42和业务43的经济业务凭证的原始凭证，原始凭证见“7.5 真账实训——真账实训1 核算企业概述——5. 企业2020年6月经济业务的原始凭证”并登记原材料明细账。由于本书讲解的是一个月连续业务，业务编号是按顺序进行编制的。

【业务分析】

① 根据业务14三张领料单，确定是领用材料用于产品生产，直接用于办公桌的成本为42 000元，办公椅的成本20 000元，间接用于办公桌和办公椅的成本1 000元。

会计分录是：

借：生产成本——办公桌	42 000	
——办公椅	20 000	
制造费用——直接材料	1 000	
贷：原材料——钢管		20 000
——三层板		40 000
——油漆		2 000
周转材料——螺钉		500
——泡沫		500

② 根据业务35的工资结算表，确定生产办公桌的生产工人的工资为8 700元，生产办公椅的生产工人的工资为8 300元，其他部门见相应章节的内容分析，此处不重复。

会计分录是：

借：生产成本——办公桌	8 700	
——办公椅	8 300	
管理费用——工资及福利	19 000	
销售费用——工资及福利	14 000	
贷：应付职工薪酬——工资		50 000

③ 根据业务37的五险一金分配表，确定生产办公桌分配3 132元、办公椅分配2 988元，其他相关章节内容分析，此处不重复。

会计分录是：

借：生产成本——办公桌	3 132	
——办公椅	2 988	
管理费用——工资及福利	6 840	
销售费用——工资及福利	5 040	
贷：应付职工薪酬——社会保险费	13 000	
——住房公积金	5 000	

④ 根据业务38的固定资产折旧汇总表，确定生产用固定资产折旧2000元，非生产用

固定资产折旧 2 500 元。

会计分录是：

借：制造费用——折旧费	2 000	
管理费用——折旧费	2 500	
贷：累计折旧		4 500

⑤ 根据业务 41 的电费费用分配表，确定是车间耗电 5 500 管理部门和销售部门耗电各 1 000 元。

会计分录是：

借：制造费用——电费	5 500	
管理费用——电费	1 000	
销售费用——电费	1 000	
贷：应付账款——江北供电局		7 500

⑥ 根据业务 42 的制造费用分配表，计算出本月办公桌和办公椅的金额为 5 100 元和 3 400元。

会计分录是：

借：生产成本——办公桌	5 100	
——办公椅	3 400	
贷：制造费用		8 500

⑦ 根据业务 43 的入库产品汇总表，计算本月办公桌和办公椅的入库成本为 58 932 元和 34 688 元。

会计分录是：

借：库存商品——办公桌	58 932	
——办公椅	34 688	
贷：生产成本——办公桌		58 932
——办公椅		34 688

审核准确无误，会计编制记账凭证，审核无误后登记原材料和周转材料明细账，其他账簿相关内容登记，此处不重复。

具体操作：(由明细账会计完成)

步骤一　审核原始凭证，按照内容合法、形式合法等去考虑，由于本书讲的原始凭证均严格按要求做的，以下该步骤省略。

步骤二　编制记账凭证并审核。如图 9-14~图 9-20 所示。

步骤三　登记制造费用和生产成本明细账，并结出余额，其他明细账相关内容里登记，这里不重复。如图 9-21~图 9-23 所示。

步骤四　月末完成对账和结账工作。

2020 年 06 月 13 日　　　　记字第 14 号

摘要	会计科目	明细科目	借方金额											贷方金额											记账
			亿	千万	百万	十	万	千	百	十	元	角	分	亿	千万	百万	十	万	千	百	十	元	角	分	
领用材料	生产成本	办公椅					2	0	0	0	0	0	0												√
		办公桌					4	2	0	0	0	0	0												√
	制造费用	直接材料						1	0	0	0	0	0												
	原材料	钢管																2	0	0	0	0	0	0	√
		三层板																4	0	0	0	0	0	0	√
		油漆																	2	0	0	0	0	0	√
	周转材料	螺钉																		5	0	0	0	0	√
		泡沫																		5	0	0	0	0	√
附件 3 张	合计					¥	6	3	0	0	0	0	0				¥	6	3	0	0	0	0	0	

会计主管：郑实　记账：孙倩　出纳：　复核：郑实　制证：孙倩

图 9-14

记 账 凭 证

2020 年 06 月 30 日　　　　记字第 35 号

摘要	会计科目	明细科目	借方金额											贷方金额											记账
			亿	千万	百万	十	万	千	百	十	元	角	分	亿	千万	百万	十	万	千	百	十	元	角	分	
分配工资费用	生产成本	办公桌						8	7	0	0	0	0												√
		办公椅						8	3	0	0	0	0												√
	管理费用	工资及福利					1	9	0	0	0	0	0												√
	销售费用	工资及福利					1	4	0	0	0	0	0												
	应付职工薪酬	工资																5	0	0	0	0	0	0	
附件 1 张	合计					¥	5	0	0	0	0	0	0				¥	5	0	0	0	0	0	0	

会计主管：郑实　记账：孙倩　出纳：　复核：郑实　制证：孙倩

图 9-15

记 账 凭 证

2020 年 06 月 30 日　　　　记字第 37 号

摘要	会计科目	明细科目	借方金额											贷方金额											记账
			亿	千万	百万	十	万	千	百	十	元	角	分	亿	千万	百万	十	万	千	百	十	元	角	分	
计提五险一金	生产成本	办公桌						3	1	3	2	0	0												√
		办公椅						2	9	8	8	0	0												√
	管理费用	工资及福利						6	8	4	0	0	0												√
	销售费用	工资及福利						5	0	4	0	0	0												√
	应付职工薪酬	社会保险费																1	3	0	0	0	0	0	√
		住房公积金																	5	0	0	0	0	0	√
附件 1 张	合计					¥	1	8	0	0	0	0	0				¥	1	8	0	0	0	0	0	

会计主管：郑实　记账：孙倩　出纳：　复核：郑实　制证：孙倩

图 9-16

记 账 凭 证

2020 年 06 月 30 日　　　　记字第 38 号

摘要	会计科目	明细科目	借方金额											贷方金额											记账
			亿	千万	百万	十万	万	千	百	十	元	角	分	亿	千万	百万	十万	万	千	百	十	元	角	分	
计提折旧	制造费用	折旧费						2	0	0	0	0	0												√
	管理费用	折旧费						2	5	0	0	0	0												√
	累计折旧																		4	5	0	0	0	0	√
																									√
附件 1 张	合　计						¥	4	5	0	0	0	0					¥	4	5	0	0	0	0	

会计主管：郑实　记账：孙倩　出纳：　复核：郑实　制证：孙倩

图 9-17

记 账 凭 证

2020 年 06 月 30 日　　　　记字第 41 号

摘要	会计科目	明细科目	借方金额											贷方金额											记账
			亿	千万	百万	十万	万	千	百	十	元	角	分	亿	千万	百万	十万	万	千	百	十	元	角	分	
结算本月电费	制造费用	电费						5	5	0	0	0	0												√
	管理费用	电费						1	0	0	0	0	0												√
	销售费用	电费						1	0	0	0	0	0												√
	应付账款	江北供电局																	7	5	0	0	0	0	√
																									√
																									√
附件 1 张	合　计						¥	7	5	0	0	0	0					¥	7	5	0	0	0	0	

会计主管：郑实　记账：孙倩　出纳：　复核：郑实　制证：孙倩

图 9-18

记 账 凭 证

2020 年 06 月 30 日　　　　记字第 42 号

摘要	会计科目	明细科目	借方金额											贷方金额											记账
			亿	千万	百万	十万	万	千	百	十	元	角	分	亿	千万	百万	十万	万	千	百	十	元	角	分	
分配制造费用	生产成本	办公桌						5	1	0	0	0	0												√
		办公椅						3	4	0	0	0	0												√
	制造费用																		8	5	0	0	0	0	√
附件 1 张	合　计						¥	8	5	0	0	0	0					¥	8	5	0	0	0	0	

会计主管：郑实　记账：孙倩　出纳：　复核：郑实　制证：孙倩

图 9-19

记 账 凭 证

2020 年 06 月 30 日　　　　记字第 43 号

摘要	会计科目	明细科目	借方金额 亿	千万	百万	十万	万	千	百	十	元	角	分	贷方金额 亿	千万	百万	十万	万	千	百	十	元	角	分	记账
完工产品入库	库存商品	办公桌					5	8	9	3	2	0	0												√
		办公椅					3	4	6	8	8	0	0												√
	生产成本	办公桌																5	8	9	3	2	0	0	√
		办公椅																3	4	6	8	8	0	0	√
附件 1 张	合计					¥	9	3	6	2	0	0	0				¥	9	3	6	2	0	0	0	

会计主管：郑实　记账：孙倩　出纳：　复核：郑实　制证：孙倩

图 9-20

制造费用 明细分类账

2020 年 月	日	凭证 字	号	摘要	借方	贷方	余额	材料费	折旧费	电费		
6	13	记	14	领用材料	1 000			1 000				
	30	记	38	计提折旧	2 000				2 000			
	30	记	41	结算电费	5 500					5 500		
	30	记	36	分配制造费用		8 500		1000	2 000	5 500		
6	30			本月合计	8 5000	8 500	0	0	0	0		

图 9-21

生产成本 明细分类账

科目：生产成本——办公桌

2020 年 月	日	凭证 字	号	摘要	借方	贷方	余额	直接材料	工资及福利	制造费用	
6	13	记	14	领用材料	42 000			42 000			
	30	记	35	结算工资	8 700				8 700		
	30	记	37	计提五险一金	3 132				3 132		
	30	记	42	制造费用转入	5 100					5 100	
	30	记	43	产品入库		58 932	0	42 000	11 832	5 100	
6	30			本月合计	58 932	58 932	0	0	0	0	

图 9-22

生产成本　明细分类账

科目：生产成本——办公椅

2020 年		凭证		摘要	借方	贷方	余额	直接材料	工资及福利	制造费用	
月	日	字	号								
6	13	记	14	领料材料	20 000			20 000			
	30	记	35	分配工资	8 300				8 300		
	30	记	37	计提五险一金	2 988				2 988		
	30	记	55	制造费用	3 400					3 400	
	30	记	59	产品入库		34 688	0	20 000	11 288	3 400	
6	30			本月合计	34 688	0	0	0	0	0	

图 9-23

真账实训 10　库存商品

【例 9-4】 审核业务 32 和业务 43 的经济业务凭证的原始凭证，原始凭证见“7. 5 真账实训——真账实训 1 核算企业概述——5. 企业 2020 年 6 月经济业务的原始凭证”并登记原材料明细账。由于本书讲解的是一个月连续业务，业务编号是按顺序进行编制的。

【业务分析】

① 根据业务 32 的产品出库单，确定办公桌和办公椅销售的成本为 100 000 元和 80 000 元。

会计分录是：

借：主营业务成本——办公桌　　100 000

　　　　　　　　——办公椅　　80 000

　　其他业务成本　　21 000

　　贷：库存商品——办公桌　　100 000

　　　　　　　　——办公椅　　80 000

　　原材料——钢管　　21 000

② 根据业务 43 的入库产品汇总表，计算本月办公桌和办公椅的入库成本为 58 932 元和 34 688 元。

会计分录是：

借：库存商品——办公桌　　58 932

　　　　　　——办公椅　　34 688

　　贷：生产成本——办公桌　　58 932

　　　　　　　　——办公椅　　34 688

审核准确无误，会计编制记账凭证，审核无误后登记库存商品明细账，其他账簿相关内容登记，此处不重复。

具体操作：（由明细账会计完成）

步骤一 审核原始凭证，按照内容合法、形式合法等去考虑，由于本书讲的原始凭证均严格按要求做的，以下该步骤省略。

步骤二 编制记账凭证并审核。如图 9-24 和图 9-25 所示。

记 账 凭 证

2020 年 06 月 30 日　　　　记字第 32 号

摘要	会计科目	明细科目	借方金额											贷方金额											记账
			亿	千万	百万	十万	万	千	百	十	元	角	分	亿	千万	百万	十万	万	千	百	十	元	角	分	
结转销售成本	主营业务成本	办公椅				1	0	0	0	0	0	0	0												√
		办公桌					8	0	0	0	0	0	0												√
	其他业务成本						2	1	0	0	0	0	0												
	库存商品	办公椅															1	0	0	0	0	0	0	0	√
		办公桌																8	0	0	0	0	0	0	√
	原材料																	2	1	0	0	0	0	0	
附件 2 张	合计				¥	2	0	1	0	0	0	0	0			¥	2	0	1	0	0	0	0	0	

会计主管：郑实　记账：孙倩　出纳：　复核：郑实　制证：孙倩

图 9-24

记 账 凭 证

2020 年 06 月 30 日　　　　记字第 43 号

摘要	会计科目	明细科目	借方金额											贷方金额											记账
			亿	千万	百万	十万	万	千	百	十	元	角	分	亿	千万	百万	十万	万	千	百	十	元	角	分	
完工产品入库	库存商品	办公桌					5	8	9	3	2	0	0												√
		办公椅					3	4	6	8	8	0	0												√
	生产成本	办公桌																5	8	9	3	2	0	0	√
		办公椅																3	4	6	8	8	0	0	√
附件 1 张	合计					¥	9	3	6	2	0	0	0				¥	9	3	6	2	0	0	0	

会计主管：郑实　记账：孙倩　出纳：　复核：郑实　制证：孙倩

图 9-25

步骤三 登记原材料和周转材料明细账，并结出余额，其他明细账相关内容里登记，这里不重复。如图 9-26 和图 9-27 所示。

步骤四 月末完成对账和结账工作。

最高储存量______
最低储存量______

库存商品

本账页数	
本户页数	

编号________ 规格________ 单位 张________ 名称 办公桌

20 年		凭证		摘要	借方			贷方			借或贷	结存		
月	日	种类	号数		数量	单价	百十万千百十元角分	数量	单价	百十万千百十元角分		数量	单价	百十万千百十元角分
6	1			期初余额							借	500	200.00	10000000
	30	记	52	结转销售成本				500	200.00	10000000	平			0
	30	记	43	完工产品入库	400	147.33	5893200				借			5893200
6	30			本月合计	400	147.33	5893200	500	200.00	10000000	借			5893200

图 9-26

最高储存量______
最低储存量______

库存商品

本账页数	
本户页数	

编号________ 规格________ 单位 把________ 名称 办公椅

20 年		凭证		摘要	借方			贷方			借或贷	结存		
月	日	种类	号数		数量	单价	百十万千百十元角分	数量	单价	百十万千百十元角分		数量	单价	百十万千百十元角分
6	1			期初余额							借	1000	80.00	8000000
	30	记	52	结转销售产品成本				1000	80.00	8000000	平			0
	30	记	43	完工产品入库	500	69.38	3468800				借	500	69.38	3468800
6	30			本月合计	500	69.38	3468800	1000	80.00	8000000	借	500	69.38	3468800

图 9-27

第十章 固定资产

10.1 固定资产概述

1. 固定资产的概念

固定资产，是指同时具有以下特征的有形资产：
① 为生产商品、提供劳务、出租或经营管理而持有；
② 使用寿命超过一个会计年度。

2. 固定资产的特征

① 使用期超过一年或超过一年的一个经营周期(固定)；
② 使用寿命是有限的(须折旧)；
③ 是用于生产经营活动而不是为了出售(持有目的)。

3. 固定资产的分类

固定资产的分类，见表10-1。

表 10-1

<table>
<tr><td rowspan="2">按经济用途分</td><td colspan="2">生产经营用固定资产</td></tr>
<tr><td colspan="2">非生产经营用固定资产</td></tr>
<tr><td rowspan="2">按所有权分</td><td colspan="2">自有固定资产</td></tr>
<tr><td colspan="2">租入固定资产</td></tr>
<tr><td rowspan="6">按使用情况分</td><td rowspan="3">使用中</td><td>季节性、大修停用</td></tr>
<tr><td>经营性出租</td></tr>
<tr><td>内部替换使用</td></tr>
<tr><td rowspan="2">未使用</td><td>新增尚未交付使用</td></tr>
<tr><td>改扩、建暂停使用</td></tr>
<tr><td colspan="2">不需用固定资产</td></tr>
<tr><td rowspan="7">综合分类</td><td colspan="2">生产经营用固定资产</td></tr>
<tr><td colspan="2">非生产经营用固定资产</td></tr>
<tr><td colspan="2">租出固定资产</td></tr>
<tr><td colspan="2">不需用固定资产</td></tr>
<tr><td colspan="2">未使用固定资产</td></tr>
<tr><td colspan="2">土地</td></tr>
<tr><td colspan="2">融资租入固定资产</td></tr>
</table>

10.2 固定资产的取得

1. 基本原则

固定资产应当按照实际成本进行计量。

固定资产的成本，是指企业购建某项固定资产达到预定可使用状态前所发生的一切合理必要的支出。这些支出包括直接发生的购买价款、运杂费、包装费和安装成本等，也包括间接发生的如应承担的借款利息、外币借款折算差额以及应分摊的其他间接费用。

2. 固定资产取得的入账价值

固定资产取得的入账价值，如表 10-2 所示。

表 10-2 固定资产取得的入账价值

(1)外购的	买价、包装费、运输费、有关税金等；以及为使固定资产达到预定可使用状态前所发生的可直接归属于该资产的其他支出，如场地整理费、运输费、装卸费、安装费和其他专业人员服务费等
(2)自行建造	达到预定可使用状态前所发生的全部支出
(3)投资者投入	投资各方确认的价值+运输费、安装费等支出
(4)融资租入的	租赁日原账面价值与最低租赁付款额的现值较低者+运输费、安装费等支出
(5)改扩建的	原账面价值-改扩建的变价收入+改扩建的一切支出
(6)接受捐赠的	凭证价；同类或类似的市场价格；预计未来现金流量现值-估计折旧+有关支出
(7)盘盈	按同类或类似的市场价格-估计折旧+支出
(8)无偿调入的	调出单位的账面价值+有关支出

3. 账户设置

(1) 固定资产

固定资产是核算固定资产的原始价值增减变动和结存情况的资产类账户。在该账户下，应按固定资产的类别和项目设置明细分类账户进行明细分类核算。

借　　固定资产	贷
增加的固定资产的原始价值 现有固定资产的原始价值	减少的固定资产的原始价值

(2) 累计折旧

累计折旧是固定资产账户的备抵调整账户，用来核算企业固定资产的累计折旧数额。可按固定资产的类别或项目进行明细核算。

借　　累计折旧	贷
折旧额的冲销数	折旧额的增加数
	现有固定资产的累计折旧额

(3) 工程物资

用来核算企业为基建工程、更改工程和大修理等在建工程准备的各种物资的成本。包括工程用材料、尚未安装的设备以及为生产准备的工器具等，可按专用材料、专用设备、工器具等进行明细核算。

借　　工程物资	贷
外购的实际成本在建工程领用工程物资的实际成本 剩余工程物资实际成本	

（4）在建工程

借　　　　在建工程	贷
支付的买价、进项税运杂费等 安装过程中发生的材料、工资、费用	安装完毕达到预定可使用状态，转入固定资产

（5）固定资产清理

借　　　　固定资产清理	贷
转入清理余值 支付清理费用 转入营业外支出	清理收入 残值入库 转入营业外支出

10.3　固定资产增加的核算

10.3.1　外购固定资产

企业应设置“固定资产登记簿”和“固定资产卡片”，按固定资产类别、使用部门和每项固定资产进行明细核算。

1. 购入不需要安装的固定资产

借：固定资产

　　应交税费——应交增值税(进项税额)

　　贷：银行存款等

【例 10-1】 重生公司购入一台不需要安装的设备，价款 40 000 元，增值税 5 200 元，另支付运输费 500 元，包装费 300 元，款项以银行存款支付。

借：固定资产　　40 800

　　应交税费——应交增值税(进项税额)　　5 200

　　贷：银行存款　　46 000

2. 购入需要安装的固定资产

（1）即购入时

借：在建工程

　　应交税费——应交增值税(进项税额)

　　贷：银行存款

（2）支付安装费用时

借：在建工程

　　贷：原材料

　　　　应付职工薪酬等

（3）待安装完毕达到预定可使用状态时

借：固定资产

　　贷：在建工程

【例 10-2】 安达公司用银行存款购入一台需要安装的设备，增值税专用发票上注明的设备买价为 30 000 元，增值税额为 3 900 元，支付运杂费 7 600 元，支付安装费 2 400 元，均以转账支票付讫。

根据上述经济业务，安达公司应编制会计分录如下：

（1）购入时

借：在建工程	37 600	
应交税费——应交增值税（进项税额）	3 390	
贷：银行存款		40 990

（2）支付安装费时：

借：在建工程	2 400	
贷：银行存款		2 400

（3）设备安装完毕达到预定可使用状态，所确定的固定资产价值为 39 100（37 600+2 400）元：

借：固定资产	40 000	
贷：在建工程		40 000

10.3.2 自建固定资产

企业自建固定资产，按其实施方式可分为自营工程和出包工程两种。

1. 自营工程

自营工程是指企业自行组织工程物资采购、自行组织施工人员施工的建筑工程和安装工程。其核算主要通过“工程物资”和“在建工程”账户进行。

（1）企业购入工程物资时

借：工程物资

　　贷：银行存款

（2）领用工程物资时

借：在建工程

　　贷：工程物资

（3）在建工程领用本企业原材料时

借：在建工程

　　贷：原材料

　　　　应交税费——应交增值税（进项税额转出）

（4）在建工程领用本企业生产的商品时

借：在建工程

　　贷：库存商品

应交税费——应交增值税(销项税额)

(5) 自营工程发生的其他费用(如分配工程人员工资等)

借：在建工程

贷：银行存款

应付职工薪酬

(6) 自营工程达到预定可使用状态时，按实际发生的全部支出

借：固定资产

贷：在建工程

【例 10-3】 大山公司自建厂房一幢，购入为工程准备的各种物资 100 000 元，支付的增值税额为 13 000 元，以银行存款支付，全部用于工程建设。领用本企业生产的水泥一批，实际成本为 9 000 元，税务部门确定的计税价格为 10 000 元，增值税率 13%；工程人员应计工资 12 000 元，支付的其他费用 4 000 元。工程完工并达到预定可使用状态。

根据上述经济业务，大山公司应做如下账务处理：

(1) 购入工程物资时

借：工程物资	113 000	
贷：银行存款		113 000

(2) 工程领用工程物资时

借：在建工程——建筑工程(厂房)	113 000	
贷：工程物资		113 000

(3) 工程领用本企业生产的水泥

确定应计入在建工程成本的金额为：9 000+10 000×13%＝10 300(元)

借：在建工程——建筑工程(厂房)	10 300	
贷：库存商品		9 000
应交税费——应交增值税(销项税额)		1 300

(4) 分配工程人员工资

借：在建工程——建筑工程(厂房)	12 000	
贷：应付职工薪酬		12 000

(5) 支付工程发生的其他费用

借：在建工程——建筑工程(厂房)	4 000	
贷：银行存款		4 000

(6) 工程完工转入固定资产实际造价

113 000+10 300+12 000+4 000＝143 700(元)

借：固定资产——厂房	139 300	
贷：在建工程——建筑工程(厂房)		139 300

2. 出包方式建造固定资产

出包工程是指企业通过招标等方式将工程项目发包给建造商，由建造商组织施工的建筑工程和安装工程。在出包方式下，出包企业按期支付工程进度款，所建造工程的具体支

出主要由建造商核算，这种方式下的“在建工程”科目主要是企业与建造商办理工程价款的结算科目，企业支付给建造商的工程价款作为工程成本，通过“在建工程”科目核算。

(1) 企业按合同约定向建造商支付预付款或进度款时

借：在建工程

贷：银行存款

(2) 工程完工补付工程价款时

借：在建工程

贷：银行存款

(3) 工程达到预定可使用状态时

按实际发生的全部支出

借：固定资产

贷：在建工程

10.4 固定资产折旧

10.4.1 固定资产折旧概述

1. 固定资产折旧的概念

固定资产折旧是指企业的固定资产由于磨损和损耗而逐渐转移的价值。这部分转移的价值以折旧费的形式计入成本费用，并从企业营业收入中得到补偿，转化为货币资金。

固定资产的损耗分为有形损耗和无形损耗：

① 有形损耗——是指固定资产在使用过程中由于运转摩擦而发生的机器磨损或受自然力的影响发生的腐蚀性损失。

② 无形损耗——是指固定资产在其有效使用年限内由于科学技术进步而发生的价值损失，这种损耗与固定资产使用无直接关系。

2. 性质

从本质上讲，固定资产折旧是一种费用，只不过这一费用没有在计提期间付出实实在在的货币资金，属于前期已经发生的资本性支出的转移，而这种支出的收益在资产投入使用后的有效使用期内逐渐实现，根据权责发生制和收入与费用的配比原则，企业应当在固定资产的使用寿命内，按照确定的方法对应计折旧额进行系统分摊。

应计折旧额是指应当计提折旧的固定资产的原价扣除其预计净残值后的余额。

3. 影响固定资产折旧的因素

① 固定资产的原值；

② 固定资产的净残值(残值-清理费用)；

③ 固定资产的使用年限。

4. 计提折旧的范围

除了下列情况外，企业应对所有的固定资产计提折旧：

① 已提足折旧仍继续使用的固定资产；

② 按规定单独作价作为固定资产入账的土地。

注意：

① 已达预定使用状态的在建工程，年内未办理竣工手续的，按暂估价入账，并计提折旧；办理竣工手续后，按实际成本调整原来的暂估价，不调整已提的折旧额。

② 提前报废的固定资产也不再不提折旧。

③ 固定资产计提折旧的时间规定。

企业一般应当按月提取折旧，当月增加的固定资产，当月不提折旧，从下月起计提折旧；当月减少的固定资产，当月照提折旧，从下月起不提折旧。

10.4.2 固定资产折旧的计算

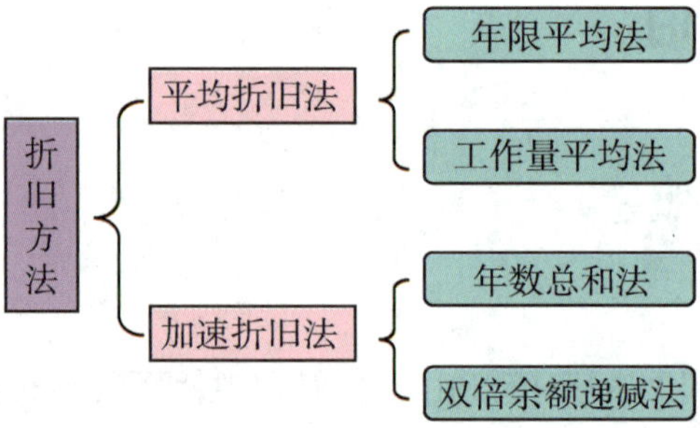

1. 年限平均法

年折旧额=(原价-预计净残值)÷预计使用年限

月折旧额=年折旧额 /12

年折旧率=(1-预计净残值率)÷预计使用年限

月折旧率=年折旧率/12

月折旧额=固定资产原价×月折旧率

例题分析

【例 10-4】 安达公司有一幢厂房，原价为 500 000 元，预计可使用 10 年，预计报废时的净残值率为 5%。

根据上述经济业务，安达公司应做如下计算：

年折旧率=(1-5%)÷10=9.5%

月折旧率=9.5%÷12=0.79%

月折旧额=500 000×0.79%=3 950(元)

工作量法：

单位工作量折旧额=[原价×(1-残值率)]÷预计总工作量

月折旧额=当月工作量× 单位工作量折旧额

例题分析

【例 10-5】 安安公司的一辆运货卡车的原价为 60 000 元，预计总行驶里程为 1 000 000公里，预计报废时的净残值率为 5%，本月行驶 10 000 公里。则该辆卡车的月折旧额计算如下：

单位里程折旧额 = 60 000×(1−5%)÷1 000 000

= 0. 057(元/公里)

本月折旧额 = 10 000×0. 057 = 570(元)

双倍余额递减法

加速折旧法是相对于年限平均法和工作量法而言的，在加速折旧法下，固定资产早期多提折旧，后期少提折旧，也称为递减折旧法。加速折旧法主要优点是早期效率高，多提更为合理；后期维修成本高，整体费用均衡；早收回成本，更新固定资产；给企业带来迟交税金的利益。我国常用的加速折旧法有：双倍余额递减法、年数总和法。

(1) 计算要点

在不考虑净残值条件下加速计算前(n−2)年的年折旧额。

在考虑净残值条件下平均计算后 2 年的年折旧额，平均计算各年内各月的折旧额。

(2) 计算公式

前(n−2)年
- 年折旧率 = $\dfrac{2}{\text{预计折旧年限}}$
- 月折旧率 = 年折旧率/12
- 月折旧额 = 年初固定资产账面净值×月折旧率

后 2 年
- 年折旧额 = $\dfrac{\text{账面净值}-\text{净残值}}{2}$
- 月折旧额 = 年折旧额/12

(3) 例题解析

【例 10-6】 顺风公司一项固定资产的原价为 100 000 元，预计使用年限为 5 年，预计净残值为 4 000 元。按双倍余额递减法计算折旧，每年的折旧额计算如下：

双倍直线折旧率 = 2÷5×100% = 40%

第 1 年应提的折旧额 = 100 000×40% = 40 000(元)

第 2 年应提的折旧额 = (100 000−40 000) ×40%

= 24 000(元)

第 3 年应提的折旧额 = (60 000−24 000) ×40%

= 14 400(元)

从第 4 年起改用平均年限法(直线法)计提折旧。

第 4、第 5 年的年折旧额

= [(100 000−4 000)−(40 000+24 000+14 400)] ÷2

= [96 000−78 400] ÷2

= 17 600 ÷2 = 8 800(元)

每年各月折旧额根据年折旧额除以 12 来计算。

2. 年数总和法

（1）计算要点

以(原价–净残值)为各年折旧额计算基数，年折旧率逐年等差递减，平均计算年内各月折旧额。

（2）计算公式

$$年折旧率=\frac{尚可使用年数}{预计使用年限的年数总和}$$

$$月折旧率=年折旧率/12$$

$$月折旧额=(原价-净残值)\times 月折旧率$$

（3）例题解析

【例 10–7】 原价为 100 000 元，净残值为 4000 元，预计使用 5 年。

原价–净残值	年折旧率	年折旧额	月折旧额
	×5/15	32 000	2 666.67
	×4/15	25 600	2 133.33
(100 000–4 000)=96 000	×3/15	19 200	1 600
	×2/15	12 800	1 066.67
	×1/15	6 400	533.33

10.4.3 固定资产折旧的核算

1. 计算依据

当月初应提折旧的固定资产原值

2. 计算公式

当月折旧额=上月折旧额+上月增加固定资产本月应提折旧额 –
上月减少固定资产本月不提折旧额

当月折旧额=∑(各项固定资产当月应提折旧额)

3. 会计分录

借：制造费用
　　管理费用
　　销售费用
　　其他业务成本
　　在建工程
　　贷：累计折旧

4. 例题解析

【例 10–8】 安达公司 2020 年 5 月份的固定资产折旧见会计分录。

借：制造费用——一车间　40 100
　　　　　　——二车间　13 100
　　销售费用　2 800
　　管理费用　10 000
　　贷：累计折旧　66 000

10.5 固定资产后续支出

10.5.1 固定资产后续支出核算的处理原则

企业与固定资产有关的后续支出，符合固定资产确认条件的，应当计入固定资产成本；不符合固定资产确认条件的，应当在发生时计入当期损益。

① 发生的维修费等——应在发生时确认为当期费用，即：计入管理费用(车间和行政管理部门)、销售费用(销售机构)等；

② 发生的改良支出等——应当计入固定资产价值。

10.5.2 固定资产后续支出资本化业务的账务处理——固定资产改良

1. 固定资产改良

固定资产改良又称为改扩建，是指在固定资产原有基础上进行的改、扩建，使其质量或功能得以改进。

2. 确认条件

凡符合以下条件之一者：

① 使用期延长；生产能力提高；

② 产品质量提高；生产成本降低；

③ 产品品种、性能、规格等发生良好变化；

④ 企业经营管理环境或条件改善。

3. 记录科目

固定资产改良计入在建工程 。核算要点：

① 核算科目：在建工程

② 折旧的停止计提与重新计提，完工后的结转。

4. 账务处理

(1) 转入改良

借：在建工程
　　累计折旧
　　贷：固定资产

(2) 变价收入

借：银行存款

贷：在建工程

（3）支付工程承包款

借：在建工程

贷：银行存款

（4）完工

借：固定资产

贷：在建工程

5. 案例分析

【例 10-9】 滋润公司对甲车间进行改扩建。该车间原价 2 000 000 万元，已提折旧 1 200 000 元，在改造过程中共发生改、扩建支出 600 000 元，发生变价收入 100 000 元。所有款项均通过银行转账结算收讫和付清。为简化计算，整个过程不考虑其他相关因素。

根据上述经济业务，安达公司做如下账务处理：

① 将生产车间投入改造：

借：在建工程——生产车间改造工程	800 000	
累计折旧	1 200 000	
贷：固定资产		2 000 000

② 发生改造支出：

借：在建工程——生产车间改造工程	600 000	
贷：银行存款		600 000

③ 收到改造过程中的变价收入：

借：银行存款	100 000	
贷：在建工程——生产车间改造工程		100 000

④ 改造完毕交付使用：

借：固定资产	1 300 000	
贷：在建工程——生产车间改造工程		1 300 000

10.5.3 固定资产后续支出费用化业务的账务处理

1. 会计分录

固定资产修理，应在发生时一次性直接计入当期费用，即：

借：销售费用/管理费用等

贷：原材料

应付职工薪酬

银行存款等

2. 例题解析

【例 10-10】 2020 年 6 月 1 日，甲公司对现有的一台生产机器设备进行日常修理，修理过程中发生的材料费 100 000 元，应支付的维修人员工资为 20 000 元。

甲公司应做如下会计处理：

借：管理费用　　120 000

　　贷：原材料　　100 000

　　　　应付职工薪酬　　20 000

10.6 固定资产处置

10.6.1 固定资产处置的概述

企业固定资产的处置是指企业因出售、报废、毁损、对外捐赠、对外投资、无偿调出、抵偿债务转出、非货币性交易转出 8 种原因减少固定资产。固定资产的处置应通过“固定资产清理”账户核算。

固定资产清理

固定资产处置过程中的一切支出（固定资产账面价值的结转、有关费用、税金等支出）	固定资产处置过程中的一切收入（固定资产残值、残料等支出）
固定资产处置净支出	固定资产处置净收益
固定资产处置净收益的结转	固定资产处置净支出的结转

10.6.2 固定资产处置的核算

1. 对外转出类处理原则

对投资、捐赠、抵债、换出、调拨等处理如图 10-1 所示。

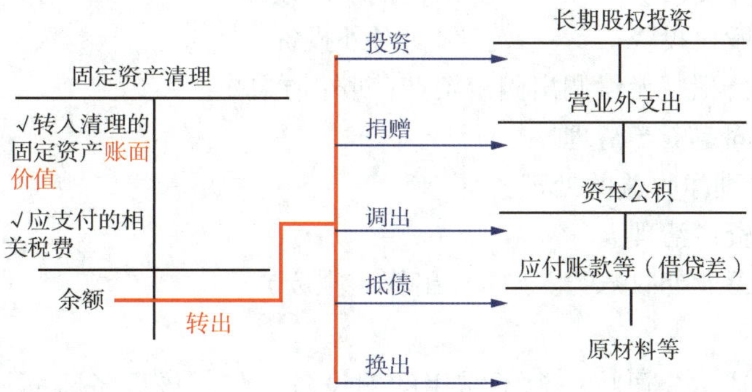

图 10-1

2. 售废毁类处理原则

对出售、报废、毁损处理，如图 10-2 所示。

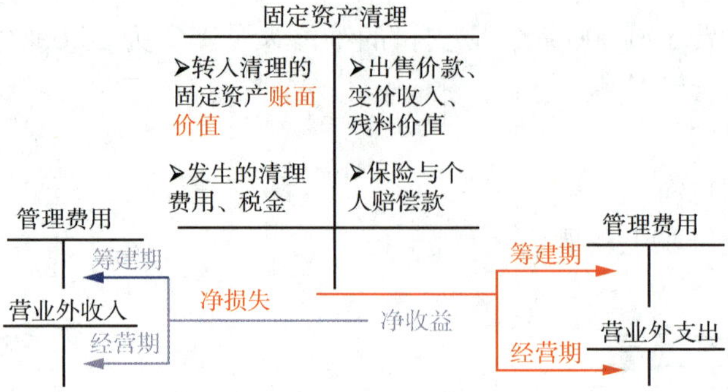

图 10-2

3. 账务处理步骤

（1）固定资产转入清理

借：固定资产清理

累计折旧

贷：固定资产

（2）固定资产处置过程中发生支出

借：固定资产清理

贷：银行存款

应交税费—应交增值税（销项税额）

（3）固定资产处置过程中发生收入

借：银行存款　（出售收入、残值收入）

原材料　（残料收入）

其他应收款（保险赔偿收入）

贷：固定资产清理

（4）固定资产清理余额的处理

① 固定资产清理净支出的处理：

借：营业外支出　（出售；报废；损毁）

长期股权投资　（对外投资）

资本公积—无偿调出固定资产（对外捐赠）

贷：固定资产清理

② 固定资产清理净收益的处理：

借：固定资产清理

贷：营业外收入　（出售；报废）

4. 例题解析

【例 10-11】 达达公司将一台不需用的旧设备出售，该设备账面原价为 600 000 元，已提折旧 100 000 元，支付清理费用 8 000 元，出售价款税合计为 452 000 元。

根据上述经济业务，达达公司做如下账务处理：

（1）固定资产转入清理

借：固定资产清理　500 000

累计折旧 100 000
贷：固定资产 600 000

（2）收到价款时
借：银行存款 452 000
贷：固定资产清理 400 000
应交税费——应交增值税（销项税额） 52 000

（3）支付清理费用
借：固定资产清理 8 000
贷：银行存款 8 000

（4）结转固定资产清理后的净损失
借：营业外支出——处置固定资产净损失 108 000
贷：固定资产清理 108 000

【例 10-12】 安安公司有旧厂房一幢，原值为 450 000 元，已提折旧 435 000 元，因使用期满批准报废。在清理过程中，以银行存款支付清理费用 8 000 元，拆除的残料作价 28 000 元入库。假定不考虑其他相关税费。

（1）固定资产转入清理
借：固定资产清理 15 000
累计折旧 435 000
贷：固定资产 450 000

（2）支付清理费用
借：固定资产清理 8 000
贷：银行存款 8 000

（3）残料入库
借：原材料 28 000
贷：固定资产清理 28 000

（4）结转固定资产清理净收益
借：固定资产清理 5 000
贷：营业外收入——处置固定资产净收益 5 000

【例 10-13】 卡迪亚公司的运输卡车一辆，原值为 180 000 元，已计提折旧 100 000 元，在一次意外事故中报废，收到保险公司赔款 80 000 元，卡车残料变卖收入 5 000 元，款项均已收存银行。

（1）将报废的卡车转销
借：固定资产清理 80 000
累计折旧 100 000
贷：固定资产 180 000

（2）收到保险公司的赔款
借：银行存款 80 000

贷：固定资产清理 80 000

（3）取得残料变卖收入

借：银行存款 5 000

贷：固定资产清理 5 000

（4）结转固定资产清理净收益

借：固定资产清理 5 000

贷：营业外收入——处置固定资产净收益 5 000

10.7 固定资产清查

1. 固定资产盘盈

盘盈的固定资产，按照同类或类似固定资产的市场价格或评估价值扣除按照该项固定资产新旧程度估计的折旧后的余额

（1）报批前

借：固定资产

贷：待处理非流动资产损溢

（2）报批后

借：待处理非流动资产损溢

贷：营业外收入

2. 固定资产盘亏

盘亏的固定资产，按照该项固定资产的账面价值

（1）报批前

借：待处理非流动资产损溢

累计折旧

贷：固定资产

（2）报批后

借：营业外支出

贷：营业外收入

3. 例题解析

【例10-14】 东华公司在财产清查中发现盘亏设备一台，其账面原值为80 000元，已提折旧25 000元。经审核批准后，该盘亏的设备做营业外支出处理。

根据上述经济业务，安达公司做如下账务处理：

（1）盘亏固定资产，审批前

借：待处理财产损溢——待处理固定资产损溢 55 000

累计折旧 25 000

贷：固定资产 80 000

（2）经批准转销后

借：营业外支出　　55 000

　　贷：待处理财产损溢——待处理固定资产损溢　　55 000

10.8 真账实训

真账实训 11 固定资产增加

【例 10－15】 审核业务 4 的经济业务凭证的原始凭证，原始凭证见“7.5 真账实训——真账实训 1 核算企业概述——5. 企业 2020 年 6 月经济业务的原始凭证”并登记原材料明细账。由于本书讲解的是一个月连续业务，业务编号是按顺序进行编制的。

【业务分析】

根据业务 4 的增值税专用发票、转账支票存根和交付使用财务明细账，确定购入生产用设备的入账价值为 30 000 元。

会计分录是：

借：固定资产——生产用　　30 000

　　应交税费——应交增值税（进项税额）　　3 900

　　贷：预付账款——光明公司　　10 000

　　　　银行存款　　23 900

审核准确无误，会计编制记账凭证，审核无误后登记库存商品明细账，其他账簿相关内容登记，此处不重复。

具体操作：（由明细账会计完成）

步骤一　审核原始凭证，按照内容合法、形式合法等去考虑，由于本书讲的原始凭证均严格按要求做的，以下该步骤省略。

步骤二　编制记账凭证并审核。如图 10-3 所示。

记　账　凭　证

2020 年 06 月 03 日　　　　记字第 04 号

摘要	会计科目	明细科目	借方金额											贷方金额											记账
			亿	千万	百万	十万	万	千	百	十	元	角	分	亿	千万	百万	十万	万	千	百	十	元	角	分	
购入设备	固定资产	生产用					3	0	0	0	0	0	0												✓
	应交税费	增（进）						3	9	0	0	0	0												✓
	银行存款																	2	3	9	0	0	0	0	✓
	预付账款	光明公司																1	0	0	0	0	0	0	✓
附件 3 张	合　计					¥	3	3	9	0	0	0	0				¥	3	3	9	0	0	0	0	

会计主管：郑实　记账：孙倩　出纳：黄蓉　复核：郑实　制证：孙倩

图 10-3

步骤三　登记固定资产——生产用明细账，并结出余额，其他明细账相关内容里登记，这里不重复。如图 10-4 所示。

固定资产　明细账

二级科目　生产用

2020年 月	日	凭证 种类	号数	摘要	对方科目	借方	贷方	借或贷	余额
6	1			期初余额				借	48000000
	3	记	4	购入设备		3000000		借	51000000
6	30			本月合计		3000000		借	51000000

图 10-4

步骤四　月末完成对账和结账工作。

真账实训 12　固定资产减少

【例 10-16】　审核业务 25、业务 26、业务 27 和业务 34 的经济业务凭证的原始凭证，原始凭证见“7.5 真账实训——真账实训 1 核算企业概述——5. 企业 2020 年 6 月经济业务的原始凭证”并登记原材料明细账。由于本书讲解的是一个月连续业务，业务编号是按顺序进行编制的。

【业务分析】

① 根据业务 25 的固定资产毁损报废申请表，确定非生产用固定资产转入清理的净值为 163 500 元，已提折旧 16 500 元。

会计分录是：

借：固定资产清理　　163 500
　　累计折旧　　16 500
　　贷：固定资产——非生产用　　180 000

② 根据业务 26 的增值税专用发票和银行进账单，确定出售固定资产的收入为 153 300 元，增值税合计 19 955 元。

会计分录是：

借：银行存款　　173 455
　　贷：固定资产清理　　153 500
　　　　应交税费——应交增值税(销项税额)　　19 955

③ 根据业务 27 的固定资产清理损益计算表，确定固定资产清理损失 10 000 元。

会计分录是：

借：营业外支出——处理固定资产损失　　10 000
　　贷：固定资产清理　　10 000

审核准确无误，会计编制记账凭证，审核无误后登记原材料和周转材料明细账，其他账簿相关内容登记，此处不重复。

具体操作：(由明细账会计完成)

步骤一　审核原始凭证，按照内容合法、形式合法等去考虑，由于本书讲的原始凭证均严格按要求做的，以下该步骤省略。

步骤二　编制记账凭证并审核。如图 10-5～图 10-7 所示。

记 账 凭 证

2020 年 06 月 24 日　　　　记字第 25 号

摘要	会计科目	明细科目	借方金额											贷方金额											记账
			亿	千万	百万	十万	万	千	百	十	元	角	分	亿	千万	百万	十万	万	千	百	十	元	角	分	
固定资产转入清理	固定资产清理					1	6	3	5	0	0	0	0												√
	累计折旧						1	6	5	0	0	0	0												√
	固定资产	非生产用															1	8	0	0	0	0	0	0	√
附件 1 张	合　计				¥	1	8	0	0	0	0	0	0			¥	1	8	0	0	0	0	0	0	

会计主管：郑实　记账：孙倩　出纳：　复核：郑实　制证：孙倩

图 10-5

记 账 凭 证

2020 年 06 月 25 日　　　　记字第 26 号

摘要	会计科目	明细科目	借方金额											贷方金额											记账
			亿	千万	百万	十万	万	千	百	十	元	角	分	亿	千万	百万	十万	万	千	百	十	元	角	分	
销售货车	银行存款					1	7	3	4	5	5	0	0												√
	固定资产清理																1	5	3	5	0	0	0	0	√
	应交税费	增（销）																1	9	9	5	5	0	0	√
附件 2 张	合　计				¥	1	7	3	4	5	5	0	0			¥	1	7	3	4	5	5	0	0	

会计主管：郑实　记账：孙倩　出纳：黄蓉　复核：郑实　制证：孙倩

图 10-6

步骤三　登记固定资产清理明细账，并结出余额，其他明细账相关内容里登记，这里不重复。如图 10-8 和图 10-9 所示。

记 账 凭 证

2020 年 06 月 25 日　　　　记字第　27　号

摘　　要	会计科目	明细科目	借方金额											贷方金额											记账
			亿	千万	百万	十	万	千	百	十	元	角	分	亿	千万	百万	十	万	千	百	十	元	角	分	
结转清理损失	营业外支出	处理固定资产损失					1	0	0	0	0	0	0												√
	固定资产清理																	1	0	0	0	0	0	0	√
附件 1　张	合　　计					¥	1	0	0	0	0	0	0				¥	1	0	0	0	0	0	0	

会计主管：郑实　记账：孙倩　出纳：　复核：郑实　制证：孙倩

图 10-7

固定资产 明细账

二级科目 非生产用

2020年		凭证		摘要	对方科目	借方										贷方										借或贷	余额									
月	日	种类	号数			千	百	十	万	千	百	十	元	角	分	千	百	十	万	千	百	十	元	角	分		千	百	十	万	千	百	十	元	角	分
6	1			期初余额																						借			2	4	0	0	0	0	0	0
	24	记	25	出售固定资产														1	8	0	0	0	0	0	0	借				6	0	0	0	0	0	0
6	30			本月合计														1	8	0	0	0	0	0	0	借				6	0	0	0	0	0	0

图 10-8

固定资产清理 明细账

二级科目

2020年		凭证		摘要	对方科目	借方										贷方										借或贷	余额									
月	日	种类	号数			千	百	十	万	千	百	十	元	角	分	千	百	十	万	千	百	十	元	角	分		千	百	十	万	千	百	十	元	角	分
6	24	记	25	出售固定资产				1	6	3	5	0	0	0	0											借			1	6	3	5	0	0	0	0
	25	记	26	出售固定资产收入														1	5	3	5	0	0	0	0	借				1	0	0	0	0	0	0
	26	记	27	结转清理损失															1	0	0	0	0	0	0	平										0
6	30			本月合计				1	6	3	5	0	0	0	0			1	6	3	5	0	0	0	0	平										0

图 10-9

步骤四　月末完成对账和结账工作。

真账实训 13　固定资产折旧

【例 10-17】 审核业务 25 和业务 38 的经济业务凭证的原始凭证，原始凭证见“7.5 真账实训——真账实训 1 核算企业概述——5. 企业 2020 年 6 月经济业务的原始凭证”并登记原材料明细账。由于本书讲解的是一个月连续业务，业务编号是按顺序进行编制的。

【业务分析】

① 根据业务 25 的固定资产毁损报废申请表，确定非生产用固定资产转入清理的净值为 163 500 元，已提折旧 16 500 元。

会计分录是：

借：固定资产清理　　163 500

　　累计折旧　　16 500

　　贷：固定资产——非生产用　　180 000

② 根据业务 38 的固定资产折旧汇总表，确定生产用固定资产折旧费用为 2 000 元，非生产用固定资产折旧费用为 2 500 元。

会计分录是：

借：制造费用——折旧费　　2 000

　　管理费用——折旧费　　2 500

　　贷：累计折旧　　4 500

审核准确无误，会计编制记账凭证，审核无误后登记累计折旧明细账，其他账簿相关内容登记，此处不重复。

具体操作：（由明细账会计完成）

步骤一　审核原始凭证，按照内容合法、形式合法等去考虑，由于本书讲的原始凭证均严格按要求做的，以下该步骤省略。

步骤二　编制记账凭证并审核。如图 10-10 和图 10-11 所示。

记　账　凭　证

2020 年 06 月 24 日　　　　记字第　25　号

摘要	会计科目	明细科目	借方金额 亿	千万	百万	十万	万	千	百	十	元	角	分	贷方金额 亿	千万	百万	十万	万	千	百	十	元	角	分	记账
固定资产转入清理	固定资产清理					1	6	3	5	0	0	0	0												√
	累计折旧						1	6	5	0	0	0	0												√
	固定资产	非生产用															1	8	0	0	0	0	0	0	√
附件 1 张	合计				¥	1	8	0	0	0	0	0	0			¥	1	8	0	0	0	0	0	0	

会计主管：郑实　记账：孙倩　出纳：　复核：郑实　制证：孙倩

图 10-10

步骤三　登记累计折旧明细账，并结出余额，其他明细账相关内容里登记，这里不重复。如图 10-12 所示。

记 账 凭 证

2020 年 06 月 30 日　　　　　　记字第 38 号

摘要	会计科目	明细科目	借方金额											贷方金额											记账
			亿	千万	百万	十万	万	千	百	十	元	角	分	亿	千万	百万	十万	万	千	百	十	元	角	分	
计提折旧	制造费用	折旧费						2	0	0	0	0	0												✓
	管理费用	折旧费						2	5	0	0	0	0												✓
	累计折旧																		4	5	0	0	0	0	✓
																									✓
附件 1 张	合 计						¥	4	5	0	0	0	0					¥	4	5	0	0	0	0	

会计主管：郑实　记账：孙倩　出纳：　复核：郑实　制证：孙倩

图 10-11

累计折旧 明细账

二级科目________

2020年		凭证		摘要	对方科目	借方										贷方										借或贷	余额									
月	日	种类	号数			千	百	十	万	千	百	十	元	角	分	千	百	十	万	千	百	十	元	角	分		千	百	十	万	千	百	十	元	角	分
6	1			期初余额																						贷				4	9	5	0	0	0	0
	24	记	25	出售固定资产					1	6	5	0	0	0	0											贷				3	3	0	0	0	0	0
	30	记	38	计提折旧																4	5	0	0	0	0	贷				3	7	5	0	0	0	0
6	30			本月合计					1	6	5	0	0	0	0					4	5	0	0	0	0	贷				3	7	5	0	0	0	0

图 10-12

步骤四　月末完成对账和结账工作。

第十一章 无形资产和其他长期资产

11.1 无形资产

1. 无形资产的概念

指企业拥有的或者控制的，没有实物形态，为企业带来多少经济利益具有较大不确定性的可辨认经济资源。

资产满足下列条件之一，符合可辨认性标准：

① 能够从企业中分离或者划分出来，并能单独用于出售、转移、授予许可、租赁或者交换(商誉不符合这一标准)

② 源自合同性权利或者其他法定权利，无论是否可以分离(如烟草专卖权)

无形资产特征：无实体性、长期性、不确定性、可辨认性(同时具备)。

2. 无形资产分类

无形资产分类，如表 11-1 所示。

表 11-1

按经济内容分	专利权、非专利技术、商标权、著作权、土地使用权、特许权
按来源途径分	外来(外购、接受捐赠、交换)
	自创
按经济寿命期限分	期限确定
	期限不确定

11.2 无形资产的核算

1. 外来无形资产

（1）购入无形资产

购入无形资产的入账价值是买价+相关税费+律师费、咨询费、注册登记费等。例11-2-1恒基公司因生产需要购入一项专利权，增值税专用发票上价款100 000元，增值税13 000元，普通发票上登记手续费和律师费合计2 000元，均以银行存款支付。

会计分录是：

借：无形资产——专利权　102 000
　　应交税费——应交增值税（进项税额）　13 000
　　贷：银行存款　115 000

（2）投资者投入的无形资产

借：无形资产（协商确认价值）
　　贷：实收资本（占注册资本份额）
　　　　资本公积（差额）

（3）捐赠获得无形资产

借：无形资产
　　贷：营业外收入

2. 自创无形资产，分为研究和开发两个阶段

（1）研究阶段：支出全部费用化，计入当期损益。

（2）开发阶段：支出同时满足以下条件，资本化，否则，费用化。

① 完成至使用或出售在技术上具有可行性；

② 具有完成并使用或出售的意图；

③ 能证明生产的产品存在市场或自身存在市场，在内部使用的，应证明其有用性；

④ 有足够的技术和资源，以完成开发，使用或出售；

⑤ 开发阶段的支出能够可靠计量。

注：无法区分研究或开发阶段，支出全部费用化

（3）自创的账务处理

① 费用化：

借：研发支出——费用化支出
　　贷：银行存款

月末转入管理费用

借：管理费用
　　贷：研发支出——费用化支出

② 资本化：

借：研发支出——资本化支出

贷：银行存款

研发完成转入无形资产成本

借：无形资产

贷：研发支出——资本化支出

11.3 无形资产的后续计量

11.3.1 无形资产摊销

1. 摊销期限

(1) 使用寿命有限——合理摊销

① 合同规定了使用年限，法律未规定，以合同规定为上限

② 合同未规定，法律规定了，以法律规定为上限

③ 两者都规定了，以较短者为上限

(2) 使用寿命不确定——不摊销

2. 摊销方法

可采用平均年限法、工作量法、年数总和法，无法可靠确定预期实现方式的，用平均年限法

3. 预计净残值

如果有第三方承诺在寿命结束时购买该无形资产，或可以根据活跃市场得到预计净残值信息，并且该市场在无形资产使用寿命结束时很可能存在，则可预计净残值，否则残值视为0。

4. 账务处理

借：管理费用/制造费用/其他业务成本

贷：累计摊销

注：当月增加当月摊销，当月减少当月不摊销(与固定资产不同)

5. 例题解析

【例11-1】 恒基公司2020年6月30日无形资产摊销情况表，如表11-2所示。

表11-2 无形资产摊销表

2020年6月　　单位：元

项目	入账价值	摊销期限	月摊销金额
土地使用权	1 800 000	30年	5 000
专利权A(出租)	120 000	10年	1 000

续表

项目	入账价值	摊销期限	月摊销金额
专利权 B	180 000	10 年	1 500
合计	2 100 000		7 500

根据上表，作如下分录处理：

借：管理费用——无形资产摊销　　6 500
　　其他业务成本　　1 000
　　贷：累计摊销　　7 500

11.3.2 无形资产出租

无形资产出租，就是让渡使用权，保留所有权，租金收入计入其他业务收入，同时结转无形资产摊销计入其他业务成本。

收取租金时

借：银行存款(或其他相关科目)
　　贷：其他业务收入
　　　　应交税费——应交增值税(销项税额)

月末结转摊销费用

借：其他业务成本
　　贷：无形资产摊销

11.4 无形资产处置

1. 无形资产处置(出售和报废)

不通过“清理”账户，处置损益→“营业外收入/支出”。

2. 例题解析

【例 11-2】 重庆市光明科技有限公司将一项著作权出售，增值税专用发票上标明价税合计 106 000 元(增值税率为 6%)，该著作权账面价 110 000，已摊销 30 000，款项已收存银行账户。

分析：处置收益，计入营业外收入金额 = 100 000-(110 000-30 000) = 20 000(元)

会计分录是：

借：银行存款　　106 000
　　累计摊销　　30 000
　　贷：无形资产——著作权　　110 000
　　　　应交税费——应交增值税(销项税额)　　6 000
　　　　营业外收入——无形资产处置损益　　20 000

【例 11-3】 重庆市新华公司由于技术进步，一项专利权 C 已无使用价值，经批准转销。账面价 100 000 元，累计摊销 80 000 元。

分析：属于无形资产报废，其损益计入营业外支出的金额 = 100 000 - 80 000 = 20 000（元）。

会计分录是：

借：营业外支出　　20 000
　　累计摊销　　80 000
　　贷：无形资产——专利权 C　　100 000

11.5 长期待摊费用及待处理财产损溢

11.5.1 长期待摊费用

1. 概述

小企业的长期待摊费用包括：已提足折旧的固定资产的改建支出、经营租入固定资产的改建支出、固定资产的大修理支出和其他长期待摊费用等。小企业应当设置“长期待摊费用”科目进行核算。

固定资产的大修理支出，是指同时符合下列条件的支出：

① 修理支出达到取得固定资产时的计税基础 50%以上；

② 修理后固定资产的使用寿命延长 2 年以上。

2. 长期待摊费用的核算

① 小企业发生的长期待摊费用时：

借：长期待摊费用
　　贷：银行存款、原材料等

② 小企业按月摊销长期待摊费用时：

借：制造费用（管理费用）等
　　贷：长期待摊费用

③ 长期待摊费用科目期末借方余额，反映小企业尚未摊销完毕的长期待摊费用。

11.5.2 待处理财产损溢

1. 概述

小企业应当设置“待处理财产损溢”科目核算在清查财产过程中查明的各种财产盘盈、盘亏和毁损的价值。小企业所采购物资在运输途中因自然灾害等发生的损失或尚待查明的损耗，也通过本科目核算。

本科目应按照待处理流动资产损溢和待处理非流动资产损溢进行明细核算。

2. 待处理财产损溢核算

（1）报批前

① 盘盈的各种材料、产成品、商品、现金和固定资产等，应当按照同类或类似存货的市场价格或评估价值。

借：原材料(库存商品、库存现金和固定资产等科目)

　　贷：待处理财产损溢

② 盘亏、毁损、短缺的各种材料、产成品、商品、现金等，应当按照其账面余额。

借：待处理财产损溢

　　贷：在途物资(原材料、库存商品、库存现金和固定资产等科目)涉及增值税进项税额的，还应进行相应的账务处理。

（2）报批后

① 盘盈的各种材料、产成品、商品、固定资产、现金等，按照管理权限经批准后处理时，按照本科目余额：

借：待处理财产损溢

　　贷：营业外收入

② 盘亏、毁损、报废的各项资产，按照管理权限经批准后处理时：

借：原材料　（按照残料价值）

　　其他应收款　（按照可收回的保险赔偿或过失人赔偿）

　　营业外支出　（按照其借方差额）

　　贷：待处理财产损溢

11.6 真账实训

真账实训 14　无资产推销

【例 11-4】 审核业务 39 的经济业务凭证的原始凭证，原始凭证见“7.5 真账实训——真账实训 1 核算企业概述——5. 企业 2020 年 6 月经济业务的原始凭证”并登记原材料明细账。由于本书讲解的是一个月连续业务，业务编号是按顺序进行编制的。

【业务分析】

根据业务 39 的无形资产摊销计算表，确定无形资产——商标权本月摊销金额为 800 元。

会计分录是：

借：管理费用——无形资产摊销　　800

　　贷：无形资产摊销　　800

审核准确无误，会计编制记账凭证，审核无误后登记累计摊销明细账，其他账簿相关内容登记，此处不重复。

具体操作：（由明细账会计完成）

步骤一　审核原始凭证，按照内容合法、形式合法等去考虑，由于本书讲的原始凭证均严格按要求做的，以下该步骤省略。

步骤二　编制记账凭证并审核。如图 11-1 所示。

记　账　凭　证

2020 年 06 月 30 日　　　　记字第 39 号

摘　要	会计科目	明细科目	借方金额 亿	千万	百万	十万	万	千	百	十	元	角	分	贷方金额 亿	千万	百万	十万	万	千	百	十	元	角	分	记账
计提摊销	管理费用	无形资产摊销							8	0	0	0	0												√
	累计摊销																			8	0	0	0	0	√
附件 1 张	合　计							¥	8	0	0	0	0						¥	8	0	0	0	0	

会计主管：郑实　记账：孙倩　出纳：　复核：郑实　制证：孙倩

图 11-1

步骤三　登记累计摊销明细账，并结出余额，由于本期无无形资产增减变化，要把期初的无形资产——商标权的明细账结账，其他明细账相关内容里登记，这里不重复。如图 11-2和图 11-3 所示。

无形资产　明细账

二级科目 商标权

2020年 月	日	凭证 种类	号数	摘要	对方科目	借方 千	百	十	万	千	百	十	元	角	分	贷方 千	百	十	万	千	百	十	元	角	分	借或贷	余额 千	百	十	万	千	百	十	元	角	分
6	1			期初余额																						借				9	6	0	0	0	0	0
6	30			本月合计																						借				9	6	0	0	0	0	0

图 11-2

累计摊销　明细账

二级科目

2020年 月	日	凭证 种类	号数	摘要	对方科目	借方 千	百	十	万	千	百	十	元	角	分	贷方 千	百	十	万	千	百	十	元	角	分	借或贷	余额 千	百	十	万	千	百	十	元	角	分
6	1			期初余额																						借					9	6	0	0	0	0
	30	记	39	计提摊销																	8	0	0	0	0	借				1	0	4	0	0	0	0
6	30			本月合计																																

图 11-3

步骤四　月末完成对账和结账工作。

第十二章 负债的核算

12.1 负债的概述

1. 负债的概念和分类

负债，是指小企业过去的交易或者事项形成的，预期会导致经济利益流出小企业的现时义务。

小企业的负债按照其流动性，可分为流动负债和非流动负债。

2. 流动负债的内容和范围

小企业的流动负债，是指预计在1年内或者超过1年的一个正常营业周期内清偿的债务。小企业的流动负债包括：短期借款、应付及预收款项、应付职工薪酬、应交税费、应付利息等。

各项流动负债应当按照其实际发生额入账。小企业确实无法偿付的应付款项，应当计入营业外收入。

3. 非流动负债的内容和范围

小企业的非流动负债，是指流动负债以外的负债。小企业的非流动负债包括：长期借款、长期应付款等。

12.2 短期借款

1. 短期借款概述

短期借款是指企业向银行或其他金融机构等借入的期限在一年以下(含一年)的各种借款。该账户可按借款种类、债权人和币种设置明细账户。

2. 短期借款核算

(1) 账户的登记方法

借	短期借款	贷
	归还借款	借入数
		余额：尚未归还数

（2）例题解析

【例12-1】 吉吉公司4月1日取得临时借款20 000元，年利率为6%，半年后一次还本。利息每季度支付一次。

① 取得借款(4月1日)时：

借：银行存款 20 000

　　贷：短期借款 20 000

② 4月30日和5月31日计提利息时：

借：财务费用 100

　　贷：应付利息 100

③ 6月30日支付利息时：

借：财务费用 100(6月的利息)

　　应付利息 200

　　贷：银行存款 300

12.3 应付及预收款项

12.3.1 应付票据的核算

1. 应付票据概述

企业根据合同进行延期付款交易业务并采用商业汇票结算时，购货方签发承兑汇票后即构成一种债务，所签发的商业汇票称为应付票据。应付票据按承兑人不同分为银行承兑汇票和商业承兑汇票。

2. 应付票据的核算

（1）账户的登记方法

借	应付票据	贷
收到支付通知 到期支付数		开出承兑数
		余额：尚未支付数

（2）例题解析

【例 12-2】 吉吉公司于 5 月 1 日按合同开出面值为 33 900 元，为期 6 个月的票据一张，并向银行办理承兑手续，用以向厦门公司购买 A 材料，货款 30 000 元，进项税额 3 900元，材料已入库。

会计分录是：

借：原材料——A 材料	30 000	
应交税费——应交增值税（进项税额）	3 900	
贷：应付票据——厦门公司		33 900

12.3.2 应付账款的核算

1. 应付账款概述

应付账款是指企业因购买材料、商品和接受劳务等经营活动应支付的款项。为了总括地反映和监督企业因购买材料、商品和接受劳务等而产生的债务及其偿还情况，应设置“应付账款”账户。该账户可按债权人设置明细账进行明细分类核算。

2. 应付账款的核算

（1）账户的登记方法

借　　　　应付账款	贷
支付款项	应付未付数
	余额：尚未支付数

（2）例题解析

【例 12-3】 吉吉公司于 5 月 25 日将购入的一批材料物资验收入库，有关结算单据直到月末尚未收到，该批材料物 资估计价格 32 000 元，6 月 5 日收到了有关的结算单据，货款 30 000 元，进项税额 3 900 元，但企业暂时未支付此笔货款。

① 5 月末，将已验收入库的材料物资按其估计价格登记入账：

借：原材料	32000	
贷：应付账款		32000

② 6 月初，将已入账原材料暂估价值以红字冲回：

借：原材料	32 000	
贷：应付账款		32 000

注：框内是红字

③ 6 月 5 日收到有关结算单据时：

借：原材料	30000	
应交税费——应交增值税（进项税额）	3 900	
贷：应付账款		33 900

12.3.3 预收账款的核算

1. 预收账款概述

预收账款是指企业按照合同规定向购货方预收的购货方定金或部分货款，待实际出售商品、产品或提供劳务时再予结算的款项。在收到定金而未交货结算时，是企业的一项负债。

2. 预收账款的核算

(1) 账户的登记方法

借	预收账款 贷
发货结算数	预收销货款
	余额：尚未结算数

(2) 例题解析

【例 12-4】 吉吉公司为一般纳税企业，与丁公司签订供销合同，供货价款 50 000 元，应纳增值税 6 500 元。丁公司先预付全部款项的 30%，剩余款项交货后付清。

① 收到丁公司交来预付款：56 500×30%＝16 950(元)

借：银行存款	16 950	
贷：预收账款——丁公司		16 950

②按合同规定向丁公司发出货物，确认销售实现：

借：预收账款 ——丁公司	56 500	
贷：主营业务收入		50 000
应交税费——应交增值税(销项税额)		6 500

(3) 收到丁公司补付的欠款 39 550 元：

借：银行存款	39 550	
贷：预收账款——丁公司		39 550

12.3.4 其他应付款

1. 其他应付款概述

本科目核算小企业除应付账款、预收账款、应付职工薪酬、应交税费、应付利息、应付利润等以外的其他各项应付、暂收的款项，如应付租入固定资产和包装物的租金、存入保证金等。具体包括：

① 应付经营租入固定资产和包装物押金；

② 职工未按期领取的工资；

③ 存入保证金(如收取包装物押金)；

④ 应付、暂收的所属单位或个人的款项；

⑤ 其他应付、暂收款项。

2. 其他应付款的账务处理

（1）小企业发生的其他各种应付、暂收款项如社会保险费和住房公积金

借：管理费用等科目

贷：其他应付款

（2）支付的其他各种应付、暂收款项

借：其他应付款

贷：银行存款

（3）小企业无法支付的其他应付款

借：其他应付款

贷：营业外收入

12.4　应付职工薪酬

1. 应付职工薪酬概念及范围

应付职工薪酬，是指小企业为获得职工提供的服务而应付给职工的各种形式的报酬以及其他相关支出。

小企业的职工薪酬包括：

① 职工工资、奖金、津贴和补贴；

② 职工福利费；

③ 医疗保险费、养老保险费、失业保险费、工伤保险费和生育保险费等社会保险费；

④ 住房公积金；

⑤ 工会经费和职工教育经费；

⑥ 非货币性福利；

⑦ 因解除与职工的劳动关系给予的补偿；

⑧ 其他与获得职工提供的服务相关的支出等。

2. 应付职工薪酬的核算

小企业应当在职工为其提供服务的会计期间，将应付的职工薪酬确认为负债，并根据职工提供服务的受益对象，分别进行会计处理：

① 月末，小企业应当将本月发生的职工薪酬区分以下情况进行分配：

借：生产成本——直接人工（工资及福利）（生产工人的薪酬）

制造费用——工资及福利　（车间管理人员的薪酬）

管理费用——工资及福利　（管理部门人员的薪酬）

销售费用——工资及福利　（销售部门人员的薪酬）

在建工程　（在建工程人员的薪酬）

研发支出　　　　　　　（无形资产研发人员的薪酬）

贷：应付职工薪酬

② 向职工支付工资、奖金、津贴、福利费等，从应付职工薪酬中扣还的各种款项(代垫的家属药费、个人所得税等)等。

借：应付职工薪酬

贷：库存现金或银行存款

其他应收款(代扣社会保险费和住房公积金等)

应交税费—应交个人所得税(代扣个人所得税)

③ 支付工会经费和职工教育经费用于工会活动和职工培训、按照国家有关规定缴纳的社会保险费和住房公积金以及支付的因解除与职工的劳动关系给予职工的补偿。

借：应付职工薪酬

贷：银行存款(或库存现金)

④ 以其自产产品发放给职工的，按照其销售价格。

借：应付职工薪酬

贷：主营业务收入

应交税费——应交增值税(销项税额)

同时，还应结转产成品的成本。

借：主营业务成本

贷：库存商品

3. 例题解析

【例 12-5】 甲公司 2020 年 5 月将本公司生产的产品发放给职工作为福利，每件产品成本为 900 元，计税价格(不含税售价)每件产品为 1 000 元，其中生产工人为 100 人，管理人员 20 人。

甲公司应做的账务处理为：

借：生产成本　　113 000

(100×1000×1. 13)

管理费用　　22 600

(20×1000×1. 13)

贷：应付职工薪酬——非货币性福利　　135 600

借：应付职工薪酬——非货币性福利　　135 600

贷：主营业务收入　　120 000

应交税费——应交增值税(销项税额)　　15 600

借：主营业务成本　　108 000

贷：库存商品(120×900＝108 000)　　108 000

【例 12-6】 甲公司结算本月应付职工薪酬 300 000 元，代扣职工个人所得税20 000 元，社会保险费 30 000 元和住房公积金 20 000，实发工资 230 000 元。账务处理如下：

① 月末，分配工资，其中：产品生产人员工资为 200 000 元，车间管理人员工资为 30

000 元，企业行政管理人员工资为 70 000 元。

借：生产成本	200 000
制造费用	30 000
管理费用	70 000
贷：应付职工薪酬	300 000

② 发放工资并结算代扣代缴。

借：应付职工薪酬	300 000（应发工资）
贷：银行存款	230 000（实发工资）
其他应付款——社会保险费	30 000（代缴）
——住房公积金	20 000（代缴）
应交税费——应交个人所得税	20 000（代扣）

12.5 应交税费

1. 应交税费的内容

应交税费科目核算小企业按照税法等规定计算应交纳的各种税费。包括：增值税、消费税、城市维护建设税、企业所得税、资源税、土地增值税、城镇土地使用税、房产税、车船税和教育费附加、矿产资源补偿费、排污费等。小企业代扣代缴的个人所得税等，也通过本科目核算。

“应交税费”科目应按照应交的税费项目进行明细核算。

2. 应交增值税的核算

① 应交增值税还应当分别“进项税额”“销项税额”“出口退税”“进项税额转出”“已交税金”等设置专栏。

② 小规模纳税人只需设置“应交增值税”明细科目，不需要在“应交增值税”明细科目中设置上述专栏。

3. 应交城建税和教育费附加的核算

① 会计实务中，应交城建税和教育费附加是以当月（小规模当季）应交纳的增值税与消费税的合计数来计算，城建税率一般有 7%、5%和 1%，教育费附加是以增值税与消费税的合计数来乘以 3%，地方教育费附加则是 2%。

② 会计分录是：

借：税金及附加

贷：应交税费——应交城建税

——应交教育费附加

——应交地方教育费附加

4. 例题解析

【例 12-7】 乙公司是增值税一般纳税人，2020 年 5 月发生以下经济业务，试编制会计分录并计算当月交纳的增值税、城建税、教育费附加和地方教育附加，销售是月末一次结转成本。

① 5 日购进 A 材料，取得增值税专用发票，价税合计 113 000 元，材料已入库，银行转账支付。

② 8 日用银行存款支付重庆有线电视公司广告费，取得增值税专用发票价款 50 000 元，税额 3 000 元。

③ 10 日销售 A 产品 100 件，专用发票上标明价税合计 339 000 元，款项已入银行账。

④ 15 日赊销给丁公司 A 材料一批，价税合计 45 200 元。

⑤ 计算并结转当月未交的增值税。

⑥ 计算当月应交的城建税、教育附加和地方教育附加。

解析：

（1）会计分录

借：原材料——A 材料　　100 000
　　应交税费——应交增值税（进项税额）　　13 000
　　贷：银行存款　　113 000

（2）会计分录

借：销售费用——广告费　　50 000
　　应交税费——应交增值税（进项税额）　　3 000
　　贷：银行存款　　53 000

（3）会计分录

借：银行存款　　339 000
　　贷：主营业务收入　　300 000
　　　　应交税费——应交增值税（销项税额）　　39 000

（4）会计分录

借：应收账款——丁公司　　45 2000
　　贷：其他业务收入　　40 000
　　　　应交税费——应交增值税（销项税额）　　5 200

（5）当月应交纳的增值税 = 销项税额——进项税额
　　= (39 000+5 200) − (13 000+3 000) = 28 200（元）

会计分录是：

借：应交税费——应交增值税（销项税额）　　44 200
　　贷：应交税费——应交增值税（进项税额）　　16 000
　　　　——应交增值税（转出未交增值税）　　28 200

借：应交税费——应交增值税（转出未交增值税）　　28 200
　　贷：应交税费——未交增值税　　28 200

（6）当月应交纳的城建税 = 28 200×7% = 1 974（元）

当月应交纳的教育附加 = 28 200×3% = 846(元)

当月应交纳的地方教育附加 = 28 200×2% = 564(元)

会计分录是

借：税金及附加	3 384	
贷：应交税费——应交城市维护建设税		1 974
——应交教育费附加		846
——应交地方教育费附加		564

12.6　长期借款

1. 长期借款概述

长期借款核算小企业向银行或其他金融机构借入的期限在 1 年以上的各项借款本金。本科目应按照借款种类、贷款人和币种进行明细核算。

2. 长期借款的核算

① 小企业借入长期借款

借：银行存款

　　贷：长期借款

② 在应付利息日，长期借款应当按照借款本金和借款合同利率在应付利息日计提利息费用，计入相关资产成本或财务费用。

借：财务费用

　　在建工程

　　贷：应付利息

③ 偿还长期借款本金

借：长期借款

　　贷：银行存款

④ 长期借款科目期末贷方余额，反映小企业尚未偿还的长期借款本金。

【特别提示】 小企业会计准则下，不采用实际利率法计算利息，一律按照合同约定的名义利率进行计算。

12.7　长期应付款

1. 长期应付款概述

长期应付款核算小企业除长期借款以外的其他各种长期应付款项。包括：应付融资租入固定资产的租赁费、以分期付款方式购入固定资产发生的应付款项等。本科目应按照长期应付款的种类和债权人进行明细核算。

2. 长期应付款的核算

① 小企业融资租入固定资产，在租赁期开始日，按照租赁合同约定的付款总额和在签订租赁合同过程中发生的相关税费等。

借：固定资产或在建工程

　　贷：长期应付款

② 以分期付款方式购入固定资产，应当按照实际支付的购买价款和相关税费(不包括按照税法规定可抵扣的增值税进项税额)。

借：固定资产或在建工程

　　应交税费——应交增值税(进项税额)

　　贷：长期应付款

③ "长期应付款"科目期末贷方余额，反映小企业应付未付的长期应付款项。

12.8 真账实训

真账实训 15　短期、长期借款和应付利息

审核业务 2 和业务 40 的经济业务凭证的原始凭证，原始凭证见"7.5 真账实训——真账实训 1 核算企业概述——5. 企业 2020 年 6 月经济业务的原始凭证"并登记相关明细账。由于本书讲解的是一个月连续业务，业务编号是按顺序进行编制的。

【业务分析】

① 根据业务 2 的借款借据回单，确定借入长期借款金额为 100 000 元，已入银行存款账户。

会计分录是：

借：银行存款	100 000	
贷：长期借款		100 000

② 根据业务 40 的短期流动资金借款预提费用计算表和银行贷款利息凭证，确定短期借款已计提利息 1 000 元，本月计入财务费用 500 元。

会计分录是：

借：财务费用——利息费	1 000	
应付利息	500	
贷：银行存款		1 500

审核准确无误，会计编制记账凭证，审核无误后登记长期借款和应付利息明细账，其他账簿相关内容登记，此处不重复。

具体操作：(由明细账会计完成)

步骤一　审核原始凭证，按照内容合法、形式合法等去考虑，由于本书讲的原始凭证均严格按要求做的，以下该步骤省略。

步骤二　编制记账凭证并审核。如图 12-1 和图 12-2 所示。

记 账 凭 证

2020 年 06 月 01 日　　　　　　记 字第 02 号

摘　要	会计科目	明细科目	借方金额 亿	千万	百万	十万	万	千	百	十	元	角	分	贷方金额 亿	千万	百万	十万	万	千	百	十	元	角	分	记账
取得借款	银行存款					1	0	0	0	0	0	0	0												√
	长期借款																1	0	0	0	0	0	0	0	√
附件　1 张	合　　计				¥	1	0	0	0	0	0	0	0			¥	1	0	0	0	0	0	0	0	

会计主管：郑实　记账：孙倩　出纳：黄蓉　复核：郑实　制证：孙倩

图 12-1

记 账 凭 证

2020 年 06 月 30 日　　　　　　记字第 40 号

摘　要	会计科目	明细科目	借方金额 亿	千万	百万	十万	万	千	百	十	元	角	分	贷方金额 亿	千万	百万	十万	万	千	百	十	元	角	分	记账
交纳本季利息	财务费用	利息费							5	0	0	0	0												√
	应付利息							1	0	0	0	0	0												√
	银行存款																		1	5	0	0	0	0	√
附件　2 张	合　　计						¥	1	5	0	0	0	0					¥	1	5	0	0	0	0	

会计主管：郑实　记账：孙倩　出纳：黄蓉　复核：郑实　制证：孙倩

图 12-2

步骤三　登记长期借款和应付利息明细账，并结出余额，其他明细账相关内容里登记，这里不重复。如图 12-3、图 12-4 所示。

长期借款 明细账

二级科目________

2020年 月	日	凭证 种类	号数	摘要	对方科目	借方 千	百	十	万	千	百	十	元	角	分	贷方 千	百	十	万	千	百	十	元	角	分	借或贷	余额 千	百	十	万	千	百	十	元	角	分
6	1	记	2	取得借款	银行存款													1	0	0	0	0	0	0	0	贷			1	0	0	0	0	0	0	0
6	30			本月合计														1	0	0	0	0	0	0	0	贷			1	0	0	0	0	0	0	0

图 12-3

应付利息 明细账

二级科目________

2020年 月	日	凭证 种类	号数	摘要	对方科目	借方 千百十万千百十元角分	贷方 千百十万千百十元角分	借或贷	余额 千百十万千百十元角分
6	1			期初余额				贷	100000
	30	记	40	交纳本季度利息		100000		平	0
6	30			本月合计		100000		平	0

图 12-4

步骤四　月末完成对账和结账工作，由于短期借款本期未发生，也要结出余额见图 12-5所示。

短期借款 明细账

二级科目________

2020年 月	日	凭证 种类	号数	摘要	对方科目	借方 千百十万千百十元角分	贷方 千百十万千百十元角分	借或贷	余额 千百十万千百十元角分
6	1			期初余额				贷	20000000
6	30			本月合计				贷	20000000

图 12-5

真账实训 16　应付票据和应付账款

审核业务 7、业务 9、业务 16、业务 19 和业务 41 的经济业务凭证的原始凭证，原始凭证见“7.5 真账实训——真账实训 1 核算企业概述——5. 企业 2020 年 6 月经济业务的原始凭证”并登记相关明细账。由于本书讲解的是一个月连续业务，业务编号是按顺序进行编制的。

【业务分析】

① 根据业务 7 的增值税专用发票和收料单，确定购进原材料强力胶和周转材料螺钉的成本为 10 000 元、5 000 元，增值税合计 1 950 元，应付账款合计 16 950 元。

会计分录是：

借：原材料——强力胶　　10 000
　　周转材料——螺钉　　5 000
　　应交税费——应交增值税(进项税额)　　1 950
　　贷：应付账款——长江建材　　16 950

② 根据业务 9 的商业承兑汇票存根，确定是开出商业承兑汇票抵前欠万元钢材的材料款项成本为 50 000 元。

会计分录是：

借：应付账款——万元钢材　　50 000
　　贷：应付票据——万元钢材　　50 000

③ 根据业务 16 的转账支票存根，确定是归还多彩木材的前欠材料款项，查询期初余额，找到金额为 23 000 元。

会计分录是：

借：应付账款——多彩木材　　23 000

　　贷：银行存款　　23 000

④ 根据业务 19 的增值税专用发票和转账支票存根，确定是支付江北供电局上月电费价税合计 7 910 元。

会计分录是：

借：应付账款——江北供电局　　7 000

　　应交税费——应交增值税(进项税额)　　910

　　贷：银行存款　　7 910

⑤ 根据业务 41 的电费费用分配表，确定是结算本月应付账款——江北供电局的电费为 7 500 元。

会计分录是：

借：制造费用——电费　　5 500

　　管理费用——电费　　1 000

　　销售费用——电费　　1 000

　　贷：应付账款——江北供电局　　7 500

审核准确无误，会计编制记账凭证，审核无误后登记应付票据和应付账款明细账，其他账簿相关内容登记，此处不重复。

具体操作：(由明细账会计完成)

步骤一　审核原始凭证，按照内容合法、形式合法等去考虑，由于本书讲的原始凭证均严格按要求做的，以下该步骤省略。

步骤二　编制记账凭证并审核。如图 12-6～图 12-10 所示。

记　账　凭　证

2020 年 06 月 06 日　　　　记字第 07 号

摘　要	会计科目	明细科目	借方金额											贷方金额											记账
			亿	千万	百万	十	万	千	百	十	元	角	分	亿	千万	百万	十	万	千	百	十	元	角	分	
购入材料	原材料	强力胶					1	0	0	0	0	0	0												√
	周转材料	螺钉						5	0	0	0	0	0												√
	应交税费	增（进）						1	9	5	0	0	0												√
	应付账款	长江建材																1	6	9	5	0	0	0	√
附件 2 张	合　计					Y	1	6	9	5	0	0	0				Y	1	6	9	5	0	0	0	

会计主管：郑实　记账：孙倩　出纳：黄蓉　复核：郑实　制证：孙倩

图 12-6

记 账 凭 证

2020 年 06 月 10 日　　　　　　记字第 09 号

摘　要	会计科目	明细科目	借方金额											贷方金额											记账
			亿	千万	百万	十	万	千	百	十	元	角	分	亿	千万	百万	十	万	千	百	十	元	角	分	
开出商业汇票	应付账款	万元钢材					5	0	0	0	0	0	0												√
	应付票据	万元钢材																5	0	0	0	0	0	0	√
附件 1 张	合　计					¥	5	0	0	0	0	0	0				¥	5	0	0	0	0	0	0	

会计主管：郑实　记账：孙倩　出纳：　复核：郑实　制证：孙倩

图 12-7

记 账 凭 证

2020 年 06 月 14 日　　　　　　记字第 16 号

摘　要	会计科目	明细科目	借方金额											贷方金额											记账
			亿	千万	百万	十	万	千	百	十	元	角	分	亿	千万	百万	十	万	千	百	十	元	角	分	
支付前欠货款	应付账款	多彩木材					2	3	0	0	0	0	0												√
	银行存款																	2	3	0	0	0	0	0	√
附件 2 张	合　计					¥	2	3	0	0	0	0	0				¥	2	3	0	0	0	0	0	

会计主管：郑实　记账：孙倩　出纳：黄蓉　复核：郑实　制证：孙倩

图 12-8

记 账 凭 证

2020 年 06 月 18 日　　　　　　记字第 19 号

摘　要	会计科目	明细科目	借方金额											贷方金额											记账
			亿	千万	百万	十	万	千	百	十	元	角	分	亿	千万	百万	十	万	千	百	十	元	角	分	
支付电费	应付账款	江北供电局						7	0	0	0	0	0												√
	应交税费	增（进）							9	1	0	0	0												√
	银行存款																		7	9	1	0	0	0	
附件 2 张	合　计						¥	7	9	1	0	0	0					¥	7	9	1	0	0	0	

会计主管：郑实　记账：孙倩　出纳：黄蓉　复核：郑实　制证：孙倩

图 12-9

记 账 凭 证

2020 年 06 月 30 日　　　　　　记字第 41 号

摘要	会计科目	明细科目	借方金额（亿千百十万千百十元角分）	贷方金额（亿千百十万千百十元角分）	记账
结算本月电费	制造费用	电费	550000		✓
	管理费用	电费	100000		✓
	销售费用	电费	100000		✓
	应付账款	江北供电局		750000	✓
					✓
					✓
附件 1 张	合计		¥750000	¥750000	

会计主管：郑实　记账：孙倩　出纳：　复核：郑实　制证：孙倩

图 12-10

步骤三　登记应付票据和应付账款明细账，并结出余额，其他明细账相关内容里登记，这里不重复。如图 12-11～图 12-15 所示。

应付票据 明细账

二级科目 万元钢材

2020年 月	日	凭证 种类	号数	摘要	对方科目	借方（千百十万千百十元角分）	贷方（千百十万千百十元角分）	借或贷	余额（千百十万千百十元角分）
6	10	记	9	开出商业汇票			5000000	贷	5000000
6	30			本月合计			5000000	贷	5000000

图 12-11

应付账款

二级科目 长江建材

2020年 月	日	凭证 种类	号数	摘要	对方科目	借方（千百十万千百十元角分）	贷方（千百十万千百十元角分）	借或贷	余额（千百十万千百十元角分）
6	6	记	7	购入材料			1695000	贷	1695000
6	30			本月合计			1695000	贷	1695000

图 12-12

应付账款 明细账

二级科目 万元钢材

2020年 月	日	凭证 种类	号数	摘要	对方科目	借方（千百十万千百十元角分）	贷方（千百十万千百十元角分）	借或贷	余额（千百十万千百十元角分）
6	1			期初余额				贷	5000000
	10	记	9	开出商业汇票		5000000		平	0
6	30			本月合计		5000000		平	0

图 12-13

应付账款 明细账

二级科目 多彩木材

2020年 月	日	凭证 种类	号数	摘要	对方科目	借方（千百十万千百十元角分）	贷方（千百十万千百十元角分）	借或贷	余额（千百十万千百十元角分）
6	1			期初余额				贷	2300000
	14	记	16	支付前欠货款		2300000		平	0
6	30			本月合计		2300000		平	0

图 12-14

应付账款 明细账

二级科目江北供电局

2020年 月	日	凭证 种类	号数	摘要	对方科目	借方（千百十万千百十元角分）	贷方（千百十万千百十元角分）	借或贷	余额（千百十万千百十元角分）
6	1			期初余额				贷	700000
	18	记	19	支付上月电费		700000		平	0
	30	记	41	分配本月电费			750000	贷	750000
6	30			本月合计		700000	750000	贷	750000

图 12-15

步骤四　月末完成对账和结账工作。

真账实训 17　其他应付款和应付职工薪酬

审核业务 11、业务 12、业务 13、业务 35、业务 36 和业务 37 的经济业务凭证的原始凭证，原始凭证见“7.5 真账实训——真账实训 1 核算企业概述——5. 企业 2020 年 6 月经济业务的原始凭证”并登记相关明细账。由于本书讲解的是一个月连续业务，业务编号是按顺序进行编制的。

【业务分析】

① 根据业务 11 的社会保险缴费专用收据和住房公积金汇缴书，确定缴纳上月社保费为 27 000 元，住房公积金 18 000 元。

会计分录是：

借：其他应付——社会保险费　　8 000

　　　　　　——住房公积金　　9 000

　　应付职工薪酬——社会保险费　　19 000

　　　　　　　　——住房公积金　　9 000

　　贷：银行存款　　45 000

② 根据业务 12 的现金支票存根和工资表，确定是发放上月工资 19 000 元。

会计分录是：

借：应付职工薪酬——工资　　19 000

贷：银行存款　　19 000

③ 根据业务 13 的 3 张门诊收费用专用收据和费用报销单，确定报销职工医药费 800 元。

会计分录是：

借：应付职工薪酬——福利费　　800

贷：库存现金　　800

④ 根据业务 35 的工资结算表，确定分配本月工资费用 50 000 元。

会计分录是：

借：生产成本——办公桌　　8 700

——办公椅　　8 300

管理费用——工资及福利　　19 000

销售费用——工资及福利　　14 000

贷：应付职工薪酬——工资　　50 000

⑤ 根据业务 36 的工资结算表，确定是结算代缴的社保费 5 500 元和住房公积金 5 000元。

会计分录是：

借：应付职工薪酬——工资　　10 500

贷：其他应付款——社会保险费　　5 500

——住房公积金　　5 000

⑥ 根据业务 37 的五险一金分配表，确定是计提单位承担的五险一金费用。

会计分录是：

借：生产成本——办公桌　　3 132

——办公椅　　2 988

管理费用——工资及福利　　6 840

销售费用——工资及福利　　5 040

贷：应付职工薪酬——社会保险费　　13 000

——住房公积金　　5 000

审核准确无误，会计编制记账凭证，审核无误后登记其他应付款和应付职工薪酬明细账，其他账簿相关内容登记，此处不重复。

具体操作：（由明细账会计完成）

步骤一　审核原始凭证，按照内容合法、形式合法等去考虑，由于本书讲的原始凭证均严格按要求做的，以下该步骤省略。

步骤二　编制记账凭证并审核。如图 12-16～图 12-21 所示。

记 账 凭 证

2020 年 06 月 10 日　　　　记字第 11 号

摘要	会计科目	明细科目	借方金额											贷方金额											记账
			亿	千万	百万	十万	万	千	百	十	元	角	分	亿	千万	百万	十万	万	千	百	十	元	角	分	
支付五险一金	其他应付款	社会保险费						8	0	0	0	0	0												√
		住房公积金						9	0	0	0	0	0												√
	应付职工薪酬	社会保险费					1	9	0	0	0	0	0												√
		住房公积金						9	0	0	0	0	0												√
	银行存款																	4	5	0	0	0	0	0	√
附件 2 张	合计					¥	4	5	0	0	0	0	0				¥	4	5	0	0	0	0	0	

会计主管：郑实　记账：　出纳：黄蓉　复核：郑实　制证：孙倩

图 12-16

记 账 凭 证

2020 年 06 月 10 日　　　　记字第 12 号

摘要	会计科目	明细科目	借方金额											贷方金额											记账
			亿	千万	百万	十万	万	千	百	十	元	角	分	亿	千万	百万	十万	万	千	百	十	元	角	分	
支付上月工资	应付职工薪酬	工资					1	9	0	0	0	0	0												√
	银行存款																	1	9	0	0	0	0	0	√
附件 1 张	合计					¥	1	9	0	0	0	0	0				¥	1	9	0	0	0	0	0	

会计主管：郑实　记账：孙倩　出纳：黄蓉　复核：郑实　制证：孙倩

图 12-17

记 账 凭 证

2020 年 06 月 10 日　　　　记字第 13 号

摘要	会计科目	明细科目	借方金额											贷方金额											记账
			亿	千万	百万	十万	万	千	百	十	元	角	分	亿	千万	百万	十万	万	千	百	十	元	角	分	
报销医药费	应付职工薪酬	福利费							8	0	0	0	0												√
	库存现金																			8	0	0	0	0	√
附件 3 张	合计							¥	8	0	0	0	0						¥	8	0	0	0	0	

会计主管：郑实　记账：孙倩　出纳：黄蓉　复核：郑实　制证：孙倩

图 12-18

记 账 凭 证

2020 年 06 月 30 日　　　　　　记字第 35 号

摘要	会计科目	明细科目	借方金额											贷方金额											记账
			亿	千万	百万	十	万	千	百	十	元	角	分	亿	千万	百万	十	万	千	百	十	元	角	分	
分配工资费用	生产成本	办公桌						8	7	0	0	0	0												√
		办公椅						8	3	0	0	0	0												√
	管理费用	工资及福利					1	9	0	0	0	0	0												√
	销售费用	工资及福利					1	4	0	0	0	0	0												
	应付职工薪酬	工资																5	0	0	0	0	0	0	
附件 1 张	合 计					¥	5	0	0	0	0	0	0				¥	5	0	0	0	0	0	0	

会计主管：郑实　记账：孙倩　出纳：　复核：郑实　制证：孙倩

图 12-19

记 账 凭 证

2020 年 06 月 30 日　　　　　　记字第 36 号

摘要	会计科目	明细科目	借方金额											贷方金额											记账
			亿	千万	百万	十	万	千	百	十	元	角	分	亿	千万	百万	十	万	千	百	十	元	角	分	
结转工资代扣	应付职工薪酬	工资					1	0	5	0	0	0	0												√
	其他应付款	社会保险费																	5	5	0	0	0	0	√
		住房公积金																	5	0	0	0	0	0	√
附件 1 张	合 计					¥	1	0	5	0	0	0	0				¥	1	0	5	0	0	0	0	

会计主管：郑实　记账：孙倩　出纳：　复核：郑实　制证：孙倩

图 12-20

记 账 凭 证

2020 年 06 月 30 日　　　　　　记字第 37 号

摘要	会计科目	明细科目	借方金额											贷方金额											记账
			亿	千万	百万	十	万	千	百	十	元	角	分	亿	千万	百万	十	万	千	百	十	元	角	分	
计提五险一金	生产成本	办公桌						3	1	3	2	0	0												√
		办公椅						2	9	8	8	0	0												√
	管理费用	工资及福利						6	8	4	0	0	0												√
	销售费用	工资及福利						5	0	4	0	0	0												√
	应付职工薪酬	社会保险费																1	3	0	0	0	0	0	√
		住房公积金																	5	0	0	0	0	0	√
附件 1 张	合 计					¥	1	8	0	0	0	0	0				¥	1	8	0	0	0	0	0	

会计主管：郑实　记账：孙倩　出纳：　复核：郑实　制证：孙倩

图 12-21

步骤三 登记原材料和周转材料明细账，并结出余额，其他明细账相关内容里登记，这里不重复。如图 12-22~图 12-27 所示。

其他应付款 明细账

二级科目社会保险费

2020年 月	日	凭证 种类	号数	摘要	对方科目	借方	贷方	借或贷	余额
6	1			期初余额				贷	800000
	10	记	11	支付五险一金		800000		平	0
	30	记	36	结算工资代扣			550000	贷	550000
6	30			本月合计		800000	550000	贷	550000

图 12-22

其他应付款 明细账

二级科目住房公积金

2020年 月	日	凭证 种类	号数	摘要	对方科目	借方	贷方	借或贷	余额
6	1			期初余额				贷	900000
	10	记	11	支付五险一金		900000		平	0
	30	记	36	结算工资代扣			500000	贷	500000
6	30			本月合计		900000	500000	贷	500000

图 12-23

应付职工薪酬 明细账

二级科目 工资

2020年 月	日	凭证 种类	号数	摘要	对方科目	借方	贷方	借或贷	余额
6	1			期初余额				贷	1900000
	10	记	12	支付上月工资		1900000		平	0
	30	记	35	分配工资			5000000	贷	5000000
	30	记	36	结算本月代扣		1050000		贷	3950000
6	30			本月合计					

图 12-24

应付职工薪酬 明细账

二级科目 福利费

2020年 月	日	凭证 种类	号数	摘要	对方科目	借方	贷方	借或贷	余额
6	1			期初余额				贷	400000
	10	记	13	报销医药费		80000		贷	320000
6	30			本月合计		80000		贷	320000

图 12-25

应付职工薪酬 明细账

二级科目 社会保险费

2020年 月	日	凭证 种类	号数	摘要	对方科目	借方	贷方	借或贷	余额
6	1			期初余额				贷	1900000
	10	记	11	支付五险一金		1900000		平	0
	30	记	37	计提五险一金			1300000	贷	1300000
6	30			本月合计		1900000	1300000	贷	1300000

图 12-26

应付职工薪酬 明细账

二级科目 住房公积金

2020年 月	日	凭证 种类	号数	摘要	对方科目	借方	贷方	借或贷	余额
6	1			期初余额				贷	900000
	10	记	11	支付五险一金		900000		平	0
	30	记	37	计提五险一金			500000	贷	500000
6	30			本月合计		900000	500000	贷	500000

图 12-27

步骤四　月末完成对账和结账工作。

真账实训 18　应交增值税

审核业务 4、业务 5、业务 7、业务 10、业务 17、业务 19、业务 21、业务 22、业务 26、业务 29、业务 30 和业务 33 的经济业务凭证的原始凭证，原始凭证见“7.5 真账实训——真账实训 1 核算企业概述——5. 企业 2020 年 6 月经济业务的原始凭证”并登记相关明细账。由于本书讲解的是一个月连续业务，业务编号是按顺序进行编制的。

【业务分析】

① 根据业务 4 的增值税专用发票、转账支票存根和交付使用明细表，确定购进设备的增值税——进项税额为 3 900 元。

会计分录是：

借：固定资产——生产用　30 000

　　应交税费——应交增值税(进项税额)　3 900

　　贷：预付账款——光明公司　10 000

　　　　银行存款　23 900

② 根据业务 5 的增值税专用发票、运费发票、转账支票存根和收料单，确定购进原材料——钢管的进项增值税为 5 380 元。

会计分录是：

借：原材料——钢管　42 000

应交税费——应交增值税(进项税额) 5 380
贷：银行存款 45 200
库存现金 2 180

③ 根据业务 7 的增值税发票和收料单，确定赊购原材料——强力胶和周转材料螺钉的进项增值税金额是 1 950 元。

会计分录是：

借：原材料 ——强力胶 10 000
周转材料——螺钉 5 000
应交税费——应交增值税(进项税额) 1 950
贷：应付账款 ——长江建材 16 950

④ 根据业务 10 的税收缴款书，确定交上月的增值税 7 000 元。

会计分录是：

借：应交税费——未交增值税 7 000
——城建税 490
——教育附加 210
——地方教育附加 140
——个人所得税 660
贷：银行存款 8 500

⑤ 根据业务 17 的差旅报销单和火车票，确定是报销差旅费的进项增值税 $=200\div(1+9\%)\times9\%=16.51$ 元。备注 2019 年 5 月新税规定火车票、飞机票按 9%含税计算，公路和水运按 3%计算。

会计分录是：

借：管理费用——差旅费 1 483.49
应交税费——应交增值税(进项税额) 16.51
贷：其他应收款 ——王信同 1 500

⑥ 根据业务 19 的电费增值税发票和转账支票存根，确定进项增值税金额为 910 元。

会计分录是：

借：应付账款——江北供电局 7 000
应交税费——应交增值税(进项税额) 910
贷：银行存款 7 910

⑦ 根据业务 21 的增值税专用发票和收料单，确定进项增值税金额为 3 900 元。

会计分录是：

借：原材料——高密度板 20 000
——ABC 贴面 10 000
应交税费——应交增值税(进项税额) 3 900
贷：预付账款——马家岩建材 15 000
银行存款 18 900

⑧ 根据业务 22 的增值税发票和转账支票存根，确定支付广告费的进项增值税额为 120 元。

会计分录是：

借：销售费用——广告费　　2 000

　　应交税费——应交增值税(进项税额)　　120

　　贷：银行存款　　2 120

⑨ 根据业务 26 的固定资产销售发票，确定增值税销项税金额为 19 955 元。

会计分录是：

借：银行存款　　173 455

　　贷：固定资产清理　　153 500

　　　　应交税费——应交增值税(销项税额) 19 955

⑩ 根据业务 29 的增值税发票记账联，确定销项税额为 39 000 元。

会计分录是：

借：应收账款——华友家具　　339 000

　　贷：主营业务收入——办公桌　　150 000

　　　　　　　　　　——办公椅　　150 000

　　　　应交税费——应交增值税(销项税额)　　39 000

⑪ 根据业务 30 的材料销售增值税发票，确定增值税销项税额为 6 500 元。

会计分录是：

借：银行存款　　56 500

　　贷：其他业务收入——销售材料收入　　50 000

　　　　应交税费——应交增值税(销项税额)　　6 500

⑫ 根据本月应交增值税计算表，计算出本月：

应交的增值税额 = 销项税额——进项税额

= (19 955+39 000+6 500) − (3 900+5 380+1 950+16.51+910+3 900+120)

= 49 278.49(元)

然后结转会计分录是：

借：应交税费——应交增值税(转出未交增值税)　　49 278.49

　　贷：应交税费——未交增值税　　49 278.49

审核准确无误，会计编制记账凭证，审核无误后登记未交增值税和应交增值税明细账，其他账簿相关内容登记，此处不重复。

具体操作：(由明细账会计完成)

步骤一　审核原始凭证，按照内容合法、形式合法等去考虑，由于本书讲的原始凭证均严格按要求做的，以下该步骤省略。

步骤二　编制记账凭证并审核。如图 12-28~图 12-39 所示。

记　账　凭　证

2020 年 06 月 03 日　　　　记字第 **04** 号

摘　要	会计科目	明细科目	借方金额											贷方金额											记账
			亿	千万	百万	十	万	千	百	十	元	角	分	亿	千万	百万	十	万	千	百	十	元	角	分	
购入设备	固定资产	生产用					3	0	0	0	0	0	0												√
	应交税费	增（进）						3	9	0	0	0	0												√
	银行存款																	2	3	9	0	0	0	0	√
	预付账款	光明公司																1	0	0	0	0	0	0	√
附件 3 张	合　计					¥	3	3	9	0	0	0	0			¥	3	3	9	0	0	0	0	0	

会计主管：郑实　记账：孙倩　出纳：黄蓉　复核：郑实　制证：孙倩

图 12-28

记　账　凭　证

2020 年 06 月 04 日　　　　记字第 **05** 号

摘　要	会计科目	明细科目	借方金额											贷方金额											记账
			亿	千万	百万	十	万	千	百	十	元	角	分	亿	千万	百万	十	万	千	百	十	元	角	分	
购入材料	原材料	钢管					4	2	0	0	0	0	0												√
	应交税费	增（进）						5	3	8	0	0	0												√
	银行存款																	4	5	2	0	0	0	0	√
	库存现金																		2	1	8	0	0	0	√
附件 4 张	合　计					¥	4	7	3	8	0	0	0				¥	4	7	3	8	0	0	0	

会计主管：郑实　记账：孙倩　出纳：黄蓉　复核：郑实　制证：孙倩

图 12-29

记　账　凭　证

2020 年 06 月 06 日　　　　记字第 **07** 号

摘　要	会计科目	明细科目	借方金额											贷方金额											记账
			亿	千万	百万	十	万	千	百	十	元	角	分	亿	千万	百万	十	万	千	百	十	元	角	分	
购入材料	原材料	强力胶					1	0	0	0	0	0	0												√
	周转材料	螺钉						5	0	0	0	0	0												√
	应交税费	增（进）						1	9	5	0	0	0												√
	应付账款	长江建材																1	6	9	5	0	0	0	√
附件 2　张	合　计					¥	1	6	9	5	0	0	0				¥	1	6	9	5	0	0	0	

会计主管：郑实　记账：孙倩　出纳：黄蓉　复核：郑实　制证：孙倩

图 12-30

记账凭证

2020年06月10日　　　　记字第 10 号

摘要	会计科目	明细科目	借方金额											贷方金额											记账
			亿	千万	百万	十	万	千	百	十	元	角	分	亿	千万	百万	十	万	千	百	十	元	角	分	
交上月增值税	应交税费	未交增值税						7	0	0	0	0	0												✓
		城建税							4	9	0	0	0												✓
		教育附加							2	1	0	0	0												✓
		地方教育附加							1	4	0	0	0												✓
		个人所得税							6	6	0	0	0												✓
	银行存款																		8	5	0	0	0	0	✓
附件 2 张	合计						¥	8	5	0	0	0	0					¥	8	5	0	0	0	0	

会计主管：郑实　记账：孙倩　出纳：黄蓉　复核：郑实　制证：孙倩

图 12-31

记账凭证

2020年06月17日　　　　记字第 17 号

摘要	会计科目	明细科目	借方金额											贷方金额											记账
			亿	千万	百万	十	万	千	百	十	元	角	分	亿	千万	百万	十	万	千	百	十	元	角	分	
报销差旅费	销售费用	差旅费						1	4	8	3	4	9												✓
	应交税费	增（进）								1	6	5	1												✓
	其他应收款	王信同																	1	5	0	0	0	0	✓
附件 4 张	合计						¥	1	5	0	0	0	0					¥	1	5	0	0	0	0	

会计主管：郑实　记账：孙倩　出纳：黄蓉　复核：郑实　制证：孙倩

图 12-32

记账凭证

2020年06月18日　　　　记字第 19 号

摘要	会计科目	明细科目	借方金额											贷方金额											记账
			亿	千万	百万	十	万	千	百	十	元	角	分	亿	千万	百万	十	万	千	百	十	元	角	分	
支付电费	应付账款	江北供电局						7	0	0	0	0	0												✓
	应交税费	增（进）							9	1	0	0	0												✓
	银行存款																		7	9	1	0	0	0	
附件 2 张	合计						¥	7	9	1	0	0	0					¥	7	9	1	0	0	0	

会计主管：郑实　记账：孙倩　出纳：黄蓉　复核：郑实　制证：孙倩

图 12-33

记 账 凭 证

2020 年 06 月 19 日　　　　记字第 21 号

摘要	会计科目	明细科目	借方金额											贷方金额											记账
			亿	千万	百万	十	万	千	百	十	元	角	分	亿	千万	百万	十	万	千	百	十	元	角	分	
购入材料	原材料	高密度板					2	0	0	0	0	0	0												√
		ABC 贴面					1	0	0	0	0	0	0												√
	应交税费	增（进）						3	9	0	0	0	0												√
	预付账款	马家岩建材																1	5	0	0	0	0	0	√
	银行存款																	1	8	9	0	0	0	0	
附件 3 张	合计					¥	3	3	9	0	0	0	0				¥	3	3	9	0	0	0	0	

会计主管：郑实　记账：孙倩　出纳：　复核：郑实　制证：孙倩

图 12-34

记 账 凭 证

2020 年 06 月 20 日　　　　记字第 22 号

摘要	会计科目	明细科目	借方金额											贷方金额											记账
			亿	千万	百万	十	万	千	百	十	元	角	分	亿	千万	百万	十	万	千	百	十	元	角	分	
支付广告费	销售费用	广告费						2	0	0	0	0	0												√
	应交税费	增（进）							1	2	0	0	0												
	银行存款																		2	1	2	0	0	0	√
附件 2 张	合计						¥	2	1	2	0	0	0					¥	2	1	2	0	0	0	

会计主管：郑实　记账：孙倩　出纳：黄蓉　复核：郑实　制证：孙倩

图 12-35

记 账 凭 证

2020 年 06 月 25 日　　　　记字第 26 号

摘要	会计科目	明细科目	借方金额											贷方金额											记账
			亿	千万	百万	十	万	千	百	十	元	角	分	亿	千万	百万	十	万	千	百	十	元	角	分	
销售货车	银行存款					1	7	3	4	5	5	0	0												√
	固定资产清理																1	5	3	5	0	0	0	0	√
	应交税费	增（销）																1	9	9	5	5	0	0	√
附件 2 张	合计				¥	1	7	3	4	5	5	0	0			¥	1	7	3	4	5	5	0	0	

会计主管：郑实　记账：孙倩　出纳：黄蓉　复核：郑实　制证：孙倩

图 12-36

记 账 凭 证

2020 年 06 月 25 日　　　　记字第 29 号

摘要	会计科目	明细科目	借方金额											贷方金额											记账
			亿	千万	百万	十万	万	千	百	十	元	角	分	亿	千万	百万	十万	万	千	百	十	元	角	分	
销售办公桌（椅）	应收账款	华友家具				3	3	9	0	0	0	0	0												√
	主营业务收入	办公桌															1	5	0	0	0	0	0	0	√
		办公椅															1	5	0	0	0	0	0	0	√
	应交税费	增（销）																3	9	0	0	0	0	0	√
附件 1 张	合计				¥	3	3	9	0	0	0	0	0			¥	3	3	9	0	0	0	0	0	

会计主管：郑实　记账：孙倩　出纳：　复核：郑实　制证：孙倩

图 12-37

记 账 凭 证

2020 年 06 月 26 日　　　　记字第 30 号

摘要	会计科目	明细科目	借方金额											贷方金额											记账
			亿	千万	百万	十万	万	千	百	十	元	角	分	亿	千万	百万	十万	万	千	百	十	元	角	分	
销售材料	银行存款						5	6	5	0	0	0	0												√
	其他业务收入	销售材料收入																5	0	0	0	0	0	0	√
	应交税费	增（销）																	6	5	0	0	0	0	√
附件 2 张	合计					¥	5	6	5	0	0	0	0				¥	5	6	5	0	0	0	0	

会计主管：郑实　记账：孙倩　出纳：黄蓉　复核：郑实　制证：孙倩

图 12-38

记 账 凭 证

2020 年 06 月 30 日　　　　记字第 33 号

摘要	会计科目	明细科目	借方金额											贷方金额											记账
			亿	千万	百万	十万	万	千	百	十	元	角	分	亿	千万	百万	十万	万	千	百	十	元	角	分	
转本月未交增值税	应交税费	增（转出未交）					4	9	2	7	8	4	9												√
	应交税费	未交增值税																4	9	2	7	8	4	9	√
附件 1 张	合计					¥	4	9	2	7	8	4	9				¥	4	9	2	7	8	4	9	

会计主管：郑实　记账：孙倩　出纳：　复核：郑实　制证：孙倩

图 12-39

步骤三　登记未交增值税和应交增值税明细账，并结出余额，在其他明细账相关内容里登记，这里不重复。如图 12-40 和图 12-41 所示。

应交税费 明细账

二级科目 未交增值税

2020年 月	日	凭证 种类	号数	摘要	对方科目	借方	贷方	借或贷	余额
6	1			期初余额				贷	700000
	10	记	10	交上月税费		700000		平	0
	30	记	33	结转本月未交增值税			4927849	贷	4927849
6	30			本月合计		700000	4927849	贷	4927849

图 12-40

应交税费 明细账

二级科目 增值税

2020年 月	日	凭证 种类	号数	摘要	对方科目	借方	贷方	借或贷	余额
6	3	记	4	购入设备		390000			
	4	记	5	购入材料		538000			
	6	记	7	购入材料		195000			
	17	记	17	报销差旅费		1651			
	18	记	19	支付电费		91000			
	19	记	21	购入材料		390000			
	20	记	22	支付广告费		12000			
	25	记	26	固定资产出售收入			1995500		
	25	记	29	销售办公桌（椅）			3900000		
	26	记	30	销售材料			650000		
	30	记	33	结转未交增值税		4927849			
6	30	记		本月合计		6545500	6545500	平	0

图 12-41

步骤四　月末完成对账和结账工作。

真账实训 19　其他应交税费

审核业务 10、业务 34 和业务 46 的经济业务凭证的原始凭证，原始凭证见“7. 5 真账实训——真账实训 1 核算企业概述——5. 企业 2020 年 6 月经济业务的原始凭证”并登记相关明细账。由于本书讲解的是一个月连续业务，业务编号是按顺序进行编制的。

【业务分析】

① 根据业务 10 的 ，确定支付上月城建税 490 元、教育费附加 210 元、地方教育费附加 140 元和个人所得税 660 元。

会计分录是：

借：应交税费——未交增值税　　7 000

　　　　　　——城建税　　490

　　　　　　——教育附加　　210

　　　　　　——地方教育附加　　140

——个人所得税　　660

贷：银行存款　　8 500

② 根据业务 34 的税金及附加计算表，确定计算本月：

城建税金额 = 49 278. 49×7% = 3 449. 49（元）

教育附加 = 49 278. 49×3% = 1 478. 35（元）

地方教育附加 = 49 278. 49×2% = 985. 57（元）。

会计分录是：

借：税金及附加　　5 913. 41

贷：应交税费——城建税　　3 449. 49

——教育附加　　1 478. 35

——地方教育附加　　985. 57

③ 根据业务 46 的本季度的所得税计算表，计算本季预交的：

企业所得税 =（本月的本年利润+4、5 月的本年利润）×25%

= [（350 400−292 276. 9）+150 000]×25% = 52 030. 78（元）

会计分录是：

借：应交税费——应交企业所得税　　52 030. 78

贷：银行存款　　52 030. 78

审核准确无误，会计编制记账凭证，审核无误后登记相关明细账，其他账簿相关内容登记，此处不重复。

具体操作：（由明细账会计完成）

步骤一　审核原始凭证，按照内容合法、形式合法等去考虑，由于本书讲的原始凭证均严格按要求做的，以下该步骤省略。

步骤二　编制记账凭证并审核。如图 12-42～图 12-44 所示。

记　账　凭　证

2020 年 06 月 10 日　　　　记字第　10　号

摘　要	会计科目	明细科目	借方金额											贷方金额											记账
			亿	千万	百万	十	万	千	百	十	元	角	分	亿	千万	百万	十	万	千	百	十	元	角	分	
交上月增值税	应交税费	未交增值税						7	0	0	0	0	0												√
		城建税							4	9	0	0	0												√
		教育附加							2	1	0	0	0												√
		地方教育附加							1	4	0	0	0												√
		个人所得税							6	6	0	0	0												√
	银行存款																		8	5	0	0	0	0	√
附件 2 张	合　　计						¥	8	5	0	0	0	0					¥	8	5	0	0	0	0	

会计主管：郑实　记账：孙倩　出纳：黄蓉　复核：郑实　制证：孙倩

图 12-42

记 账 凭 证

2020 年 06 月 30 日　　　　　　　　记字第 34 号

摘要	会计科目	明细科目	借方金额											贷方金额											记账
			亿	千万	百万	十万	万	千	百	十	元	角	分	亿	千万	百万	十万	万	千	百	十	元	角	分	
计算城建税等	税金及附加							5	9	1	3	4	1												√
	应交税费	城建税																	3	4	4	9	4	9	√
		教育附加																	1	4	7	8	3	5	√
		地方教育附加																		9	8	5	5	7	√
附件 1 张	合计						¥	5	9	1	3	4	1					¥	5	9	1	3	4	1	

会计主管：郑实　记账：孙倩　出纳：　复核：郑实　制证：孙倩

图 12-43

记 账 凭 证

2020 年 06 月 30 日　　　　　　　　记字第 46 号

摘要	会计科目	明细科目	借方金额											贷方金额											记账
			亿	千万	百万	十万	万	千	百	十	元	角	分	亿	千万	百万	十万	万	千	百	十	元	角	分	
预交本季所得税	应交税费	所得税					5	2	0	3	0	7	8												√
	银行存款																	5	2	0	3	0	7	8	√
附件 1 张	合计					¥	5	2	0	3	0	7	8				¥	5	2	0	3	0	7	8	

会计主管：郑实　记账：孙倩　出纳：黄蓉　复核：郑实　制证：孙倩

图 12-44

步骤三　登记城建税、教育附加、地方教育附加、个人所得税和企业所得税明细账，并结出余额，其他明细账相关内容里登记，这里不重复。如图 12-45~图 12-49 所示。

应交税费 明细账

二级科目 城建税

2020年 月	日	凭证 种类	号数	摘要	对方科目	借方 千	百	十	万	千	百	十	元	角	分	贷方 千	百	十	万	千	百	十	元	角	分	借或贷	余额 千	百	十	万	千	百	十	元	角	分
6	1			期初余额																						贷						4	9	0	0	0
	10	记	10	交上月税费							4	9	0	0	0											平										0
	30	记	34	计算城建税等																3	4	4	9	4	9	贷					3	4	4	9	4	9
6	30			本月合计							4	9	0	0	0					3	4	4	9	4	9	贷					3	4	4	9	4	9

图 12-45

应交税费 明细账

二级科目 教育附加

2020年 月	日	凭证 种类	号数	摘要	对方科目	借方	贷方	借或贷	余额
6	1			期初余额				贷	21000
	10	记	10	交上月税费		21000		平	0
	30	记	34	计算城建税等			147835	贷	147835
6	30			本月合计		21000	147835		147835

图 12-46

应交税费 明细账

二级科目 地方教育附加

2020年 月	日	凭证 种类	号数	摘要	对方科目	借方	贷方	借或贷	余额
6	1			期初余额				贷	14000
	10	记	10	交上月税费		14000		平	0
	30	记	34	计算城建税等			98557	贷	98557
6	30			本月合计		14000	98557		98557

图 12-47

应交税费 明细账

二级科目 个人所得税

2020年 月	日	凭证 种类	号数	摘要	对方科目	借方	贷方	借或贷	余额
6	1			期初余额				贷	66000
	10	记	10	交上月税费		66000		平	0
6	30			本月合计		66000		平	0

图 12-48

应交税费 明细账

二级科目 企业所得税

2020年 月	日	凭证 种类	号数	摘要	对方科目	借方	贷方	借或贷	余额
6	30	记	46	预交本季度所得税		5203078		借	5203078
6	30			本月合计		5203078		借	5203078

图 12-49

步骤四　月末完成对账和结账工作。

第十三章 所有者权益的核算

13.1 所有者权益的概念及内容

1. 所有者权益的概念

所有者权益指企业资产扣除负债后由所有者享有的剩余权益。

2. 所有者权益的内容

企业的所有者权益包括：实收资本(或股本，下同)、资本公积、盈余公积和未分配利润。

13.2 实收资本的核算

1. 实收资本概述

实收资本是指投资者按照合同协议约定或相关规定投入到小企业、构成小企业注册资本的部分。

2. 实收资本的核算

(1) 账户

借　　　　　　实收资本	贷
投入资本的减少数	投入资本的增加数额
明细账户：应按投资者设置	余额：反映企业实有的资本数额

(2) 接受现金资产投资

借：银行存款、库存现金(实际收到或存入企业开户银行的金额)

　　贷：实收资本　　　　　　　(占注册资本的份额)

资本公积——资本溢价　　　　　　（差额）

（3）企业接受非现金资产投资

① 接受投入固定资产(或无形资产)。

借：固定资产(无形资产(投资合同或协议约定的价值)

贷：实收资本　　　（占注册资本的份额）

资本公积——资本溢价　　　　（差额）

② 接受投入材料物资。

借：原材料　　　　　　　　（约定的价值）

应交税费——应交增值税　　（进项税额)(增值税)

贷：实收资本　　　　　（占注册资本的份额）

资本公积——资本溢价　　　　　（差额）

13.3 资本公积

1. 资本公积概述

资本公积是指小企业收到的投资者出资额超过其在注册资本或股本中所占份额的部分。小企业用资本公积转增资本，应当冲减资本公积。小企业的资本公积不得用于弥补亏损。

【提示】 小企业会计准则下，资本公积仅包括资本公积——资本溢价(或股本溢价)，不包括其他资本公积，也不包括各种准备。

2. 资本公积的核算

（1）小企业收到投资者的出资

借：银行存款(其他应收款、固定资产、无形资产)

贷：实收资本　　　（注册资本中所占的份额）

资本公积　　　　　　　　（差额）

（2）根据有关规定用资本公积转增资本

借：资本公积

贷：实收资本

（3）根据有关规定减少注册资本

借：实收资本

贷：库存现(银行存款)

13.4 盈余公积

1. 盈余公积概述

盈余公积是指小企业按照法律规定在税后利润中提取的法定公积金和任意公积金。

小企业用盈余公积弥补亏损或者转增资本，应当冲减盈余公积。小企业的盈余公积还可以用于扩大生产经营。

【提示】 盈余公积不允许原来发放股利。

① 小企业应当设置盈余公积核算小企业（公司制）按照公司法规定在税后利润中提取的法定公积金和任意公积金。

小企业（外商投资）按照法律规定在税后利润中提取储备基金和企业发展基金也在本科目核算。

② 盈余公积应当分别法定盈余公积、任意盈余公积进行明细核算。小企业（外商投资）还应当分别储备基金、企业发展基金进行明细核算。小企业（中外合作经营）根据合同规定在合作期间归还投资者的投资，应在本科目设置利润归还投资明细科目进行核算。

2. 盈余公积的核算

（1）小企业（公司制）按照公司法规定提取法定公积金和任意公积金

借：利润分配——提取法定盈余公积

——提取任意盈余公积

贷：盈余公积——法定盈余公积

——任意盈余公积

（2）小企业（外商投资）按照规定提取储备基金、企业发展基金、职工奖励及福利基金

借：利润分配——提取储备基金

——提取企业发展基金

——提取职工奖励及福利基金

贷：盈余公积——储备基金

——企业发展基金

应付职工薪酬

（3）用盈余公积弥补亏损或者转增资本

借：盈余公积

贷：利润分配——盈余公积补亏

（实收资本）

（4）小企业（中外合作经营）根据合同规定在合作期间归还投资者的投资

借：实收资本——已归还投资（实际归还投资）

贷：银行存款

同时

借：利润分配——利润归还投资

贷：盈余公积——利润归还投资

13.5 未分配利润

未分配利润是指小企业实现的净利润，经过弥补亏损、提取法定公积金和任意公积金、向投资者分配利润后，留存在本企业的、历年结存的利润。

本科目核算小企业当期实现的净利润(或发生的净亏损)。

本年利润的主要账务处理。

① 期(月)末结转利润时，小企业可以将主营业务收入、其他业务收入、营业外收入的余额，转入本年利润科目。

借：主营业务收入
　　其他业务收入
　　营业外收入
　　贷：本年利润

② 将主营业务成本、其他业务成本、税金及附加、“销售费用”、管理费用、财务费用、营业外支出、所得税费用的余额，转入“本年利润”科目。

借：本年利润
　　贷：主营业务成本
　　　　其他业务成本
　　　　税金及附加
　　　　销售费用
　　　　管理费用
　　　　财务费用
　　　　营业外支出
　　　　所得税费用

结转后本科目的贷方余额为当期实现的净利润；借方余额为当期发生的净亏损。

③ 年度终了，应当将本年收入和支出相抵后结出的本年实现的净利润，转入“利润分配”科目。

借：本年利润
　　贷：利润分配——未分配利润

如为净亏损，做相反的会计分录，结转后“本年利润”科目应无余额。

④ 年末本年利润转入后并提取盈余公积和分配利润。

借：利润分配—提取盈余公积
　　贷：盈余公积

借：利润分配—应付利润
　　贷：应付利润

【例题 13-1】 乙公司 2020 年有关损益类科目的年末余额如下：

科目名称	结账前余额	科目名称	结账前余额
主营业务收入	600 000 元(贷)	税金及附加	8 000 元(借)
其他业务收入	70 000 元(贷)	销售费用	50 000 元(借)
投资收益	60 000 元(贷)	管理费用	77 000 元(借)
营业外收入	5 000 元(贷)	财务费用	20 000 元(借)
主营业务成本	400 000 元(借)	营业外支出	25 000 元(借)
其他业务成本	40 000 元(借)		

乙公司 2020 年末未结转本年利润的会计分录如下：

① 将各损益类科目年末余额结转入“本年利润”科目：

a. 结转各项收入类科目：

借：主营业务收入 600 000
　　其他业务收入 70 000
　　投资收益 60 000
　　营业外收入 5 000
　　贷：本年利润 735 000

b. 结转各项费用、损失类科目：

借：本年利润 620 000
　　贷：主营业务成本 400 000
　　　　其他业务成本 40 000
　　　　税金及附加 8 000
　　　　销售费用 50 000
　　　　管理费用 77 000
　　　　财务费用 20 000
　　　　营业外支出 25 000

② 经过上述结转后，“本年利润”科目的贷方发生额合计 735 000 元减去借方发生额合计 620 000 元，即为税前会计利润 115 000 元。假设将该税前会计利润进行纳税调整后，应纳税所得额为 100 000 元，则应交所得税额 = 100 000×25% = 25 000(元)

a. 确认所得税费用，会计分录略。

b. 将所得税费用结转入“本年利润”科目：

借：本年利润 25 000
　　贷：所得税费用 25 000

③ 将“本年利润”科目年末余额 90 000 转入“利润分配——未分配利润”科目：

借：本年利润 90 000
　　贷：利润分配——未分配利润 90 000

13.6 利润分配

1. 利润分配概述

利润分配核算小企业利润的分配(或亏损的弥补)和历年分配(或弥补)后的余额。本科目应按照"应付利润""未分配利润"等进行明细核算。

2. 利润分配的核算

① 小企业根据有关规定分配给投资者的利润。

借：利润分配——应付利润

贷：应付利润

② 用盈余公积弥补亏损。

借：盈余公积

贷：利润分配——盈余公积补亏

③ 小企业(中外合作经营)根据合同规定在合作期间归还投资者的投资，应按照实际归还投资的金额。

借：实收资本——已归还投资

贷：银行存款

同时

借：利润分配——利润归还投资

贷：盈余公积——利润归还投资

④ 年度终了将利润分配科目所属明细科目的余额转入本科目明细科目(未分配利润)。结转后，本科目除"未分配利润"明细科目外，其他明细科目应无余额(结账)。

借：利润分配——未分配利润

贷：利润分配——提取法定盈余公积

——提取任意盈余公积

——提取储备基金

——提取企业发展基金

——提取职工奖福基金

——利润归还投资(盈余公积补亏)

⑤ 利润分配年末余额，反映小企业的未分配利润(或未弥补亏损)。

3. 例题解析

【例 13-2】 丙股份有限公司年初未分配利润为 0，本年实现净利润 200 000 元，本年提取法定盈余公积 20 000 元，宣告发放现金股利 80 000 元。假定不考虑其他因素，D 股份有限公司会计处理如下：

(1) 结转本年利润

借：本年利润　　200 000

贷：利润分配——未分配利润　　200 000

(2) 提取法定盈余公积、宣告发放现金股利：

借：利润分配——提取法定盈余公积　　20 000
——应付利润　　80 000
贷：盈余公积　　20 000
应付利润　　80 000

同时，

借：利润分配——未分配利润　　100 000
贷：利润分配——提取法定盈余公积　　20 000
——应付利润　　80 000

13.7 真账实训

真账实训 20 所有者权益

【例 13-3】 审核业务 1、业务 44 和业务 45 的经济业务凭证的原始凭证，原始凭证见“7.5 真账实训——真账实训 1 核算企业概述——5. 企业 2020 年 6 月经济业务的原始凭证”并登记相关明细账。由于本书讲解的是一个月连续业务，业务编号是按顺序进行编制的。

【业务分析】

① 根据业务 1 的收款收据和银行进账单，确定收到北新公司投资 200 000 元。

会计分录是：

借：银行存款　　200 000
贷：实收资本——北新公司　　200 000

② 根据业务 44 和 45 的本月损益类各账户本期发生额。

会计分录是：

a. 业务 44 结转收入类。

借：主营业务收入——办公桌　　150 000
——办公椅　　150 000
其他业务收入——销售材料收入　　50 000
营业外收入——罚款收入　　400
贷：本年利润　　350 400

b. 结转费用类。

借：本年利润　　292 276. 90
贷：主营业务成本——办公桌　　100 000
——办公椅　　80 000
其他业务成本　　21 000

税金及附加　5 913.41

管理费用　31 140

销售费用　23 523.49

财务费用　15 700

营业外支出　15 000

审核准确无误，会计编制记账凭证，审核无误后登记明细账，其他账簿相关内容登记，此处不重复。

具体操作：（由明细账会计完成）

步骤一　审核原始凭证，按照内容合法、形式合法等去考虑，由于本书讲的原始凭证均严格按要求做的，以下该步骤省略。

步骤二　编制记账凭证并审核。如图 13-1～图 13-3 所示。

记　账　凭　证

2020 年 06　月 01 日　　　　**记 字第 01 号**

摘要	会计科目	明细科目	借方金额											贷方金额											记账
			亿	千万	百万	十	万	千	百	十	元	角	分	亿	千万	百万	十	万	千	百	十	元	角	分	
收到投资	银行存款					2	0	0	0	0	0	0	0												√
	实收资本	北新公司															2	0	0	0	0	0	0	0	√
附件 2 张	合计				¥	2	0	0	0	0	0	0	0			¥	2	0	0	0	0	0	0	0	

会计主管：郑实　记账：孙倩　出纳：黄蓉　复核：郑实　制证：孙倩

图 13-1

记　账　凭　证

2020 年 06 月 30 日　　　　**记字第 44 号**

摘要	会计科目	明细科目	借方金额											贷方金额											记账
			亿	千万	百万	十	万	千	百	十	元	角	分	亿	千万	百万	十	万	千	百	十	元	角	分	
结转收入账户	主营业务收入	办公桌				1	5	0	0	0	0	0	0												√
		办公椅				1	5	0	0	0	0	0	0												√
	其他业务收入	销售材料收入					5	0	0	0	0	0	0												√
	营业外收入	罚款收入							4	0	0	0	0												√
	本年利润																3	5	0	4	0	0	0	0	√
附件 0 张	合计				¥	3	5	0	4	0	0	0	0			¥	3	5	0	4	0	0	0	0	

会计主管：郑实　记账：孙倩　出纳：　复核：郑实　制证：孙倩

图 13-2

记 账 凭 证

2020 年 06 月 30 日　　　　记字第 45 号

摘要	会计科目	明细科目	借方金额	贷方金额	记账
结转费用账户	本年利润		29227690		√
	主营业务成本	办公桌		10 00000	√
		办公椅		8000000	√
	其他业务成本			2100000	√
	营业税金及附加			591341	√
	管理费用			3114000	√
	销售费用			2352349	√
	财务费用			1570000	√
	营业外支出			1500000	√
附件 0 张	合计		¥29227690	¥29227690	

会计主管：郑实　记账：孙倩　出纳：　复核：郑实　制证：孙倩

图 13-3

步骤三　登记实收资本和本年利润明细账，并结出余额，其他明细账相关内容里登记，这里不重复。如图 13-4 和图 13-5 所示。

实收资本 明细账

二级科目 北新公司

2020年 月	日	凭证 种类	号数	摘要	对方科目	借方	贷方	借或贷	余额
6	1	记	1	收到投资			200000000	贷	200000000
6	30			本月合计			200000000	贷	200000000

图 13-4

本年利润 明细账

二级科目

2020年 月	日	凭证 种类	号数	摘要	对方科目	借方	贷方	借或贷	余额
6	1			期初余额				贷	36680000
	30	记	44	结转收入类账户			35040000	平	71720000
	30	记	45	结转费用类账户		29227690		贷	42492310
6	30			本月合计		29227690	35040000	贷	42492310

图 13-5

步骤四　月末完成对账和结账工作，因实收资本——邓鑫、盈余公积和未分配利润明细本期无发生额，仍然要结账，如图 13-6、图 13-7 和图 13-8 所示。

实收资本 明细账

二级科目 邓鑫

2020年 月	日	凭证 种类	号数	摘要	对方科目	借方	贷方	借或贷	余额
6	1			期初余额				贷	500000000
6	30			本月合计				贷	500000000

图 13-6

盈余公积 明细账

二级科目 法定盈余公积

2020年		凭证		摘要	对方科目	借方	贷方	借或贷	余额
月	日	种类	号数			千百十万千百十元角分	千百十万千百十元角分		千百十万千百十元角分
6	1			期初余额				贷	5500000
6	30			本月合计				贷	5500000

图 13-7

利润分配 明细账

二级科目 未分配利润

2020年		凭证		摘要	对方科目	借方	贷方	借或贷	余额
月	日	种类	号数			千百十万千百十元角分	千百十万千百十元角分		千百十万千百十元角分
6	1			期初余额				贷	2070000
6	30			本月合计				贷	2070000

图 13-8

第十四章 收入、费用和利润的核算

14.1 收入的核算

收入，是指小企业在日常生产经营活动中形成的、会导致所有者权益增加、与所有者投入资本无关的经济利益的总流入。包括：销售商品收入和提供劳务收入。

14.1.1 销售商品收入的核算

1. 销售商品收入概述

销售商品收入，是指小企业销售商品(或产成品、材料，下同)取得的收入。

通常，小企业应当在发出商品且收到货款或取得收款权利时，确认销售商品收入。

【提示】 小企业会计准则对于销售收入确认，与企业会计准则不同。更多强调收款权力的取得为标识。

2. 确定销售收入的确认时间

① 销售商品采用托收承付方式的，在办妥托收手续时确认收入。

② 销售商品采取预收款方式的，在发出商品时确认收入。

③ 销售商品采用分期收款方式的，在合同约定收款日期确认收入。

④ 销售商品需要安装和检验的，在购买方接受商品以及安装和检验完毕时确认收入。安装程序比较简单的，可在发出商品时确认收入。

⑤ 销售商品采用支付手续费方式委托代销的，在收到代销清单时确认收入。

⑥ 销售商品以旧换新的，销售的商品作为商品销售处理，回收的商品作为购进商品处理。

⑦ 采取产品分成方式取得的收入，在分得产品之日按照产品的市场价格或评估价值确定销售商品收入金额。

⑧ 例题解析

【例 14-1】 甲公司委托丙公司销售商品 200 件，商品已经发出，每件成本为 60 元。

合同约定丙公司应按每件100元对外销售，甲公司按不含增值税的售价的10%向丙公司支付手续费。丙公司对外实际销售100件，开出的增值税专用发票上注明的销售价款为10 000元，增值税税额为1 300元，款项已经收到。甲公司收到丙公司开具的代销清单时，向丙公司开具一张相同金额的增值税专用发票。假定甲公司发出商品时纳税义务尚未发生，甲公司采用小企业会计准则核算，不考虑其他因素。

甲公司的账务处理如下：

① 发出商品时不需要核算。

借：委托代销商品	12000	
贷：库存商品		12000

② 收到代销清单时：

借：应收账款	11 300	
贷：主营业务收入		10 000
应交税费——应交增值税(销项税额)		1 300
借：主营业务成本	6 000	
贷：库存商品		6 000
借：销售费用	1 000	
贷：应收账款		1 000

③ 收到丙公司支付的货款时：

借：银行存款	10 300	
贷：应收账款		10 300

丙公司的账务处理如下：

① 收到商品时：

借：受托代销商品	20 000	
贷：受托代销商品款		20 000

② 对外销售时：

借：银行存款	11 300	
贷：应付账款		10 000
应交税费——应交增值税(销项税额)		1 300

③ 收到增值税专用发票时：

借：应交税费——应交增值税(进项税额)	1 300	
贷：应付账款		1 300
借：受托代销商品款	10 000	
贷：受托代销商品		10 000

④ 支付货款并计算代销手续费时：

借：应付账款	11 300	
贷：银行存款		10 300
其他业务收入		1 000

3. 收入确认的金额

① 小企业应当按照从购买方已收或应收的合同或协议价款，确定销售商品收入金额。

② 销售商品涉及现金折扣的，应当按照扣除现金折扣前的金额确定销售商品收入金额。现金折扣应当在实际发生时，计入当期损益。

③ 销售商品涉及商业折扣的，应当按照扣除商业折扣后的金额确定销售商品收入金额。

④ 前款所称现金折扣，是指债权人为鼓励债务人在规定的期限内付款而向债务人提供的债务扣除。商业折扣，是指小企业为促进商品销售而在商品标价上给予的价格扣除。

4. 销售退回与折让

（1）销售退回与折让概述

小企业已经确认销售商品收入的售出商品发生的销售折让，应当在发生时冲减当期销售商品收入。

前款所称销售退回，是指小企业售出的商品由于质量、品种不符合要求等原因发生的退货。销售折让，是指小企业因售出商品的质量不合格等原因而在售价上给予的减让。

（2）销售退回与折让的核算

①销售退回：

借：主营业务收入

应交税费——应交增值税（销项税额）

贷：银行存款（应收账款）

借：库存商品

贷：主营业务成本

②销售折让：

借：主营业务收入

贷：银行存款（应收账款等）

5. 采取预收货款方式销售货物。

一般为货物发出的当天确认收入，但生产销售工期超过 12 个月的大型机械设备、船舶、飞机等货物，为收到预收款或者书面合同约定的收款日期的当天。

14.1.2 提供劳务收入的核算

1. 提供劳务收入概述

第六十二条：小企业提供劳务的收入，是指小企业从事建筑安装、修理修配、交通运输、仓储租赁、邮电通信、咨询经纪、文化体育、科学研究、技术服务、教育培训、餐饮住宿、中介代理、卫生保健、社区服务、旅游、娱乐、加工以及其他劳务服务活动取得的收入。

2. 提供劳务收入的核算

① 同一会计年度内开始并完成的劳务，应当在提供劳务交易完成且收到款项或取得收款权利时，确认提供劳务收入。提供劳务收入的金额为从接受劳务方已收或应收的合同或协议价款。

② 劳务的开始和完成分属不同会计年度的，应当按照完工进度确认提供劳务收入。年度资产负债表日，按照提供劳务收入总额乘以完工进度扣除以前会计年度累计已确认提供劳务收入后的金额，确认本年度的提供劳务收入；同时，按照估计的提供劳务成本总额乘以完工进度扣除以前会计年度累计已确认营业成本后的金额，结转本年度营业成本。

a. 本年度确认的劳务收入=劳务总金额×完工进度−已确认劳务收入。

b. 本年度确认的劳务成本=估计劳务总成本×完工进度−已确认劳务成本。

c. 合同或协议包含商品销售和提供劳务时：

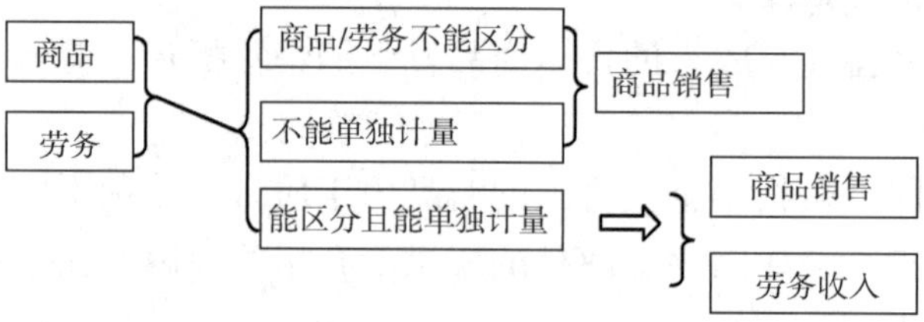

3. 销售商品同时提供劳务的收入确认

① 小企业与其他企业签订的合同或协议包含销售商品和提供劳务时，销售商品部分和提供劳务部分能够区分且能够单独计量的，应当将销售商品的部分作为销售商品处理，将提供劳务的部分作为提供劳务处理。

② 销售商品部分和提供劳务部分不能够区分，或虽能区分但不能够单独计量的，应当作为销售商品处理。

4. 例题解析

【例 14-2】 甲公司与乙公司签订合同，向乙公司销售一部电梯并负责安装。甲公司开出的增值税专用发票上注明的价款合计为 1 000 000 元，其中电梯销售价格为 980 000 元，安装费为 20 000 元，增值税税额为 130 000 元。

电梯的成本为 560 000 元；电梯安装过程中发生安装费 12 000 元，均为安装人员薪酬。假定电梯已经安装完成并经验收合格，款项尚未收到；安装工作是销售合同的重要组成部分。假设甲公司采用小企业会计准则核算，甲公司的账务处理如下：

① 发生安装费用 12 000 元时：

借：劳务成本　　12 000
　　贷：应付职工薪酬　　12 000

② 电梯销售实现确认收入 980 000 元并结转电梯成本 560 000 元时：

借：应收账款　　1 146 600
　　贷：主营业务收入　　980 000
　　　　应交税费——应交增值税（销项税额）　　127 400

借：主营业务成本　　560 000

　　贷：库存商品　　560 000

③ 确认安装费收入 20 000 元并结转安装成本 12 000 元时：

借：应收账款　　22 600

　　贷：主营业务收入　　20 000

　　　　应交税费——应交增值税(销项税额)　　2 600

借：主营业务成本　　12 000

　　贷：劳务成本　　12 000

若电梯销售价格和安装费用无法区分。甲公司的账务处理如下：

① 发生安装费用 12 000 元时：

借：劳务成本　　12 000

　　贷：应付职工薪酬　　12 000

② 销售实现确认收入 1 000 000 元并结转成本 572 000 元时：

借：应收账款　　1 130 000

　　贷：主营业务收入　　1 000 000

　　　　应交税费——应交增值税(销项税额)　　130 000

借：主营业务成本　　572 000

　　贷：库存商品　　560 000

　　　　劳务成本　　12 000

【例 14-3】 甲公司于 2020 年 12 月 1 日接受一项设备安装任务，安装期为 3 个月，合同总收入 300 000 元，至年底已预收安装费 220 000 元，实际发生安装费用 140 000 元(假定均为安装人员薪酬)，估计完成安装任务还需发生安装费用 60 000 元。假定甲公司按实际发生的成本占估计总成本的比例确定劳务的完工进度。甲公司采用小企业会计准则核算，甲公司的会计处理如下：

实际发生的成本占估计总成本的比例 = 140 000÷(140 000+60 000) = 70%

2020 年 12 月 31 日确认的劳务收入 = 300 000×70%-0 = 210 000(元)

2020 年 12 月 31 日确认的费用 = (140 000+60 000)×70%-0 = 140 000(元)

① 实际发生劳务成本 140 000 元：

借：劳务成本　　140 000

　　贷：应付职工薪酬　　140 000

② 预收劳务款 220 000 元：

借：银行存款　　220 000

　　贷：预收账款　　220 000

③ 2020 年 12 月 31 日确认提供劳务收入并结转劳务成本：

借：预收账款　　210 000

　　贷：主营业务收入　　210 000

借：主营业务成本　　140 000

贷：劳务成本　　140 000

14.2　费用的核算

14.2.1　费用的概念和内容

1. 费用的概念

费用，是指小企业在日常生产经营活动中发生的、会导致所有者权益减少、与向所有者分配利润无关的经济利益的总流出。

2. 费用的内容

小企业的费用包括：营业成本、税金及附加、销售费用、管理费用、财务费用等。如表 14-1 所示。

表 14-1

分类	明细类别	内容
成本费用	主营业务成本	销售商品的成本
	其他业务成本	提供劳务的成本
	税金及附加	消费税、营业税、城市维护建设税、资源税、土地增值税、城镇土地使用税、房产税、车船税、印花税和教育费附加、矿产资源补偿费、排污费等。
期间费用	销售费用	销售人员的职工薪酬、商品维修费、运输费、装卸费、包装费、保险费、广告费、业务宣传费、展览费等费用。
	管理费用	开办费、行政管理部门发生的费用、业务招待费、研究费用、技术转让费、相关长期待摊费用摊销、财产保险费、聘请中介机构费、咨询费、诉讼费等
	财务费用	利息费用(减利息收入)、汇兑损失、银行相关手续费、小企业给予的现金折扣(减享受的现金折扣)等。

14.2.2　费用的核算

1. 营业成本

营业成本是指小企业所销售商品的成本和所提供劳务的成本。

借：营业成本

　　贷：库存商品

2. 税金及附加

税金及附加是指小企业开展日常生产经营活动应负担的消费税、营业税、城市维护建设税、资源税、土地增值税、城镇土地使用税、房产税、车船税、印花税和教育费附加、矿产资源补偿费、排污费等。

借：税金及附加

　　贷：应交税费—应交消费税

　　　　应交营业税

　　　　应交城市维护建设税

3. 销售费用

销售费用是指小企业在销售商品或提供劳务过程中发生的各种费用。包括：销售人员的职工薪酬、商品维修费、运输费、装卸费、包装费、保险费、广告费、业务宣传费、展览费等费用。

借：销售费用

　　贷：银行存款等

小企业（批发业、零售业）在购买商品过程中发生的费用（包括：运输费、装卸费、包装费、保险费、运输途中的合理损耗和入库前的挑选整理费等）也构成销售费用。

注意：业务招待费不属于销售费用核算范围，应当计入管理费用中。

企业应通过“销售费用”科目，核算销售费用的发生和结转情况。期末转入本年利润中，期末无余额。

【例 14-4】 某公司销售部 8 月份共发生费用 220 000 元，其中：销售人员薪酬 100 000元，销售部专用办公设备折旧费 50 000 元，业务费 70 000 元（均用银行存款支付）。假设采用小企业会计准则核算，会计处理如下：

借：销售费用	220 000	
贷：应付职工薪酬		100 000
累计折旧		50 000
银行存款		70 000

【例 14-5】 某公司销售一批产品，销售过程中发生运输费价 10 000 元，增值税率 9%，用银行存款支付。假设采用小企业会计准则核算，会计处理如下：

借：销售费用	10 000	
应交税费——应交增值税（进项税额）	900	
贷：银行存款		10 900

4. 管理费用

管理费用指小企业为组织和管理生产经营发生的其他费用。包括：小企业在筹建期间内发生的开办费、行政管理部门发生的费用（包括：固定资产折旧费、修理费、办公费、水电费、差旅费、管理人员的职工薪酬等）、业务招待费、研究费用、技术转让费、相关长期待摊费用摊销、财产保险费、聘请中介机构费、咨询费（含顾问费）、诉讼费等费用。

小企业（商品流通）管理费用不多的，可不设置“管理费用”科目，本科目的核算内容可并入“销售费用”科目核算。

管理费用会计处理

① 开办费：

小企业在筹建期间内发生的开办费，包括人员薪酬、办公费、培训费、差旅费、印刷费、注册登记费以及不计入固定资产成本的借款费用等在实际发生时。

借：管理费用(开办费)

　　贷：银行存款

【例 14-6】 某企业筹建期间发生办公费、差旅费等开办费 25 000 元，均用银行存款支付。假设采用小企业会计准则核算，会计处理如下：

借：管理费用——开办费	25 000	
贷：银行存款		25 000

② 行政管理部门人员的职工薪酬及其他职工薪酬(包括因解除与职工的劳动关系给予的补偿)：

借：管理费用

　　贷：应付职工薪酬

③ 行政管理部门计提的固定资产折旧和发生的修理费：

借：管理费用

　　贷：累计折旧(银行存款)

【例 14-7】 某企业当月行政管理部门发生固定资产折旧费用 45 000 元，行政管理部门发生设备日常修理费用 1 000 元(以现金支付)，均不满足固定资产确认条件。假设采用小企业会计准则核算，会计处理如下：

借：管理费用	46 000	
贷：累计折旧		45 000
库存现金		1 000

④ 发生的办公费、水电费、业务招待费、聘请中介机构费、咨询费、诉讼费、技术转让费、排污费等：

借：管理费用

　　贷：银行存款

【例 14-8】 某企业行政部 9 月份共发生费用 224 000 元，其中：行政人员薪酬 150 000元，行政部专用办公设备折旧费 45 000 元，报销行政人员差旅费 21 000 元(假定报销人均未预借差旅费)，其他办公、水电费 8 000 元(均用银行存款支付)。假设采用小企业会计准则核算，会计处理如下：

借：管理费用	224 000	
贷：应付职工薪酬		150 000
累计折旧		45 000
库存现金		21 000
银行存款		8 000

⑤ 按规定计算确定的应交矿产资源补偿费、房产税、车船使用税、土地使用税：

借：管理费用

贷：应交税费

⑥ 企业缴纳的印花税时：

借：管理费用

贷：银行存款

【例 14-9】 某企业当月按规定计算确定的应交房产税为 3 000 元、应交车船使用税为 2 600 元、应交土地使用税为 4 300 元。假设采用小企业会计准则核算，会计处理如下：

借：管理费用	9 900	
贷：应交税费——应交房产税		3 000
——应交车船使用税		2 600
——应交土地使用税		4 300

5. 财务费用

财务费用是指小企业为筹集生产经营所需资金发生的筹资费用。包括：利息费用(减利息收入)、汇兑损失、银行相关手续费、小企业给予的现金折扣(减享受的现金折扣)等费用。

借：银行存款

贷：财务费用

借：财务费用

贷：银行存款

【例 14-10】 某企业于 2020 年 1 月 1 日向银行借入生产经营用短期借款 360 000 元，期限 6 个月，年利率 5%，该借款本金到期后一次归还，利息分月预提，按季支付。假定 1 月份其中 120 000 元暂时作为闲置资金存入银行，并获得利息收入 400 元，假定所有利息均不符合利息资本化条件。假设采用小企业会计准则核算，会计处理如下：

1 月末，预提当月份应计利息 = 360 000×5%÷12 = 1 500(元)。

借：财务费用	1500	
贷：应付利息		1 500

同时，当月取得的利息收入 400 元应作为冲减财务费用处理。

借：银行存款	400	
贷：财务费用		400

14.3 利润的核算

14.3.1 利润概述

1. 利润及其内容

利润，是指小企业在一定会计期间的经营成果。包括：营业利润、利润总额和净利润。

① 营业利润，是指营业收入减去营业成本、税金及附加、销售费用、管理费用、财务费用，加上投资收益(或减去投资损失)后的金额。

② 利润总额，是指营业利润加上营业外收入，减去营业外支出后的金额。

③ 净利润，是指利润总额减去所得税费用后的净额。

2. 利润相关计算公式如下：

营业利润=主营业务收入+其他业务收入-主营业务成本-主营业务税金及附加-销售费用-管理费用-财务费用+投资收益

利润总额=营业利润+营业外收入-营业外支出

净利润=利润总额-所得税费用

14.3.2 营业外收入的核算

1. 营业外收入概念及内容

营业外收入，是指小企业非日常生产经营活动形成的，应当计入当期损益、会导致所有者权益增加、与所有者投入资本无关的经济利益的流入。

小企业的营业外收入包括：非流动资产处置净收益、政府补助、捐赠收益、盘盈收益、汇兑收益、出租包装物和商品的租金收入、逾期未退包装物押金收益、确实无法偿付的应付账款、已作坏账损失处理后又收回的应收款项、违约金收益等。

通常，小企业的营业外收入应当在实现时按照其实现金额计入当期损益。

2. 营业外收入的核算

① 企业确认营业外收入：

借：固定资产清理
　　银行存款
　　待处理财产损溢等科目
　　贷：“营业外收入”科目。

② 期末，应将“营业外收入”科目余额转入“本年利润”科目。

借：营业外收入
　　贷：本年利润

③ 例题解析。

【例 14-11】 某企业现有一台设备由于性能等原因决定提前报废，原价为 500 000 元，已计提折旧 450 000 元，未计提减值准备。报废时的残值变价收入为 73 500 元，报废清理过程中发生的清理费用 3 500 元。有关收入、支出均通过银行存款办理结算，不考虑相关的税费。该公司应编制的分录如下：

（1）将报废固定资产转入清理

借：固定资产清理	50 000
累计折旧	450 000

贷：固定资产 500 000

（2）收回残值收入

借：银行存款 73 500

贷：固定资产清理 73 500

（3）支付清理费用

借：固定资产清理 3 500

贷：银行存款 3 500

借：固定资产清理 20 000

贷：营业外收入 20 000

14.3.3 营业外支出

1. 营业外支出的概念内容

（1）营业外支出的概念

营业外支出，是指小企业非日常生产经营活动发生的、应当计入当期损益、会导致所有者权益减少、与向所有者分配利润无关的经济利益的净流出。

（2）营业外支出的内容

小企业的营业外支出包括：存货的盘亏、毁损、报废损失，非流动资产处置净损失，坏账损失，无法收回的长期债券投资损失，无法收回的长期股权投资损失，自然灾害等不可抗力因素造成的损失，税收滞纳金，罚金，罚款，被没收财物的损失，捐赠支出，赞助支出等。

2. 营业外支出的核算

① 企业发生营业外支出时：

借："营业外支出"科目

贷：固定资产清理

待处理财产损溢

库存现金

银行存款等科目

② 期末，应将"营业外支出"科目余额结转入"本年利润"科目。分录是：

借：本年利润

贷：营业外支出

14.3.4 企业所得税的核算

1. 企业所得税的概述

小企业应当按照企业所得税法规定计算的当期应纳税额，确认所得税费用。

小企业应当在利润总额的基础上，按照企业所得税法规定进行纳税调整，计算出当期应纳税所得额，按照应纳税所得额与适用所得税税率为基础计算确定当期应纳税额。

2. 企业所得税的核算

（1）分录

① 计算时：

借：所得税费用

贷：应交税费——应交所得税

② 结转本年利润时：

借：本年利润

贷：所得税费用

③ 交纳或预交所得税时：

借：应交税费——应交所得税

贷：银行存款

（2）例题解析

【例 14-12】 甲公司 2020 年度按企业会计准则计算的税前会计利润为 19 800 000 元，所得税税率为 25%。甲公司全年实发工资为 2 000 000 元，职工福利费 300 000 元，工会经费 50 000 元，职工教育经费 100 000 元；经查，甲公司当年营业外支出中有 120 000 元为税款滞纳罚金。假定甲公司全年无其他纳税调整因素。

本例中，按税法规定，企业在计算当期应纳税所得额时，可以扣除工资、薪金支出 2 000 000元，职工福利费支出 280 000（2 000 000×14%）元，职工教育经费支出 50 000（2 000 000×2.5%）元，工会经费支出 40 000（2 000 000×2%）元。

甲公司当期所得税的计算如下：

纳税调整数=（300 000－280 000）+（50 000－40 000）+（100 000－50 000）+120 000=200 000（元）

应纳税所得额=19 800 000+200 000=20 000 000（元）

当期应交所得税额=20 000 000×25%=5 000 000（元）

14.3.5　未分配利润的核算

见 13.5 和 13.6 的内容。

14.4　真账实训

真账实训 21　营业收入和营业外收入

【例 14-13】 审核业务 18、业务 29、业务 30 和业务 44 的经济业务凭证的原始凭证，原始凭证见"7. 5 真账实训——真账实训 1 核算企业概述——5. 企业 2020 年 6 月经济业务的原始凭证"并登记相关明细账。由于本书讲解的是一个月连续业务，业务编号是按顺序进行编制的。

【业务分析】

① 根据业务 18 的现金收款收据，确定是收到个人罚款收入 400 元，作为营业外收入。

会计分录是：

借：库存现金　400

　贷：营业外收入——罚款收入　400

② 根据业务 29 的增值税专用发票记账联，确定销售办公桌和办公椅各为 150 000 元，销项增值税 39 000 元。

会计分录是：

借：应收账款——华友家具　339 000

　贷：主营业务收入——办公桌　150 000

　　　　　　　　——办公椅　150 000

　　应交税费——应交增值税(销项税额)　39 000

③ 根据业务 30 的增值税专用发票记账联和银行进账单，确定销售材料——钢管收入 50 000 元，销项增值税 6 500 元。

会计分录是：

借：银行存款　56 500

　贷：其他业务收入　50 000

　　应交税费——应交增值税(进项税额)　6 500

④ 业务 44 为结转收入类账户：

会计分录是：

借：主营业务收入——办公桌　150 000

　　　　　　　——办公椅　150 000

　其他业务——销售材料收入　50 000

　营业外收入——罚款收入　400

　贷：本年利润　350 400

审核准确无误，会计编制记账凭证，审核无误后登记相关明细账，其他账簿相关内容登记，此处不重复。

具体操作：(由明细账会计完成)

步骤一　审核原始凭证，按照内容合法、形式合法等去考虑，由于本书讲的原始凭证均严格按要求做的，以下该步骤省略。

步骤二　编制记账凭证并审核。如图 14-1~图 14-4 所示。

记账凭证

2020 年 06 月 18 日　　　　记字第 18 号

摘要	会计科目	明细科目	借方金额											贷方金额											记账
			亿	千万	百万	十万	万	千	百	十	元	角	分	亿	千万	百万	十万	万	千	百	十	元	角	分	
收到罚款	库存现金								4	0	0	0	0												√
	营业外收入	罚款收入																		4	0	0	0	0	√
附件 1 张	合计							¥	4	0	0	0	0						¥	4	0	0	0	0	

会计主管：[郑实]　记账：[孙倩]　出纳：[黄蓉]　复核：[郑实]　制证：[孙倩]

图 14-1

记账凭证

2020 年 06 月 25 日　　　　记字第 29 号

摘要	会计科目	明细科目	借方金额											贷方金额											记账
			亿	千万	百万	十万	万	千	百	十	元	角	分	亿	千万	百万	十万	万	千	百	十	元	角	分	
销售办公桌（椅）	应收账款	华友家具				3	3	9	0	0	0	0	0												√
	主营业务收入	办公桌															1	5	0	0	0	0	0	0	√
		办公椅															1	5	0	0	0	0	0	0	√
	应交税费	增（销）																3	9	0	0	0	0	0	√
附件 1 张	合计				¥	3	3	9	0	0	0	0	0			¥	3	3	9	0	0	0	0	0	

会计主管：[郑实]　记账：[孙倩]　出纳：　复核：[郑实]　制证：[孙倩]

图 14-2

记账凭证

2020 年 06 月 26 日　　　　记字第 30 号

摘要	会计科目	明细科目	借方金额											贷方金额											记账
			亿	千万	百万	十万	万	千	百	十	元	角	分	亿	千万	百万	十万	万	千	百	十	元	角	分	
销售材料	银行存款						5	6	5	0	0	0	0												√
	其他业务收入	销售材料收入																5	0	0	0	0	0	0	√
	应交税费	增（销）																	6	5	0	0	0	0	√
附件 2 张	合计					¥	5	6	5	0	0	0	0				¥	5	6	5	0	0	0	0	

会计主管：[郑实]　记账：[孙倩]　出纳：[黄蓉]　复核：[郑实]　制证：[孙倩]

图 14-3

记 账 凭 证

2020 年 06 月 30 日　　　　　　记字第 44 号

摘要	会计科目	明细科目	借方金额											贷方金额											记账
			亿	千万	百万	十	万	千	百	十	元	角	分	亿	千万	百万	十	万	千	百	十	元	角	分	
结转收入账户	主营业务收入	办公桌				1	5	0	0	0	0	0	0												√
		办公椅				1	5	0	0	0	0	0	0												√
	其他业务收入	销售材料收入					5	0	0	0	0	0	0												√
	营业外收入	罚款收入							4	0	0	0	0												√
	本年利润																3	5	0	4	0	0	0	0	√
附件 0 张	合 计				¥	3	5	0	4	0	0	0	0			¥	3	5	0	4	0	0	0	0	

会计主管：郑实　记账：孙倩　出纳：　复核：郑实　制证：孙倩

图 14-4

步骤三　登记主营业务收入和其他业务收入明细账，并结出余额，其他明细账相关内容里登记，这里不重复。如图 14-5～图 14-8 所示。

主营业务收入 明细账

二级科目 办公桌

2020年		凭证		摘要	对方科目	借方										贷方										借或贷	余额									
月	日	种类	号数			千	百	十	万	千	百	十	元	角	分	千	百	十	万	千	百	十	元	角	分		千	百	十	万	千	百	十	元	角	分
6	25	记	29	销售办公桌（椅）														1	5	0	0	0	0	0	0	贷			1	5	0	0	0	0	0	0
	30	记	44	结转收入账户				1	5	0	0	0	0	0	0											平										0
6	30			本月合计				1	5	0	0	0	0	0	0			1	5	0	0	0	0	0	0	平										0

图 14-5

主营业务收入 明细账

二级科目 办公椅

2020年		凭证		摘要	对方科目	借方										贷方										借或贷	余额									
月	日	种类	号数			千	百	十	万	千	百	十	元	角	分	千	百	十	万	千	百	十	元	角	分		千	百	十	万	千	百	十	元	角	分
6	25	记	29	销售办公桌（椅）														1	5	0	0	0	0	0	0	贷			1	5	0	0	0	0	0	0
	30	记	44	结转收入账户				1	5	0	0	0	0	0	0											平										0
6	30			本月合计				1	5	0	0	0	0	0	0			1	5	0	0	0	0	0	0	平										0

图 14-6

其他业务收入 明细账

二级科目 销售材料收入

2020年		凭证		摘要	对方科目	借方										贷方										借或贷	余额									
月	日	种类	号数			千	百	十	万	千	百	十	元	角	分	千	百	十	万	千	百	十	元	角	分		千	百	十	万	千	百	十	元	角	分
6	26	记	30	销售材料															5	0	0	0	0	0	0	贷				5	0	0	0	0	0	0
	30	记	44	结转收入账户					5	0	0	0	0	0	0											平										0
6	30			本月合计					5	0	0	0	0	0	0				5	0	0	0	0	0	0	平										0

图 14-7

营业外收入 明细账

二级科目 罚款收入

2020年 月	日	凭证 种类	号数	摘要	对方科目	借方	贷方	借或贷	余额
6	18	记	18	收到罚款			40000	贷	40000
	30	记	44	结转收入账户		40000		平	0
6	30			本月合计		40000	40000	平	0

图 14-8

步骤四　月末完成对账和结账工作。

真账实训 22　营业成本和营业外支出

【例 14-14】　审核业务 28、业务 32、业务 34 和业务 45 的经济业务凭证的原始凭证，原始凭证见“7.5 真账实训——真账实训 1 核算企业概述——5. 企业 2020 年 6 月经济业务的原始凭证”并登记相关明细账。由于本书讲解的是一个月连续业务，业务编号是按顺序进行编制的。

【业务分析】

① 根据业务 27 的固定资产清理损益计算表，确定固定资产清理损失 10 000 元作为营业外支出——处理固定资产损失。

会计分录是：

借：营业外支出——处理固定资产损失　　10 000

　　贷：固定资产清理　　10 000

② 根据业务 28 的行政事业单位统一收费收据和转账支票存根，确定是对希望工程捐款作为营业外支出——捐赠支出处理。

会计分录是：

借：营业外支出——捐赠支出　　5 000

　　贷：银行存款　　5 000

③ 根据业务 32 的产品出库单，确定结转办公桌、办公椅销售的成本为 100 000 元、80 000 元和材料的销售成本为 21 000 元。

会计分录是：

借：主营业务成本——办公桌　　100 000

　　　　　　　——办公椅　　80 000

　　其他业务成本　　21 000

　　贷：库存商品——办公桌　　100 000

　　　　　　　——办公椅　　80 000

　　　　原材料——钢管　　21 000

④ 根据业务 34 的税金及附加计算表，确定计算本月：

城建税金额 = 49 278.49×7% = 3 449.49（元）

教育附加 = 49 278.49×3% = 1 478.35（元）

地方教育附加=49 278.49×2%=985.57(元)。

税金及附加=3 449.49+1 478.35+985.57=5 913.41(元)

会计分录是：

借：税金及附加　　5 913.41

　贷：应交税费——城建税　　3 449.49

　　　　　　——教育附加　　1 478.35

　　　　　　——地方教育附加　　985.57

⑤ 根据业务 45 的是结转本月结转费用类。

会计分录是：

借：本年利润　　292 276.90

　贷：主营业务成本——办公桌　　100 000

　　　　　　　——办公椅　　80 000

　　其他业务成本　　21 000

　　税金及附加　　5 913.41

　　管理费用　　31 140

　　销售费用　　23 523.49

　　财务费用　　15 700

　　营业外支出　　15 000

审核准确无误，会计编制记账凭证，审核无误后登记相关明细账，其他账簿相关内容登记，此处不重复。

具体操作：(由明细账会计完成)

步骤一　审核原始凭证，按照内容合法、形式合法等去考虑，由于本书讲的原始凭证均严格按要求做的，以下该步骤省略。

步骤二　编制记账凭证并审核。如图 14-9~图 14-13 所示。

记　账　凭　证

2020 年 06 月 25 日　　　　记字第　27　号

摘要	会计科目	明细科目	借方金额											贷方金额											记账
			亿	千万	百万	十万	万	千	百	十	元	角	分	亿	千万	百万	十万	万	千	百	十	元	角	分	
结转清理损失	营业外支出	处理固定资产损失					1	0	0	0	0	0	0												√
	固定资产清理																	1	0	0	0	0	0	0	√
附件 1 张	合计					¥	1	0	0	0	0	0	0				¥	1	0	0	0	0	0	0	

会计主管：郑实　记账：孙倩　出纳：　复核：郑实　制证：孙倩

图 14-9

记 账 凭 证

2020 年 06 月 25 日　　　　　　记字第 28 号

摘要	会计科目	明细科目	借方金额											贷方金额											记账
			亿	千万	百万	十万	万	千	百	十	元	角	分	亿	千万	百万	十万	万	千	百	十	元	角	分	
向希望工程捐款	营业外支出	捐赠支出						5	0	0	0	0	0												✓
	银行存款																		5	0	0	0	0	0	✓
附件 2 张	合计						¥	5	0	0	0	0	0					¥	5	0	0	0	0	0	

会计主管：郑实　记账：孙倩　出纳：黄蓉　复核：郑实　制证：孙倩

图 14-10

记 账 凭 证

2020 年 06 月 30 日　　　　　　记字第 32 号

摘要	会计科目	明细科目	借方金额											贷方金额											记账
			亿	千万	百万	十万	万	千	百	十	元	角	分	亿	千万	百万	十万	万	千	百	十	元	角	分	
结转销售成本	主营业务成本	办公椅				1	0	0	0	0	0	0	0												✓
		办公桌					8	0	0	0	0	0	0												✓
	其他业务成本						2	1	0	0	0	0	0												
	库存商品	办公椅															1	0	0	0	0	0	0	0	✓
		办公桌																8	0	0	0	0	0	0	✓
	原材料																	2	1	0	0	0	0	0	
附件 2 张	合计				¥	2	0	1	0	0	0	0	0			¥	2	0	1	0	0	0	0	0	

会计主管：郑实　记账：孙倩　出纳：　复核：郑实　制证：孙倩

图 14-11

记 账 凭 证

2020 年 06 月 30 日　　　　　　记字第 34 号

摘要	会计科目	明细科目	借方金额											贷方金额											记账
			亿	千万	百万	十万	万	千	百	十	元	角	分	亿	千万	百万	十万	万	千	百	十	元	角	分	
计算城建税等	税金及附加							5	9	1	3	4	1												✓
	应交税费	城建税																	3	4	4	9	4	9	✓
		教育附加																	1	4	7	8	3	5	✓
		地方教育附加																		9	8	5	5	7	✓
附件 1 张	合计						¥	5	9	1	3	4	1					¥	5	9	1	3	4	1	

会计主管：郑实　记账：孙倩　出纳：　复核：郑实　制证：孙倩

图 14-12

记 账 凭 证

2020 年 06 月 30 日　　　　记字第 45 号

摘要	会计科目	明细科目	借方金额											贷方金额											记账
			亿	千万	百万	十万	万	千	百	十	元	角	分	亿	千万	百万	十万	万	千	百	十	元	角	分	
结转费用账户	本年利润					2	9	2	2	7	6	9	0												✓
	主营业务成本	办公桌															1	0		0	0	0	0	0	✓
		办公椅																8	0	0	0	0	0	0	✓
	其他业务成本																	2	1	0	0	0	0	0	✓
	营业税金及附加																		5	9	1	3	4	1	✓
	管理费用																	3	1	1	4	0	0	0	✓
	销售费用																	2	3	5	2	3	4	9	✓
	财务费用																	1	5	7	0	0	0	0	✓
	营业外支出																	1	5	0	0	0	0	0	✓
附件 0 张	合　　计				¥	2	9	2	2	7	6	9	0			¥	2	9	2	2	7	6	9	0	

会计主管：郑实　记账：孙倩　出纳：　复核：郑实　制证：孙倩

图 14-13

步骤三　登记主营业务成本、其他业务成本、税金及附加和营业外支出明细账，并结出余额，其他明细账相关内容里登记，这里不重复。如图 14-14~图 14-19 所示。

主营业务成本 明细账

二级科目 办公桌

2020年		凭证		摘要	对方科目	借方										贷方										借或贷	余额									
月	日	种类	号数			千	百	十	万	千	百	十	元	角	分	千	百	十	万	千	百	十	元	角	分		千	百	十	万	千	百	十	元	角	分
6	30	记	32	结转销售成本				1	0	0	0	0	0	0	0											借			1	0	0	0	0	0	0	0
	30	记	45	结转费用账户														1	0	0	0	0	0	0	0	平										0
6	30			本月合计				1	0	0	0	0	0	0	0			1	0	0	0	0	0	0	0	平										0

图 14-14

主营业务成本 明细账

二级科目 办公椅

2020年		凭证		摘要	对方科目	借方										贷方										借或贷	余额									
月	日	种类	号数			千	百	十	万	千	百	十	元	角	分	千	百	十	万	千	百	十	元	角	分		千	百	十	万	千	百	十	元	角	分
6	30	记	32	结转销售成本					8	0	0	0	0	0	0											借				8	0	0	0	0	0	0
	30	记	45	结转费用账户															8	0	0	0	0	0	0	平										0
6	30			本月合计					8	0	0	0	0	0	0				8	0	0	0	0	0	0	平										0

图 14-15

其他业务成本 明细账

二级科目 销售材料成本

2020年		凭证		摘要	对方科目	借方										贷方										借或贷	余额									
月	日	种类	号数			千	百	十	万	千	百	十	元	角	分	千	百	十	万	千	百	十	元	角	分		千	百	十	万	千	百	十	元	角	分
6	30	记	32	结转销售成本					2	1	0	0	0	0	0											借				2	1	0	0	0	0	0
	30	记	45	结转费用账户															2	1	0	0	0	0	0	平										0
6	30			本月合计					2	1	0	0	0	0	0				2	1	0	0	0	0	0	平										0

图 14-16

税金及附加 明细账

二级科目

2020年 月	日	凭证 种类	号数	摘要	对方科目	借方（千百十万千百十元角分）	贷方（千百十万千百十元角分）	借或贷	余额（千百十万千百十元角分）
6	30	记	34	计算城建税等		591341		借	591341
	30	记	45	结转费用账户			591341	平	0
6	30			本月合计		591341	591341	平	0

图 14-17

营业支出 明细账

二级科目 处理固定资产损失

2020年 月	日	凭证 种类	号数	摘要	对方科目	借方（千百十万千百十元角分）	贷方（千百十万千百十元角分）	借或贷	余额（千百十万千百十元角分）
6	25	记	27	结转清理损失		1000000		借	1000000
6	30	记	45	结转费用账户		1000000	1000000	平	0
				本月合计					

图 14-18

营业支出 明细账

二级科目 捐赠支出

2020年 月	日	凭证 种类	号数	摘要	对方科目	借方（千百十万千百十元角分）	贷方（千百十万千百十元角分）	借或贷	余额（千百十万千百十元角分）
6	25	记	28	向希望工程捐款		500000		借	500000
6	30	记	45	结转费用账户		500000	500000	平	0
				本月合计					

图 14-19

步骤四　月末完成对账和结账工作。

真账实训 23　销售费用

【例 14-15】　审核业务 17、业务 22、业务 35、业务 37、业务 41 和业务 45 的经济业务凭证的原始凭证，原始凭证见“7.5 真账实训——真账实训 1 核算企业概述——5. 企业 2020 年 6 月经济业务的原始凭证”并登记相关明细账。由于本书讲解的是一个月连续业务，业务编号是按顺序进行编制的。

【业务分析】

① 根据业务 17 的差旅报销单和火车票，确定是报销差旅费的进项增值税 = 200÷(1+9%)×9% = 16.51 元，管理费用为 1 483.49 元，备注 2019 年 5 月新税规定火车票、飞机票按 9%含税计算，公路和水运按 3%计算。

会计分录是：

借：管理费用——差旅费　　1 483.49

　　应交税费——应交增值税(进项税额)　　16.51

　　贷：其他应收款 ——王信同　　1 500

② 根据业务 22 增值税发票和转账支票存根，确定支付广告费。

会计分录是：

借：销售费用——广告费　　2 000

　　应交税费——应交增值税(进项税额)　　120

　　贷：银行存款　　2 120

③ 根据业务 35 的工资结算表，确定分配本月工资费用 50 000 元。

会计分录是：

借：生产成本——办公桌　　8 700

　　　　　　——办公椅　　8 300

　　管理费用——工资及福利　　19 000

　　销售费用——工资及福利　　14 000

　　贷：应付职工薪酬——工资　　50 000

④ 根据业务 37 的五险一金分配表，确定是计提单位承担的五险一金费用。

会计分录是：

借：生产成本——办公桌　　3 132

　　　　　　——办公椅　　2 988

　　管理费用——工资及福利　　6 840

　　销售费用——工资及福利　　5 040

　　贷：应付职工薪酬——社会保险费　　13 000

　　　　　　　　　　——住房公积金　　5 000

⑤ 根据业务 41 的电费费用分配表，确定是结算本月应付账款——江北供电局的电费为 7 500 元。

会计分录是：

借：制造费用——电费　　5 500

　　管理费用——电费　　1 000

　　销售费用——电费　　1 000

　　贷：应付账款——江北供电局　　7 500

⑥ 结转费用类：

借：本年利润　　292 276.90

　　贷：主营业务成本——办公桌　　100 000

　　　　　　　　　　——办公椅　　80 000

　　　　其他业务成本　　21 000

　　　　税金及附加　　5 913.41

　　　　管理费用　　31 140

　　　　销售费用　　23 523.49

　　　　财务费用　　15 700

　　　　营业外支出　　15 000

审核准确无误，会计编制记账凭证，审核无误后登记销售费用明细账，其他账簿相关内容登记，此处不重复。

具体操作：(由明细账会计完成)

步骤一　审核原始凭证，按照内容合法、形式合法等去考虑，由于本书讲的原始凭证均严格按要求做的，以下该步骤省略。

步骤二　编制记账凭证并审核。如图 14-20～图 14-25 所示。

记　账　凭　证

2020 年 06 月 17 日　　　　记字第　17 号

摘　要	会计科目	明细科目	借方金额											贷方金额											记账
			亿	千万	百万	十万	万	千	百	十	元	角	分	亿	千万	百万	十万	万	千	百	十	元	角	分	
报销差旅费	销售费用	差旅费						1	4	8	3	4	9												√
	应交税费	增（进）								1	6	5	1												√
	其他应收款	王信同																	1	5	0	0	0	0	√
附件　4　张	合　　计						¥	1	5	0	0	0	0					¥	1	5	0	0	0	0	

会计主管：郑实　记账：孙倩　出纳：黄蓉　复核：郑实　制证：孙倩

图 14-20

记　账　凭　证

2020 年 06 月 20 日　　　　记字第　22 号

摘　要	会计科目	明细科目	借方金额											贷方金额											记账
			亿	千万	百万	十万	万	千	百	十	元	角	分	亿	千万	百万	十万	万	千	百	十	元	角	分	
支付广告费	销售费用	广告费						2	0	0	0	0	0												√
	应交税费	增（进）							1	2	0	0	0												
	银行存款																		2	1	2	0	0	0	√
附件　2　张	合　　计						¥	2	1	2	0	0	0					¥	2	1	2	0	0	0	

会计主管：郑实　记账：孙倩　出纳：黄蓉　复核：郑实　制证：孙倩

图 14-21

记 账 凭 证

2020 年 06 月 30 日　　　　记字第 35 号

摘要	会计科目	明细科目	借方金额											贷方金额											记账
			亿	千万	百万	十万	万	千	百	十	元	角	分	亿	千万	百万	十万	万	千	百	十	元	角	分	
分配工资费用	生产成本	办公桌						8	7	0	0	0	0												✓
		办公椅						8	3	0	0	0	0												✓
	管理费用	工资及福利					1	9	0	0	0	0	0												✓
	销售费用	工资及福利					1	4	0	0	0	0	0												
	应付职工薪酬	工资																5	0	0	0	0	0	0	
附件 1 张	合计					¥	5	0	0	0	0	0	0				¥	5	0	0	0	0	0	0	

会计主管：郑实　记账：孙倩　出纳：　复核：郑实　制证：孙倩

图 14-22

记 账 凭 证

2020 年 06 月 30 日　　　　记字第 37 号

摘要	会计科目	明细科目	借方金额											贷方金额											记账
			亿	千万	百万	十万	万	千	百	十	元	角	分	亿	千万	百万	十万	万	千	百	十	元	角	分	
计提五险一金	生产成本	办公桌						3	1	3	2	0	0												✓
		办公椅						2	9	8	8	0	0												✓
	管理费用	工资及福利						6	8	4	0	0	0												✓
	销售费用	工资及福利						5	0	4	0	0	0												✓
	应付职工薪酬	社会保险费																1	3	0	0	0	0	0	✓
		住房公积金																	5	0	0	0	0	0	✓
附件 1 张	合计					¥	1	8	0	0	0	0	0				¥	1	8	0	0	0	0	0	

会计主管：郑实　记账：孙倩　出纳：　复核：郑实　制证：孙倩

图 14-23

记 账 凭 证

2020 年 06 月 30 日　　　　记字第 41 号

摘要	会计科目	明细科目	借方金额											贷方金额											记账
			亿	千万	百万	十万	万	千	百	十	元	角	分	亿	千万	百万	十万	万	千	百	十	元	角	分	
结算本月电费	制造费用	电费						5	5	0	0	0	0												✓
	管理费用	电费						1	0	0	0	0	0												✓
	销售费用	电费						1	0	0	0	0	0												✓
	应付账款	江北供电局																	7	5	0	0	0	0	✓
																									✓
																									✓
附件 1 张	合计						¥	7	5	0	0	0	0					¥	7	5	0	0	0	0	

会计主管：郑实　记账：孙倩　出纳：　复核：郑实　制证：孙倩

图 14-24

记 账 凭 证

2020 年 06 月 30 日 记字第 45 号

摘要	会计科目	明细科目	借方金额											贷方金额											记账
			亿	千万	百万	十万	万	千	百	十	元	角	分	亿	千万	百万	十万	万	千	百	十	元	角	分	
结转费用账户	本年利润					2	9	2	2	7	6	9	0												√
	主营业务成本	办公桌															1	0		0	0	0	0	0	√
		办公椅																8	0	0	0	0	0	0	√
	其他业务成本																	2	1	0	0	0	0	0	√
	营业税金及附加																		5	9	1	3	4	1	√
	管理费用																	3	1	1	4	0	0	0	√
	销售费用																	2	3	5	2	3	4	9	√
	财务费用																	1	5	7	0	0	0	0	√
	营业外支出																	1	5	0	0	0	0	0	√
附件 0 张	合计				¥	2	9	2	2	7	6	9	0			¥	2	9	2	2	7	6	9	0	

会计主管：郑实 记账：孙倩 出纳： 复核：郑实 制证：孙倩

图 14-25

步骤三　登记销售费用明细账，并结出余额，其他明细账相关内容里登记，这里不重复。如图 14-26 所示。

销售费用　明细分类账

科目：销售费用

2020年		凭证		摘要	借方	贷方	余额	差旅费	广告费	工资及福利费	电费		
月	日	字	号										
6	17	记	17	报销差旅费	1 483.49		1 483.49	1 483.49					
	20	记	22	支付广告费	2 000		3 483.49		2 000				
	30	记	35	分配工资	14 000		17 483.49			14 000			
	30	记	37	计提五险一金	5 040		22 523.49			5 040			
	30	记	41	分配本月电费	1 000		23 523.49				1 000		
	30	记	45	结转费用账户		23 523.49		1 483.49	2 000	19 040	1 000		
6	30			本月合计	23 523.49	23 523.49	0	0	0	0	0		

图 14-26

步骤四　月末完成对账和结账工作。

真账实训 24　管理费用

【例 14-16】 审核业务 20、业务 35、业务 37、业务 38、业务 39、业务 41 和业务 45 的经济业务凭证的原始凭证，原始凭证见“7.5 真账实训——真账实训 1 核算企业概述——5. 企业 2020 年 6 月经济业务的原始凭证”并登记相关明细账。由于本书讲解的是一个月连续业务，业务编号是按顺序进行编制的。

【业务分析】

① 根据业务 20 的增值税普通发票，确定购买日常办公用品。

会计分录是：

借：管理费用——办公费　　1 000

　　贷：库存现金　　1 000

② 根据业务 35 的工资结算表，确定分配本月工资费用中管理费用是 19 000 元。

会计分录是：

借：生产成本——办公桌　　8 700

　　　　　　——办公椅　　8 300

　　管理费用——工资及福利　　19 000

　　销售费用——工资及福利　　14 000

　　贷：应付职工薪酬——工资　　50 000

③ 根据业务 37 的五险一金分配表，确定是计提单位承担的五险一金费用中管理费用是 6 840 元。

会计分录是：

借：生产成本——办公桌　　3 132

　　　　　　——办公椅　　2 988

　　管理费用——工资及福利　　6 840

　　销售费用——工资及福利　　5 040

　　贷：应付职工薪酬——社会保险费　　13 000

　　　　　　　　　　——住房公积金　　5 000

④ 根据业务 38 的固定资产折旧汇总表，确定生产用固定资产折旧费用为 2 000 元，非生产用固定资产折旧费用为 2 500 元。

会计分录是：

借：制造费用——折旧费　　2 000

　　管理费用——折旧费　　2 500

　　贷：累计折旧　　4 500

⑤ 根据业务 39 的无形资产摊销计算表，确定无形资产——商标权本月摊销计入管理费用为 800 元。

会计分录是：

借：管理费用——无形资产摊销　　800

　　贷：无形资产摊销　　800

⑥ 根据业务 41 的电费费用分配表，确定是结算本月应付账款——江北供电局的电费，管理部门分摊为 1 000 元。

会计分录是：

借：制造费用——电费　　5 500

　　管理费用——电费　　1 000

　　销售费用——电费　　1 000

　　贷：应付账款——江北供电局　　7 500

⑦ 根据业务 45 的原始凭证，确定为结转损益的结转费用类。

会计分录是：

借：本年利润　　292 276.90

　　贷：主营业务成本——办公桌　　100 000

　　　　　　　　　　——办公椅　　80 000

　　　　其他业务成本　　21 000

　　　　税金及附加　　5 913.41

　　　　管理费用　　31 140

　　　　销售费用　　23 523.49

　　　　财务费用　　15 700

　　　　营业外支出　　15 000

审核准确无误，会计编制记账凭证，审核无误后登记管理费用明细账，其他账簿相关内容登记，此处不重复。

具体操作：(由明细账会计完成)

步骤一　审核原始凭证，按照内容合法、形式合法等去考虑，由于本书讲的原始凭证均严格按要求做的，以下该步骤省略。

步骤二　编制记账凭证并审核。如图 14-27～图 14-33 所示。

记　账　凭　证

2020 年 06 月 18 日　　　　记字第　20　号

摘　　要	会计科目	明细科目	借方金额											贷方金额											记账
			亿	千万	百万	十万	万	千	百	十	元	角	分	亿	千万	百万	十万	万	千	百	十	元	角	分	
购买办公用品	管理费用	办公费						1	0	0	0	0	0												√
	库存现金																		1	0	0	0	0	0	√
附件　1　张	合　　计						¥	1	0	0	0	0	0					¥	1	0	0	0	0	0	

会计主管：郑实　　记账：孙倩　　出纳：黄蓉　　复核：郑实　　制证：孙倩

图 14-27

记 账 凭 证

2020 年 06 月 30 日　　　　记字第 35 号

摘要	会计科目	明细科目	借方金额											贷方金额											记账
			亿	千万	百万	十万	万	千	百	十	元	角	分	亿	千万	百万	十万	万	千	百	十	元	角	分	
分配工资费用	生产成本	办公桌						8	7	0	0	0	0												√
		办公椅						8	3	0	0	0	0												√
	管理费用	工资及福利					1	9	0	0	0	0	0												√
	销售费用	工资及福利					1	4	0	0	0	0	0												
	应付职工薪酬	工资																5	0	0	0	0	0	0	
附件 1 张	合计					¥	5	0	0	0	0	0	0				¥	5	0	0	0	0	0	0	

会计主管：郑实　记账：孙倩　出纳：　复核：郑实　制证：孙倩

图 14-28

记 账 凭 证

2020 年 06 月 30 日　　　　记字第 37 号

摘要	会计科目	明细科目	借方金额											贷方金额											记账
			亿	千万	百万	十万	万	千	百	十	元	角	分	亿	千万	百万	十万	万	千	百	十	元	角	分	
计提五险一金	生产成本	办公桌						3	1	3	2	0	0												√
		办公椅						2	9	8	8	0	0												√
	管理费用	工资及福利						6	8	4	0	0	0												√
	销售费用	工资及福利						5	0	4	0	0	0												√
	应付职工薪酬	社会保险费																1	3	0	0	0	0	0	√
		住房公积金																	5	0	0	0	0	0	√
附件 1 张	合计					¥	1	8	0	0	0	0	0				¥	1	8	0	0	0	0	0	

会计主管：郑实　记账：孙倩　出纳：　复核：郑实　制证：孙倩

图 14-29

记 账 凭 证

2020 年 06 月 30 日　　　　记字第 38 号

摘要	会计科目	明细科目	借方金额											贷方金额											记账
			亿	千万	百万	十万	万	千	百	十	元	角	分	亿	千万	百万	十万	万	千	百	十	元	角	分	
计提折旧	制造费用	折旧费						2	0	0	0	0	0												√
	管理费用	折旧费						2	5	0	0	0	0												√
	累计折旧																		4	5	0	0	0	0	√
																									√
附件 1 张	合计						¥	4	5	0	0	0	0					¥	4	5	0	0	0	0	

会计主管：郑实　记账：孙倩　出纳：　复核：郑实　制证：孙倩

图 14-30

记 账 凭 证

2020 年 06 月 30 日　　　　记字第 39 号

摘要	会计科目	明细科目	借方金额											贷方金额											记账
			亿	千万	百万	十万	万	千	百	十	元	角	分	亿	千万	百万	十万	万	千	百	十	元	角	分	
计提摊销	管理费用	无形资产摊销							8	0	0	0	0												√
	累计摊销																			8	0	0	0	0	√
附件 1 张	合计							¥	8	0	0	0	0						¥	8	0	0	0	0	

会计主管：郑实　记账：孙倩　出纳：　复核：郑实　制证：孙倩

图 14-31

记 账 凭 证

2020 年 06 月 30 日　　　　记字第 41 号

摘要	会计科目	明细科目	借方金额											贷方金额											记账
			亿	千万	百万	十万	万	千	百	十	元	角	分	亿	千万	百万	十万	万	千	百	十	元	角	分	
结算本月电费	制造费用	电费						5	5	0	0	0	0												√
	管理费用	电费						1	0	0	0	0	0												√
	销售费用	电费						1	0	0	0	0	0												√
	应付账款	江北供电局																	7	5	0	0	0	0	√
																									√
																									√
附件 1 张	合计						¥	7	5	0	0	0	0					¥	7	5	0	0	0	0	

会计主管：郑实　记账：孙倩　出纳：　复核：郑实　制证：孙倩

图 14-32

记 账 凭 证

2020 年 06 月 30 日　　　　记字第 45 号

摘要	会计科目	明细科目	借方金额											贷方金额											记账
			亿	千万	百万	十万	万	千	百	十	元	角	分	亿	千万	百万	十万	万	千	百	十	元	角	分	
结转费用账户	本年利润					2	9	2	2	7	6	9	0												√
	主营业务成本	办公桌															1	0		0	0	0	0	0	√
		办公椅																8	0	0	0	0	0	0	√
	其他业务成本																	2	1	0	0	0	0	0	√
	营业税金及附加																		5	9	1	3	4	1	√
	管理费用																	3	1	1	4	0	0	0	√
	销售费用																	2	3	5	2	3	4	9	√
	财务费用																	1	5	7	0	0	0	0	√
	营业外支出																	1	5	0	0	0	0	0	√
附件 0 张	合计				¥	2	9	2	2	7	6	9	0			¥	2	9	2	2	7	6	9	0	

会计主管：郑实　记账：孙倩　出纳：　复核：郑实　制证：孙倩

图 14-33

步骤三　登记管理费用明细账，并结出余额，其他在明细账相关内容里登记，这里不重复。如图 14-34 所示。

管理费用　明细分类账

科目：管理费用

2020年		凭证		摘要	借方	贷方	余额	办公费	工资及福利费	折旧费	无形资产摊销	电费	
月	日	字	号										
6	18	记	20	购买办公用品	1 000		1 000	1 000					
	30	记	35	分配工资	19 000		20 000		19 000				
	30	记	37	计提五险一金	6 840		26 840		6 840				
	30	记	38	计提折旧	2 500		29 340			2 500			
	30	记	39	计提摊销	800		30 140				800		
	30	记	41	分配本月电费	1 000		31 140					1 000	
	30	记	45	结转费用账户		31 140	0	1 000	25 840	2 500	800	1 000	
6	30			本月合计	31 140	31 140	0	0	0	0	0	0	

图 14-34

步骤四　月末完成对账和结账工作。

真账实训 25　财务费用

【例 14-17】 审核业务 3、业务 31、业务 40 和业务 45 的经济业务凭证的原始凭证，原始凭证见“7.5 真账实训——真账实训 1 核算企业概述——5. 企业 2020 年 6 月经济业务的原始凭证”并登记财务费用明细账。由于本书讲解的是一个月连续业务，业务编号是按顺序进行编制的。

【业务分析】

① 根据业务 3 的贴现凭证，确定票据贴现计入财务费用 200 元。

会计分录是：

借：银行存款　19 800

　　财务费用——贴现息　200

　　贷：应收票据——华友家具　20 000

② 根据业务 31 的进账单，确定计入现金折扣 15 000 元。

会计分录是：

借：银行存款　324 000

　　财务费用——现金折扣　15 000

　　贷：应收账款——华友家具　339 000

③ 根据业务 40 的短期流动资金借款预提费用计算表和银行贷款利息凭证，确定短期借款已计提利息 1 000 元，本月计入财务费用 500 元。

会计分录是：

借：财务费用——利息费　　1 000

　　应付利息　　500

　　贷：银行存款　　1 500

④ 根据业务 45 的原始凭证，确定为结转损益的结转费用类。

会计分录是：

借：本年利润　　292 276.90

　　贷：主营业务成本——办公桌　　100 000

　　　　　　　　　　——办公椅　　80 000

　　　　其他业务成本　　21 000

　　　　税金及附加　　5 913.41

　　　　管理费用　　31 140

　　　　销售费用　　23 523.49

　　　　财务费用　　15 700

　　　　营业外支出　　15 000

审核准确无误，会计编制记账凭证，审核无误后登记财务费用明细账，其他在账簿相关内容登记，此处不重复。

具体操作：（由明细账会计完成）

步骤一　审核原始凭证，按照内容合法、形式合法等去考虑，由于本书讲的原始凭证均严格按要求做的，以下该步骤省略。

步骤二　编制记账凭证并审核。如图 14-35～图 14-38 所示。

记　账　凭　证

2020 年 06 月 02 日　　　　记字第 03 号

摘　要	会计科目	明细科目	借方金额											贷方金额											记账
			亿	千万	百万	十万	万	千	百	十	元	角	分	亿	千万	百万	十万	万	千	百	十	元	角	分	
票据贴现	银行存款						1	9	8	0	0	0	0												√
	财务费用	贴现息							2	0	0	0	0												√
	应收票据	华友家具																2	0	0	0	0	0	0	√
附件 1　张	合　　计					¥	2	0	0	0	0	0	0				¥	2	0	0	0	0	0	0	

会计主管：郑实　记账：孙倩　出纳：黄蓉　复核：郑实　制证：孙倩

图 14-35

记 账 凭 证

2020年06月30日　　　　记字第 31 号

摘要	会计科目	明细科目	借方金额											贷方金额											记账
			亿	千万	百万	十	万	千	百	十	元	角	分	亿	千万	百万	十	万	千	百	十	元	角	分	
收到销货款	银行存款					3	2	4	0	0	0	0	0												√
	财务费用	现金折扣					1	5	0	0	0	0	0												√
	应收账款	华友家具															3	3	9	0	0	0	0	0	√
附件 1 张	合计				¥	3	3	9	0	0	0	0	0			¥	3	3	9	0	0	0	0	0	

会计主管：郑实　记账：孙倩　出纳：　复核：郑实　制证：孙倩

图 14-36

记 账 凭 证

2020 年 06 月 30 日　　　　记字第 40 号

摘要	会计科目	明细科目	借方金额											贷方金额											记账
			亿	千万	百万	十	万	千	百	十	元	角	分	亿	千万	百万	十	万	千	百	十	元	角	分	
交纳本季利息	财务费用	利息费							5	0	0	0	0												√
	应付利息							1	0	0	0	0	0												√
	银行存款																		1	5	0	0	0	0	√
附件 2 张	合计						¥	1	5	0	0	0	0					¥	1	5	0	0	0	0	

会计主管：郑实　记账：孙倩　出纳：黄蓉　复核：郑实　制证：孙倩

图 14-37

记 账 凭 证

2020 年 06 月 30 日　　　　记字第 45 号

摘要	会计科目	明细科目	借方金额											贷方金额											记账
			亿	千万	百万	十	万	千	百	十	元	角	分	亿	千万	百万	十	万	千	百	十	元	角	分	
结转费用账户	本年利润					2	9	2	2	7	6	9	0												√
	主营业务成本	办公桌															1	0		0	0	0	0	0	√
		办公椅																8	0	0	0	0	0	0	√
	其他业务成本																	2	1	0	0	0	0	0	√
	营业税金及附加																		5	9	1	3	4	1	√
	管理费用																	3	1	1	4	0	0	0	√
	销售费用																	2	3	5	2	3	4	9	√
	财务费用																	1	5	7	0	0	0	0	√
	营业外支出																	1	5	0	0	0	0	0	√
附件 0 张	合计				¥	2	9	2	2	7	6	9	0			¥	2	9	2	2	7	6	9	0	

会计主管：郑实　记账：孙倩　出纳：　复核：郑实　制证：孙倩

图 14-38

步骤三　登记原材料和周转材料明细账，并结出余额，其他明细账相关内容里登记，这里不重复。如图 14-39 所示。

财务费用　明细分类账

科目：财务费用

2020 年		凭证		摘要	借方	贷方	余额	贴现息	现金折扣	利息费				
月	日	字	号											
6	2	记	03	票据贴现	200		200	200						
	30	记	31	收到销货款	15 000		15 200		15 000					
	30	记	40	交本季度利息	500		15 700			500				
	30	记	45	结转费用账户		15 700	0	200	15 000	500				
6	30			本月合计	15 700	15 700	0	0	0	0				

图 14-39

步骤四　月末完成对账和结账工作。

第十五章 业务的总账的登记

15.1 总账的登记方法

1. 总账的登记方法

(1) 是根据记账凭证直接登记(适合经济业务小的企业)

(2) 是根据汇总记账凭证登记(不适合转账凭证比较多的企业)

(3) 是根据科目汇总表登记(适合经济业务多、量大的企业)。

2. 科目汇总表

(1) 概述

如果你司的记账凭证比较多，就根据记账凭证做出科目汇总表，再根据科目汇总表登记总账。

总账要根据记账凭证汇总表，每月至少 10 天汇总登记登记 1 次，每月也至少 3 次，本书的案例就是用科目汇总表方法来登记总账的。

(3) 操作流程

图 15-1

15.2 真账实训 登记总账

【例 15-1】 根据前面章节 46 笔业务登记的明细账，登记全部总账。

步骤一 将十天内(1~10 日，11~20 日和21~30 日)所有的明细账与记账凭证核对，核算后准确无误。

步骤二 编制十天为一组的科目汇总表如图 15-2~图 15-4 所示。

编号	汇 01
记	第 01 号至第 13 号 13 张

科目汇总表

2020 年 06 月 01 日至 06 月 10 日

会计科目	总页	借方金额										贷方金额									
		千	百	十	万	千	百	十	元	角	分	千	百	十	万	千	百	十	元	角	分
库存现金																2	9	8	0	0	0
银行存款				3	1	9	8	0	0	0	0			1	5	8	1	0	0	0	0
应收票据															2	0	0	0	0	0	0
预付账款					1	5	0	0	0	0	0				1	0	0	0	0	0	0
其他应收款						1	5	0	0	0	0										
原材料					5	2	0	0	0	0	0										
周转材料						5	0	0	0	0	0										
固定资产					3	0	0	0	0	0	0										
应付账款					5	0	0	0	0	0	0				1	6	9	5	0	0	0
应付票据															5	0	0	0	0	0	0
其他应付款					1	7	0	0	0	0	0										
应付职工薪酬					4	7	8	0	0	0	0										
应交税费					1	9	7	3	0	0	0										
长期借款														1	0	0	0	0	0	0	0
实收资本														2	0	0	0	0	0	0	0
财务费用							2	0	0	0	0										
合计				5	5	8	0	3	0	0	0			5	5	8	0	3	0	0	0

财会主管：郑实　记账：郑实　复核：郑实　制表：孙倩

图 15-2

编号	汇 02
记	第 14 号至第 23 号 10 张

科目汇总表

2020 年 06 月 11 日至 06 月 20 日

会计科目	总页	借方金额										贷方金额									
		千	百	十	万	千	百	十	元	角	分	千	百	十	万	千	百	十	元	角	分
库存现金							4	0	0	0	0					1	0	0	0	0	0
银行存款					2	6	2	0	0	0	0				5	1	9	3	0	0	0
应收账款															2	3	2	0	0	0	0
其他应收款																4	5	0	0	0	0
预付账款															1	5	0	0	0	0	0
原材料					3	0	0	0	0	0	0				6	2	0	0	0	0	0
周转材料																1	0	0	0	0	0
应付账款					3	0	0	0	0	0	0										
应交税费						4	9	4	6	5	1										
生产成本					6	2	0	0	0	0	0										
制造费用						1	0	0	0	0	0										
营业外收入																	4	0	0	0	0
销售费用						3	4	8	3	4	9										
管理费用						1	0	0	0	0	0										
合计				1	5	9	0	3	0	0	0			1	5	9	0	3	0	0	0

财会主管：郑实　记账：郑实　复核：郑实　制表：孙倩

图 15-3

科目汇总表

2020年 06月 21日至 06月 30日　　汇 字第 3号第 24号至第 46号 共 21张

会计科目	总页	借方金额										贷方金额									
		千	百	十	万	千	百	十	元	角	分	千	百	十	万	千	百	十	元	角	分
库存现金						2	0	0	0	0	0										
银行存款				5	5	3	9	5	5	0	0				5	8	5	3	0	7	8
应收账款				3	3	9	0	0	0	0	0			3	3	9	0	0	0	0	0
其他应收款																2	0	0	0	0	0
原材料															2	1	0	0	0	0	0
库存商品					9	3	6	2	0	0	0			1	8	0	0	0	0	0	0
固定资产														1	8	0	0	0	0	0	0
累计折旧					1	6	5	0	0	0	0					4	5	0	0	0	0
固定资产清理				1	6	3	5	0	0	0	0			1	6	3	5	0	0	0	0
累计摊销																	8	0	0	0	0
应付账款																7	5	0	0	0	0
其他应付款															1	0	5	0	0	0	0
应付职工薪酬					1	0	5	0	0	0	0				6	8	0	0	0	0	0
应付利息						1	0	0	0	0	0										
应交税费				1	0	1	3	0	9	2	7			1	2	0	6	4	6	9	0
本年利润				2	9	2	2	7	6	9	0			3	5	0	4	0	0	0	0
生产成本					3	1	6	2	0	0	0				9	3	6	2	0	0	0
制造费用						7	5	0	0	0	0					8	5	0	0	0	0
主营业务收入				3	0	0	0	0	0	0	0			3	0	0	0	0	0	0	0
其他业务收入					5	0	0	0	0	0	0				5	0	0	0	0	0	0
主营业务成本				1	8	0	0	0	0	0	0			1	8	0	0	0	0	0	0
其他业务成本					2	1	0	0	0	0	0				2	1	0	0	0	0	0
营业税金附加						5	9	1	3	4	1					5	9	1	3	4	1
销售费用					2	0	0	4	0	0	0				2	3	5	2	3	4	9
管理费用					3	0	1	4	0	0	0				3	1	1	4	0	0	0
财务费用					1	5	5	0	0	0	0				1	5	7	0	0	0	0
营业外收入						4	0	0	0	0	0										
营业外支出					1	5	0	0	0	0	0				1	5	0	0	0	0	0
合计			2	2	5	0	7	7	4	5	8		2	2	5	0	7	1	4	5	8

财会主管：郑实　　记账：郑实　　复核：郑实　　制表：孙倩

图 15-4

步骤三　然后依据科目汇总表一、二和三，分别登记相应的总账，并完成期末结账等工作。

附：重庆市万事达家具厂 2020 年 6 月的总账。

总分类账

一级　科目　库存现金

20 年		记账凭证号数	摘要	对方科目	借方	贷方	借或贷	余额
月	日				千百十万千百十元角分	千百十万千百十元角分		千百十万千百十元角分
6	1		期初余额				借	860000
	10	汇01				298000	借	562000
	20	汇02			40000	100000	借	502000
	30	汇03			200000		借	702000
6	30		本月合计		240000	398000		702000

总分类账

一级 科目 银行存款

20 年 月	日	记账凭证号数	摘要	对方科目	借方	贷方	借或贷	余额
6	1		期初余额				借	11000000
	10	汇01			31980000	15810000	借	27170000
	20	汇02			2620000	5193000	借	24597000
	30	汇03			55395500	5853078	借	74139422
6	30		本月合计		89995500	26856078	借	74139422

总分类账

一级 科目 应收票据

20 年 月	日	记账凭证号数	摘要	对方科目	借方	贷方	借或贷	余额
6	1		期初余额				借	4630000
	10	汇01				2000000	借	2630000
6	30		本月合计			2000000	借	2630000

总分类账

一级 科目 应收账款

20 年 月	日	记账凭证号数	摘要	对方科目	借方	贷方	借或贷	余额
6	1		期初余额				借	2320000
	20	汇02				2320000	平	0
	30	汇03			33900000	33900000	平	0
6	30		本月合计		33900000	36220000	平	0

总分类账

一级 科目 预付账款

20 年 月	日	记账凭证号数	摘要	对方科目	借方	贷方	借或贷	余额
6	1		期初余额				借	1000000
	10	汇01			1500000	1000000	借	1500000
	20	汇02				1500000	平	0
6	30		本月合计		1500000	2500000	平	0

总分类账

一级 科目 其他应收款

20 年 月	日	记账凭证号数	摘要	对方科目	借方	贷方	借或贷	余额
6	1		期初余额				借	500000
	10	汇01			150000		借	650000
	20	汇02				450000	借	200000
	30	汇03				200000	平	0
6	30		本月合计		150000	650000	平	0

总分类账

一级 科目 原材料

20 年 月	日	记账凭证号数	摘要	对方科目	借方	贷方	借或贷	余额
6	1		期初余额				借	15000000
	10	汇01			5200000		借	20200000
	20	汇02			3000000	6200000	借	17000000
	31	汇03				2100000	借	14900000
6	30		本月合计		8200000	8300000	借	14900000

总分类账

一级 科目 周转材料

20 年 月	日	记账凭证号数	摘要	对方科目	借方	贷方	借或贷	余额
6	1		期初余额				借	1000000
	10	汇01			500000		借	1500000
	20	汇02				100000	借	1400000
6	30		本月合计		500000	100000	借	1400000

总分类账

一级 科目 库存商品

20 年 月	日	记账凭证号数	摘要	对方科目	借方	贷方	借或贷	余额
6	1		期初余额				借	18000000
	30	汇03			9362000	18000000	借	9362000
6	30		本月合计		9362000	18000000	借	9362000

总分类账

一级 科目 固定资产

20 年 月	日	记账凭证号数	摘要	对方科目	借方（千百十万千百十元角分）	贷方（千百十万千百十元角分）	借或贷	余额（千百十万千百十元角分）
6	1		期初余额				借	72000000
	10	汇01			3000000		借	75000000
	30	汇03				18000000	借	57000000
6	30		本月合计		3000000	18000000		57000000

总分类账

一级 科目 累计折旧

20 年 月	日	记账凭证号数	摘要	对方科目	借方（千百十万千百十元角分）	贷方（千百十万千百十元角分）	借或贷	余额（千百十万千百十元角分）
6	1		期初余额				贷	4950000
	30	汇03			1650000	450000	贷	3750000
6	30		本月合计		1650000	450000	贷	3750000

总分类账

一级 科目 固定资产清理

20 年 月	日	记账凭证号数	摘要	对方科目	借方（千百十万千百十元角分）	贷方（千百十万千百十元角分）	借或贷	余额（千百十万千百十元角分）
	30	汇03			16350000	16350000	平	0
6	30		本月合计		16350000	16350000	平	0

总分类账

一级 科目 无形资产

20 年 月	日	记账凭证号数	摘要	对方科目	借方（千百十万千百十元角分）	贷方（千百十万千百十元角分）	借或贷	余额（千百十万千百十元角分）
6	1		期初余额				借	9600000
6	30		本月合计				借	9600000

总分类账

一级 科目 累计摊销

20 年 月	日	记账凭证号数	摘要	对方科目	借方（千百十万千百十元角分）	贷方（千百十万千百十元角分）	借或贷	余额（千百十万千百十元角分）
6	1		期初余额				贷	960000
	30	汇03				80000	贷	1040000
6	30		本月合计			80000	贷	1040000

总分类账

一级 科目 短期借款

20 年 月	日	记账凭证号数	摘要	对方科目	借方	贷方	借或贷	余额
6	1		期初余额				贷	20000000
6	30		本月合计				贷	20000000

总分类账

一级 科目 应付账款

20 年 月	日	记账凭证号数	摘要	对方科目	借方	贷方	借或贷	余额
6	1		期初余额				贷	8000000
	10	汇01			5000000	1695000	贷	4695000
	20	汇02			3000000		贷	1695000
	30	汇03				750000	贷	2445000
6	30		本月合计		8000000	2445000	贷	2445000

总分类账

一级 科目 应付票据

20 年 月	日	记账凭证号数	摘要	对方科目	借方	贷方	借或贷	余额
6	10	汇01				5000000	贷	5000000
6	30		本月合计			5000000	贷	5000000

总分类账

一级 科目 其他应付款

20 年 月	日	记账凭证号数	摘要	对方科目	借方	贷方	借或贷	余额
6	1		期初余额				贷	1700000
	10	汇01	本月合计		1700000		平	0
	30	汇03				1050000	贷	1050000
6	30		本月合计		1700000	1050000	贷	1050000

总分类账

一级 科目 应付职工薪酬

20 年 月	日	记账凭证号数	摘要	对方科目	借方	贷方	借或贷	余额
6	1		期初余额				贷	5100000
	10	汇01			4780000		贷	320000
	30	汇03			1050000	6800000	贷	6070000
6	30		本月合计		5830000	6800000	贷	6070000

总分类账

一级 科目 应付利息

20 年 月	日	记账凭证号数	摘要	对方科目	借方	贷方	借或贷	余额
6	1		期初余额				贷	100000
	30	汇03			100000		平	0
6	30		本月合计		100000		平	0

总分类账

一级 科目 应交税费

20 年 月	日	记账凭证号数	摘要	对方科目	借方	贷方	借或贷	余额
6	1		期初余额				贷	850000
	10	汇01			1973000		借	1445000
	20	汇02			494651		借	1955000
	30	汇03			10130927	12064690	贷	316112
6	30		本月合计		12598578	12064690	贷	316112

总分类账

一级 科目 长期借款

20 年 月	日	记账凭证号数	摘要	对方科目	借方	贷方	借或贷	余额
6	10	汇01				10000000	贷	10000000
6	30		本月合计			10000000	贷	10000000

总分类账

一级 科目 实收资本

20 年 月	日	记账凭证号数	摘要	对方科目	借方（千百十万千百十元角分）	贷方（千百十万千百十元角分）	借或贷	余额（千百十万千百十元角分）
6	1		期初余额				贷	50000000
	10	汇01				20000000	贷	70000000
6	30		本月合计			20000000	贷	70000000

总分类账

一级 科目 盈余公积

20 年 月	日	记账凭证号数	摘要	对方科目	借方（千百十万千百十元角分）	贷方（千百十万千百十元角分）	借或贷	余额（千百十万千百十元角分）
6	1		期初余额				贷	5500000
6	30		本月合计				贷	5500000

总分类账

一级 科目 本年利润

20 年 月	日	记账凭证号数	摘要	对方科目	借方（千百十万千百十元角分）	贷方（千百十万千百十元角分）	借或贷	余额（千百十万千百十元角分）
6	1	汇03					贷	36680000
	30	汇03			29227690	35040000	贷	42492310
6	30		本月合计		29227690	35040000	贷	42492310

总分类账

一级 科目 利润分配

20 年 月	日	记账凭证号数	摘要	对方科目	借方（千百十万千百十元角分）	贷方（千百十万千百十元角分）	借或贷	余额（千百十万千百十元角分）
6	1		期初余额				贷	2070000
6	30		本月合计				贷	2070000

总分类账

一级 科目 生产成本

20 年 月	日	记账凭证号数	摘要	对方科目	借方（千百十万千百十元角分）	贷方（千百十万千百十元角分）	借或贷	余额（千百十万千百十元角分）
6	20	汇02			6200000		借	6200000
	30	汇03			3162000	9362000	平	0
6	30		本月合计		9362000	9362000	平	0

总分类账

一级　科目　制造费用

20 年 月	日	记账凭证号数	摘要	对方科目	借方	贷方	借或贷	余额
					千百十万千百十元角分	千百十万千百十元角分		千百十万千百十元角分
6	20	汇02			100000		借	100000
	30	汇03			750000	850000	平	0
6	30		本月合计		850000	850000	平	0

总分类账

一级　科目　主营业务收入

20 年 月	日	记账凭证号数	摘要	对方科目	借方	贷方	借或贷	余额
					千百十万千百十元角分	千百十万千百十元角分		千百十万千百十元角分
6	30	汇03			30000000	30000000	平	0
6	30		本月合计		30000000	30000000	平	0

总分类账

一级　科目　其他业务收入

20 年 月	日	记账凭证号数	摘要	对方科目	借方	贷方	借或贷	余额
					千百十万千百十元角分	千百十万千百十元角分		千百十万千百十元角分
6	30	汇03			5000000	5000000	平	0
6	30		本月合计		5000000	5000000	平	0

总分类账

一级　科目　主营业务成本

20 年 月	日	记账凭证号数	摘要	对方科目	借方	贷方	借或贷	余额
					千百十万千百十元角分	千百十万千百十元角分		千百十万千百十元角分
6	30	汇03			18000000	18000000	平	0
6	30		本月合计		18000000	18000000	平	0

总分类账

一级　科目　其他业务成本

20 年 月	日	记账凭证号数	摘要	对方科目	借方	贷方	借或贷	余额
					千百十万千百十元角分	千百十万千百十元角分		千百十万千百十元角分
6	30	汇03			2100000	2100000	平	0
6	30		本月合计		2100000	2100000	平	0

总分类账

一级 科目 税金及附加

20 年 月	日	记账凭证号数	摘要	对方科目	借方	贷方	借或贷	余额
6	30	汇03			591341	591341	平	0
6	30		本月合计		591341	591341	平	0

总分类账

一级 科目 销售费用

20 年 月	日	记账凭证号数	摘要	对方科目	借方	贷方	借或贷	余额
6	20	汇02			348349		借	348349
	30	汇03	本月合计		2004000	2352349	平	0
6	30		本月合计		2352349	2352349	平	0

总分类账

一级 科目 管理费用

20 年 月	日	记账凭证号数	摘要	对方科目	借方	贷方	借或贷	余额
6	20	汇02			100000		借	100000
	30	汇03	本月合计		3014000	3114000	平	0
6	30		本月合计		3114000	3114000	平	0

总分类账

一级 科目 财务费用

20 年 月	日	记账凭证号数	摘要	对方科目	借方	贷方	借或贷	余额
6	20	汇02			20000		借	20000
	30	汇03	本月合计		1550000	1570000	平	0
6	30		本月合计		1570000	1570000	平	0

总分类账

一级科目 营业外收入

20 年 月	日	记账凭证号数	摘要	对方科目	借方	贷方	借或贷	余额
6	20	汇02				40000	贷	40000
	30	汇03			40000		平	0
6	30		本月合计		40000	40000	平	0

总分类账

一级科目 营业外支出

20 年 月	日	记账凭证号数	摘要	对方科目	借方	贷方	借或贷	余额
6	30	汇03			1500000	1500000	平	0
6	30		本月合计		1500000	1500000	平	0

第十六章 企业纳税申报

16.1 试算平衡表的编制

前面在基础部分已经讲解了试算平衡的原理和方法，这里就不重复了。

试算平衡的步骤，如图 16-1 所示。

图 16-1

重庆市万事达家具厂 2020 年 6 月试算平衡表如表 16-1 所示。

表 16-1 试算平衡表

账户名称	期初余额		本期发生额		期末余额	
	借方	贷方	借方	贷方	借方	贷方
库存现金	8 600		2400	3980	7 020	
银行存款	110 000		899955	268560. 78	714 394. 22	
应收票据	46 300			20 000	26 300	
应收账款	23 200		339000	362 200		
预付账款	10 000		15 000	25 000		
其他应收款	5 000		1 500	6 500		
原材料	150 000		82 000	83 000	149 000	
周转材料	10 000		5 000	1 000	14 000	
库存商品	180 000		93620	180 000	93620	

续表

账户名称	期初余额		本期发生额		期末余额	
	借方	贷方	借方	贷方	借方	贷方
固定资产	720 000		30 000	180 000	570 000	
累计折旧		49500	16500	4 500		37500
固定资产清理			163500	163500		
无形资产	96 000				96 000	
短期借款		200 000				200 000
应付账款		80 000	80 000	24450		24450
应付票据				50 000		50 000
其他应付款		17 000	17 000	10 500		10500
应付职工薪酬		51 000	58300	68000		60700
应付利息		1 000	1 000			
应交税费		8 500	125985. 78	120 646. 90		3161. 12
长期借款				100 000		100 000
实收资本		500 000		200 000		700 000
盈余公积		55 000				55 000
本年利润		366 800	292 276. 90	350 400		424 923. 10
利润分配		20 700				20 700
生产成本			93620	93 620		
制造费用			8 500	8 500		
主营业务收入			300 000	300 000		
其他业务收入			50 000	50 000		
主营业务成本			180 000	180 000		
其他业务成本			21 000	21 000		
营业税金附加			5 913. 41	5 913. 41		
销售费用			23 523. 49	23 523. 49		
管理费用			31 140	31 140		
财务费用			15 700	15 700		
营业外收入			400	400		
营业外支出			15000	15000		
合计	1 359100	1 359100	2 967 834. 58	2 967 834. 58	1 697334. 22	1697334. 22

16.2 财务报表的编制

16.2.1 资产负债表的编制

1. 资产负债表的原理

资产负债表的原理，就是根据会计恒等式的基本原理，即“资产=负债+所有者权益”

2. 资产负债表的结构

资产负债表包括表首、正表和补充资料三个部分。

① 表首：是表头部分，包括报表名称、制表单位、制表日期、表号和金额单位等。

② 正表：是资产负债表的主体，左边列示企业拥有的全部资产，其按流动性强弱来排列的，右边是负债和所有者权益。上面是负债，其按偿还的先后顺序来排列的，下面是所有者权益。

③ 补充资料：是对正表的有关项目解释或说明。

3. 资产负债表的编制方法

资产负债表各项目均分别为年初数和期末数两栏。年初数是根据上年(或上月)末的期末数，如果本期项目和内容不一致，按照本年度的规定调整后填入“年初数”，资产负债表中的“期末数”栏内各项目的编制方法(以小企业为例)如下：

① 根据总分类账期末余额直接填列。

小企业资产负债表的大部分项目除正面三类外，都是根据相应总账账户期末余额直接填列的。如未分配利润(12月末的)就是直接填列，1~11月则要按第二类填列。

② 根据若干个总分类账户期末余额计算填列，见表16-2。

表16-2

资产负债表项目	填列方法	备注
货币资金	库存现金+银行存款+其他货币资金	
存货	在途物资+原材料+周转材料+库存商品+生产成本(制造费用)	
未分配利润	年末时，利润分配期末余额填列	
	1~11月，本年利润(贷方)+利润分配(贷方)	借方填负

③ 根据总分类账户期末余额和明细分类账户期末余额分析计算填列。

“长期借款”，要分析其明细账，将“一年内到期的金额”单独填入“一年内到期的非流动负债”项目内，余额再填列到“长期借款”项目内，类似的还有“应付债券”。

④ 根据有关明细账户期末余额计算填列，见表16-3。

表 16-3

资产负债表项目	填列方法	备注
应收账款	应收账款+预收账款明细账户期末借方余额合计	简称：收对收，付对付；资产看借方，负债看贷方。
预付账款	应付账款+预付账款明细账户期末借方余额合计	
应付账款	应付账款+预付账款明细账户期末贷方余额合计	
预收账款	应收账款+预收账款明细账户期末贷方余额合计	

例如，重庆市陈言有限责任公司 2020 年 6 月有关明细账户如表 16-4 所示，试计算资产负债表中相关项目填列的金额。

表 16-4　有关账户期末余额　　单位：元

账户	借或贷	金额	账户	借或贷	金额
应收账款	借	100 000	应付账款	贷	200 000
A 公司	贷	20 000	丙公司	贷	300 000
B 公司	借	120 000	丁公司	借	100 000
预付账款	贷	40 000	预收账款	借	80 000
甲公司	贷	70 000	C 公司	贷	20 000
乙公司	借	30 000	D 公司	借	100 000

解答：

① 应收账款 = 120 000+100 000 = 220 000（元）；

② 预付账款 = 30 000+100 000 = 130 000（元）；

③ 应付账款 = 300 000+70 000 = 370 000（元）；

④ 预收账款 = 20 000+20 000 = 40 000（元）。

16. 2. 2　利润表的编制

1. 利润表的结构

利润表一般有表首、正表和补充资料三部分组成。

① 表首：是表头部分，包括报表名称、编制单位、编制日期、报表编号和金额单位等。

② 正表：是利润表的主体，反映形成经营成果的各个项目和计算过程。

③ 补充资料：是对正表有关项目的解释或说明。

利润表采用多步式，即通过对当期的收入、费用、支出项目按性质加以归类，按利润形成的主要环节列示一些中间性利润指标，如营业利润、利润总额和净利润，分步计算当期净损益。同时，每个项目通常又分为“本期金额”和“上期金额”，12 月则为“本年数”和

"上年数"。

2. 利润表的编制方法

(1)"本期金额"栏的填列方法

由于利润表是动态财务报表，因而它的填列除"基本每股收益"和"稀释每股收益"项目外，主要是依据各损益类账户的本期发生额。一般来说，各收入类项目应根据相应的收入类账户的本期贷方发生额分析填列，各费用类项目则应根据相应的费用类账户的本期借方发生额分析填列。如"营业收入"是根据"主营业务收入"和"其他业务收入"的贷方发生额合计填列，"营业成本"是根据"主营业务成本"和"其他业务成本"合计填列。

(2)"上期金额"栏的填列方法

利润表的"上期数"是根据上月数填列，但12月时，上期数则为上年数，如果各项目与本期不相同，应按本期项目内容调整后，填入"上期数"栏。

16.2.3 试算平衡表编制资产负债表和利润

根据试算平衡表编制资产负债表和利润表如表16-5和表16-6所示。

表16-5 资产负债表

公司名称：重庆万事达家具厂　　2020年06月30日　　单位：元

资　产	行次	期末余额	年初余额	负债和所有者权益（或股东权益）	行次	期末余额	年初余额
流动资产：	1			流动负债：	35		
货币资金	2	748 414.22	118 600	短期借款	36	200000	200000
交易性金融资产	3			交易性金融负债	37		
应收票据	4	26 300	46 300	应付票据	38	50000	
应收账款	5		23 200	应付账款	39	24 450	80000
预付款项	6		10000	预收款项	40		
应收利息	7			应付职工薪酬	41	60 700	51 000
应收股利	8			应交税费	42	3 161.12	8500
其他应收款	9		5000	应付利息	43		1000
存货	10	256 620	340000	应付股利	44		
其中：消耗性生物资产	11			其他应付款	45	10 500	17000
一年内到期的非流动资产	12			一年内到期的非流动负债	46		

续表

资　　产	行次	期末余额	年初余额	负债和所有者权益（或股东权益）	行次	期末余额	年初余额
其他流动资产	13			其他流动负债	47		
流动资产合计	14	1 031 334. 22	543 100	流动负债合计	48	348 811. 12	357 500
非流动资产：	15			非流动负债：	49		
可供出售金融产	16			长期借款	50	100000	
持有至到期投资	17			应付债券	51		
长期应收款	18			长期应付款	52		
长期股权投资	19			专项应付款	53		
投资性房地产	20			递延所得税负债	54		
固定资产	21	532 500	670 500	预计负债	55		
在建工程	22			其他非流动负债	56		
工程物资	23			非流动负债合计	57		
固定资产清理	24			负债合计	58	448 811. 12	357 500
生产性生物资产	25			所有者权益（或股东权益）：	59		
油气资产	26			实收资本（或股本）	60	700000	500000
无形资产	27	85 600	86 400	资本公积	61		
开发支出	28			盈余公积	62	55 000	55 000
商誉	29			未分配利润	63	445 623. 10	387 500
长期待摊费用	30			减：库存股	64		
递延所得税资产	31			所有者权益（或股东权益）合计	65	1 200 623. 10	942 500
其他非流动资产	32				66		
非流动资产合计	33	618 100	756 900		67		
资产总计	34	1 649 434. 22	1 300 000	负债和所有者权益（或股东权益）总计	68	1 649 434. 22	1 300 000

表 16-6 利润表

公司名称：重庆万事达家具厂　　2020 年 6 月 30 日　　单位：元

项　　目	行次	本期金额	上期金额
一、营业收入	1	350 000	
减：营业成本	2	201 000	
税金及附加	3	5 913.41	
销售费用	4	23 523.49	
管理费用	5	31 140	
财务费用(收益以“-”号填列)	6	15 700	
资产减值损失	7		
加：公允价值变动收益(净损失以“-”号填列)	8		
投资净收益(净损失以“-”号填列)	9		
二、营业利润(亏损以“-”号填列)	10	72 723.10	
加：营业外收入	11	400	
减：营业外支出	12	15 000	
其中：非流动资产处置净损失(净收益以“-”号填列)	13		
三、利润总额(亏损总额以“-”号填列)	14	58 123.10	
减：所得税费用	15		
四、净利润(净亏损以“-”号填列)	16		
五、每股收益	17		
(一)每股基本收益	18		
(二)稀释每股收益	19		

16.3 纳税申报表的填写

小企业分为一般纳税人和小规模纳税人，作为小规模纳税人，一般按季度报税，全面营改增后，小企业小规模纳税企业按季度申报增值税，并按规定交纳城建税、教育附加和地方教育附加等税费和代扣代交个人所得税及税费外的社会保险费，企业所得税按季度预交；小企业一般纳税人则按月申报、交纳增值税、城建税、教育附加和地方教育附加、代扣代交个人所得税，按季度预交企业所得税。

企业所得税按季度预交，按交汇缴清算，涉及消费税与增值税类同。

这里实际操作，是根据万达家具厂的 2020 年 6 月的资产负债表和利润表填写本月(2020 年 6 月)的增值税纳税申报表、城建税和教育附加并预交本年第二季度的企业所得税等表如表 16-7～表 16-9 所示。

表 16-7 增值税纳税申报表(适用于增值税一般纳税人)

根据《中华人民共和国增值税暂行条例》和《交通运输业和部分现代服务业营业税改征增值税试点实施办法》的规定制定本表。纳税人不论有无销售额，均应按主管税务机关核定的纳税期限按期填报本表，并向当地税务机关申报。

税款所属时间：自 2020 年 06 月 01 日至 2020 年 06 月 30 日　　填表日期：2020 年 7 月 10 日　　金额单位：元至角分

纳税人识别号				所属行业：	
纳税人名称	（公章）	法定代表人姓名		注册地址	营业地址
开户银行及账号		企业登记注册类型		电话号码	

项目		栏次	一般货物及劳务和应税服务		即征即退货物及劳务和应税服务	
			本月数	本年累计	本月数	本年累计
销售额	(一)按适用税率征税销售额	1	503 500	286　000		
	其中：应税货物销售额	2	300000	200000		
	应税劳务销售额	3	203 500	86000		
	纳税检查调整的销售额	4				
	(二)按简易征收办法征税销售额	5				
	其中：纳税检查调整的销售额	6				
	(三)免、抵、退办法出口销售额	7			—	—
	(四)免税销售额	8			—	—
	其中：免税货物销售额	9			—	—
	免税劳务销售额	10			—	—
税款计算	销项税额	11	65 455	48620		
	进项税额	12	16 176. 51	19770		
	上期留抵税额	13				—
	进项税额转出	14				

续表

项目		栏次	一般货物及劳务和应税服务		即征即退货物及劳务和应税服务	
			本月数	本年累计	本月数	本年累计
税款计算	免、抵、退应退税额	15			——	——
	按适用税率计算的纳税检查应补缴税额	16			——	——
	应抵扣税额合计	17=12+13-14-15+16		——		——
	实际抵扣税额	18(如17<11，则为17，否则为11)				
	应纳税额	19=11-18	49 278. 49	28850		
	期末留抵税额	20=17-18				——
	简易征收办法计算的应纳税额	21				
	按简易征收办法计算的纳税检查应补缴税额	22			——	——
	应纳税额减征额	23				
	应纳税额合计	24=19+21-23	49 278. 49	28850		
税款缴纳	期初未缴税额(多缴为负数)	25				
	实收出口开具专用缴款书退税额	26			——	——
	本期已缴税额	27=28+29+30+31				
	①分次预缴税额	28		——		——
	②出口开具专用缴款书预缴税额	29		——	——	——
	③本期缴纳上期应纳税额	30				
	④本期缴纳欠缴税额	31				
	期末未缴税额(多缴为负数)	32=24+25+26-27				

续表

项目		栏次	一般货物及劳务和应税服务		即征即退货物及劳务和应税服务	
			本月数	本年累计	本月数	本年累计
税款缴纳	其中：欠缴税额（≥0）	33＝25+26－27		——		——
	本期应补（退）税额	34＝24－28－29		——		——
	即征即退实际退税额	35	——	——		
	期初未缴查补税额	36			——	——
	本期入库查补税额	37			——	——
	期末未缴查补税额	38＝16+22+36－37			——	——
授权声明	如果你已委托代理人申报，请填写下列资料： 为代理一切税务事宜，现授权 （地址）为本纳税人的代理申报人，任何与本申报表有关的往来文件，都可寄予此人。		申报人声明			
授权人签字：						

以下由税务机关填写：　　　　接收人：　　　　主管税务机关盖章：

表 16-8　综合纳税申报表

填表日期：2020 年 7 月 10 日　　　　识别号：

纳税人顺序号				纳税人名称(公章)：							联系电话：
税种	税目(品目)	纳税项目	税款所属日期	计税依据(金额或数量)	税率	当期应纳税额	应减免税	应纳税额	已纳税额	延期缴纳税额	累计欠税余额
1	2	3	4	5	6	7=5×6	8	9=7−8	10	11	12
城建税			2020. 06 月	49，278. 49	7%	3，449. 49	0. 00	0. 00	0. 00		
教育费附加			2020. 06 月	49，278. 49	3%	1，478. 35	0. 00	0. 00	0. 00		
地方教育附加费			2020. 06 月	49，278. 49	2%	985. 57	0. 00	0. 00	0. 00		
合计											

纳税人申明

本纳税申报表是按照国家税法和税收规定填报的，我确信是真实的、合法。如有虚假，愿负法律责任。以上税款请从________账号划拨。

法定代表人签章：

财务主管签章：郑实

经办人签章：孙倩

2020 年 7 月 10 日

授权人申明

我单位(公司)现授权________为本纳税人的代理申报人，其法定代表人________，电话________，任何与申报有关的往来文件都可寄与此代理机构。

委托代理机构：

授权人(法定代表人)签章：

年　月　日

代理人申明

本纳税申报表是按照国家税法和税收规定填报的，我确信是真实的、合法的。如有不实，愿负法律责任。

法定代表人签章：

代理人盖章：

年　月　日

以下由税务机关填写

收到日期		接收人		审核日期		主管税务机关盖章
审核记录						

表 16-9

中华人民共和国企业所得税月(季)度预缴纳税申报表(A类，2015年版)

税款所属期间：2020年04月01日 至2020年06月30日

纳税人识别号：□□□□□□□□□□□□□□□□□□

纳税人名称：重庆市万事达家具厂　　　　金额单位：人民币元(列至角分)

行次	项　　目	本期金额	累计金额
1	一、按照实际利润额预缴		
2	营业收入	350000	709 000
3	营业成本	201 000	500 876.90
4	利润总额	58 123.10	208 123.10
5	加：特定业务计算的应纳税所得额		
6	减：不征税收入和税基减免应纳税所得额(请填附表1)		
7	固定资产加速折旧(扣除)调减额(请填附表2)		
8	弥补以前年度亏损		
9	实际利润额(4行+5行-6行-7行-8行)		
10	税率(25%)	25%	25%
11	应纳所得税额(9行×10行)	14530.78	52030.78
12	减：减免所得税额(请填附表3)		
13	实际已预缴所得税额	——	
14	特定业务预缴(征)所得税额		
15	应补(退)所得税额(11行-12行-13行-14行)	——	
16	减：以前年度多缴在本期抵缴所得税额		
17	本月(季)实际应补(退)所得税额	——	
18	二、按照上一纳税年度应纳税所得额平均额预缴		
19	上一纳税年度应纳税所得额	——	
20	本月(季)应纳税所得额(19行×1/4或1/12)		
21	税率(25%)		
22	本月(季)应纳所得税额(20行×21行)		
23	减：减免所得税额(请填附表3)		
24	本月(季)实际应纳所得税额(22行-23行)		
25	三、按照税务机关确定的其他方法预缴		
26	本月(季)税务机关确定的预缴所得税额		
27	总分机构纳税人		

续表

行次	项目		本期金额	累计金额
28	总机构	总机构分摊所得税额（15 行或 24 行或 26 行×总机构分摊预缴比例）		
29	总机构	财政集中分配所得税额		
30	总机构	分支机构分摊所得税额（15 行或 24 行或 26 行×分支机构分摊比例）		
31	总机构	其中：总机构独立生产经营部门应分摊所得税额		
32	分支机构	分配比例		
33	分支机构	分配所得税额		

是否属于小型微利企业：　　　　是 □　　　　否 □

谨声明：此纳税申报表是根据《中华人民共和国企业所得税法》、《中华人民共和国企业所得税法实施条例》和国家有关税收规定填报的，是真实的、可靠的、完整的。

法定代表人（签字）：印华鑫　　　　2020 年 7 月 10 日

纳税人公章：	代理申报中介机构公章：	主管税务机关受理专用章：
会计主管：郑实	经办人：	受理人：
	经办人执业证件号码：	
填表日期：2020 年 7 月 10 日	代理申报日期：　年　月　日	受理日期：　年　月　日

参考文献

[1] 刘洪斌．会计基本技能实训教程[M]．重庆：重庆大学出版社，2012.
[2] 龙海红，黄毅勤．小企业会计准则讲解与实务操作[M]．北京：中国商业出版社，2012.
[3] 孟繁金，赵英．基础会计[M]．北京：中国财政经济出版社，2017.
[4] 程运木．企业财务会计[M]．北京：中国财政经济出版社，2018.
[5] 尹渔清，刘宾．基础会计[M]．沈阳：东北大学出版社，2018.
[6] 刘洪斌，郭秀梅，沈瑶．企业会计综合实训[M]．上海：立信会计出版社，2019.